MICHAEL STARK
PETER SANDMEYER

WENN DIE SEELE S.O.S. FUNKT

Fitneßkur gegen Streß und Überlastung

Rowohlt

Die in diesem Band veröffentlichten Ratschläge basieren auf langjähriger psychiatrischer Erfahrung, sind sorgfältig erarbeitet und gewissenhaft geprüft. Eine Haftung der Autoren beziehungsweise des Verlages für etwaige Schäden bei ihrer Befolgung ist dennoch ausgeschlossen. Das Buch leitet zur Selbsthilfe an und kann daher ärztliche Diagnose und fundierten therapeutischen Rat nicht ersetzen. Die geschilderten Fallgeschichten beruhen auf wirklichen Schicksalen. Zum Schutz der betroffenen Personen wurden alle Namen, Daten, Ortsangaben etc. so verändert, daß keine Rückschlüsse auf die tatsächlichen Fälle möglich sind.
Bei Nutzung in Beratungsgesprächen und Kursen ist auf dieses Buch hinzuweisen.
Die Autoren danken Herrn PD Dr. Burkhard Andresen dafür, daß er ihnen den im dritten Kapitel verwendeten Persönlichkeitsfragebogen zur Verfügung gestellt hat.

1. Auflage Juli 1999
Copyright © 1999 by Rowohlt Verlag GmbH,
Reinbek bei Hamburg
Alle Rechte vorbehalten
Lektorat Jens Petersen
Grafik Regina Otteni
Illustrationen auf den Seiten 27 und 241
Christof Tisch
Umschlaggestaltung Barbara Thoben
Foto: Picture Press
Satz aus der Stone Print und Stone Sans
von UNDER/COVER, Hamburg
Druck und Bindung Clausen & Bosse, Leck
Printed in Germany
ISBN 3 498 06336 7

Inhalt

Anstelle eines Vorworts

WALTER oder:
Bed and Breakfast für die Seele

Wann hatte ich Walter zum letztenmal gesehen? Bei einem Klassentreffen oder bei seinem vierzigsten Geburtstag?

Ich hatte ihn schon in der Schule besonders gern gemocht, immer war er unfrisiert, immer lustig, immer unangepaßt gewesen – der letzte von uns allen, der erwachsen werden wollte.

Während einer Kongreßpause in London sah ich ihn wieder. Es war ein schöner Septembertag, und viele Angestellte der City nutzten die Mittagssonne, um ihren Lunch draußen, auf den Bänken des Kensington-Parks, zu sich zu nehmen.

Walter fiel mir wegen seines Sturmschrittes auf. Er hetzte. Er sah nicht nach rechts und nicht nach links. Er rannte mich beinahe um. «Mein Gott, Walter», sagte ich. Er starrte mich erschrocken an, erkannte mich dann und war verblüfft. Auf den ersten Blick sah ich, wie angespannt er war. «Komm», sagte ich, «wir gehen irgendwo was trinken. Eine halbe Stunde Zeit wirst du ja wohl haben.»

Er wollte nicht.

«Ich habe viel zu tun.»

Schließlich mußte ich nachdrücklich werden. «Als Arzt verordne ich dir eine halbe Stunde Pause und einen halben Pint Bier – du hast die Wahl zwischen Lager und Stout.»

Im nächsten Pub ließ ich ihn an einem Stehtisch warten, besorgte zwei Gläser, trank einen Schluck und fragte ihn: «Wie geht's?» – «Ach», sagte er. Dann machte er eine lange Pause. Ich sah ihn an und wartete. «Zuviel Arbeit», sagte er.

Ich wußte, daß Walter in der Lizenzabteilung eines großen Verlags arbeitete und viel unterwegs war. Wir tauschten ein paar Belanglosigkeiten über Vielfliegerprogramme, den Komfort verschiedener Fluglinien und die verstopften Zufahrten zu den Flughäfen aus. Dann fragte Walter: «Und du? Was machst du?»

«Ich schreibe ein Buch», sagte ich.

Er lachte bitter. «Ein Buch! Ich weiß gar nicht mehr, wann ich so was zum letztenmal in der Hand hatte.»

«Du siehst müde aus», sagte ich.

«Ich *bin* müde», bestätigte er. «Wenn ich morgens aufstehe, habe ich den einzigen innigen Wunsch, daß der Tag schon vorbei wäre. Ist es nicht verrückt? Ich wünsche mir, daß ein Teil meines Lebens schon vorüber ist, und das Tag für Tag.»

«Was ist so anstrengend? Der Job?»

«Alles», antwortete er. «Wenn ich von der Arbeit nach Hause komme, geht der nächste Streß los.» Er trank einen Schluck Bier. «Manchmal habe ich das Gefühl, meine Ehe steht nur noch auf dem Papier. Genauso wie die Eigentümerangabe für unsere Wohnung. In Wirklichkeit gehört sie der Bank.»

«Schulden?»

Er nickte.

«Und deine Freunde?» fragte ich. «Spielst du noch Tennis?» Er winkte ab. «Ich bin zu kaputt. Heilfroh, wenn ich Ruhe hab. Mir fehlt die Kraft, mich mit den alten Kumpeln zu verabreden. Außerdem bin ich zur Zeit keine besonders vergnügliche Gesellschaft.»

Er nahm einen tiefen Schluck von dem dunklen Bier. «Laß uns von was anderem reden.»

«Zu Hause trinkst du Rotwein», sagte ich. «Stimmt's?»

«Stimmt», sagte er. «Und weiter?»

«Du trinkst, weil du abschalten willst. Du wachst trotzdem morgens um fünf auf. Du bist zerschlagen, aber kannst nicht wieder einschlafen und grübelst. Du freust dich am Freitag auf das Wochenende und fragst dich am Montag, wo es geblieben ist.»

«Woher weißt du das alles?» fragte er.

Ich zeigte aus dem Pub-Fenster. Auf der gegenüberliegenden Straßenseite hing ein großes B & B-Schild an der Hausfassade, Hinweis auf eine Bed-and-Breakfast-Pension. «Da», sagte ich, «das ist das mindeste, was der Körper braucht: ein Bett und eine ordentliche Mahlzeit am Tag. Und mit der Seele ist das nicht anders. Deine Seele aber hat kein Zuhause und bekommt keine Nahrung.»

Walter blickte auf seine Armbanduhr. «Wir sollten mal in Ruhe darüber reden. Aber jetzt muß ich los.»

Beim Rausgehen fragte er mich: «Was für ein Buch schreibst du eigentlich?»

«Ein Buch für dich», sagte ich.

ERSTER TEIL
Analyse

1. Wie geht es Ihnen?

Es gibt viele wie Walter. Menschen, deren Leben unter ständi-
gem Druck steht. Die sich überlastet, überanstrengt, aus-
gelaugt, leergelaufen fühlen. Die «irgendwie» fertig sind. Aber
weitermachen.

Oft hinter perfekten Kulissen. So wie Dr. P., auf dessen Blanke-
neser Terrasse ich einen der schönsten Abende des letzten Sommers erlebte. Man konnte auf die von der untergehenden Sonne in
Kupferlicht getauchte Elbe blicken, auf der weiße Segel blinkten.

Auf der weitläufigen Terrasse und in den lichten Räumen des
Hauses drängten sich elegant gekleidete Menschen mit Prosecco-
Gläsern in den Händen. Gefeiert wurde der achtzehnte Geburtstag
des Sohnes, dem ich mal bei der Bewältigung einer Pubertätskrise
zur Seite gestanden hatte. Deswegen hatte man sich meiner erinnert und mich zur Feier der Volljährigkeit freundlicherweise eingeladen.

Es war ein schönes Fest. Gutes Wetter, gutes Essen, guter Wein,
gute Menschen. Als es draußen kühl zu werden begann, leerte sich
die Terrasse. Ich blieb noch, um das dramatische Wolkentheater
am Himmel über dem grauen Strom zu bewundern. Plötzlich trat
der Hausherr neben mich. Ich hatte ihn zwei-, dreimal gesehen,
wußte aber nicht mehr über ihn, als daß er Geschäftsführer eines
großen Unternehmens war. Er trug einen teuren Anzug und eine
Hermes-Krawatte. Als er da auf seiner Terrasse stand und in die
Dämmerung blickte, ein erfolgreicher Mann, der ein schönes
Haus und einen wohlgeratenen Sohn hatte, da fiel es schwer, nicht
ein wenig neidisch auf ihn zu sein.

«Wie geht es Ihnen?» fragte ich ihn. Er sah sich um. Es war niemand in unserer Nähe. «Furchtbar», sagte er. Nach einer Pause fuhr er fort. «Es ist gut, daß ich mal mit jemandem darüber sprechen kann. Ich kann mich nicht mehr freuen.» Er schwieg. «Können Sie sich über gar nichts mehr freuen, nicht einmal den Geburtstag Ihres Sohnes?» fragte ich ihn. «Über nichts», sagte er, «ich weiß nicht einmal mehr, was für ein Gefühl das ist.» – «Wissen Sie, wann Sie dieses Gefühl verloren haben?» Er wußte es nicht. Versuchte, sich zu erinnern, wann er zum letztenmal ein Gefühl von Freude oder Glück empfunden hatte. Bei der Berufung in den Vorstand? Bei der Promotion? Bei der Einschulung des Sohnes? Bei dessen Geburt? Bei der Hochzeit? Fragmente eines Lebens bröckelten aus ihm heraus, setzten sich zum Bild einer Biographie zusammen. Immer weiter ging die sprunghafte Reise zurück in Jugend und Kindheit. Es wurde ein langes Gespräch.

 Dr. P. war ein Mann, der alles aus eigener Kraft geschafft hatte. Er kam aus kleinen Verhältnissen, und es war ihm nicht an der Wiege gesungen worden, daß er eines Tages in Blankenese wohnen würde. Eigentlich hatte es zu Hause nur für die Volksschule gereicht, doch war er durch seine Leistungen den Lehrern aufgefallen, und er wechselte auf das Gymnasium. Auch dort waren seine Leistungen herausragend – in den Augen der Lehrer. Für die Mitschüler war er ein Streber. Er versuchte, in ihrer Gunst zu steigen, indem er sich durch besonders hartes Training auch zu einem der besten Sportler der Klasse entwickelte.
Leistung wurde zum Leitmotiv seines Lebens. Er machte das beste Abitur seines Jahrgangs, promovierte als Jüngster und heiratete – er erzählte es, als wäre auch das eine besondere Leistung gewesen – im selben Jahr, in dem er Doktor wurde.
Die berufliche Karriere führte steil nach oben. Zwar kostete sie viel Kraft, doch hatte er im großen und ganzen immer das Gefühl, mit

Streß gut fertig zu werden. Dann starb sein Vater. Es gab, erzählte er, «so etwas wie einen Knacks». Er hatte sich wenig gekümmert um den Vater, teils aus altem Groll, weil der die Talente des Sohnes nicht erkannt und gefördert hatte, teils aus Mangel an Zeit. Jetzt fand er, daß vieles zwischen ihnen unausgesprochen geblieben war, tausend Fragen, die er gern noch seinem Vater gestellt hätte, nun aber nicht mehr stellen konnte.

Er schlief nicht mehr gut. Wachte vorzeitig auf und lag grübelnd im Bett. Seine Frau spürte die Veränderung, verstand sie aber nicht. Er konnte und wollte sie nicht erklären; er begriff sie ja selbst nicht. Dann dachte seine Frau, es hätte etwas mit ihr und ihrer mangelnden Attraktivität zu tun. Sie ging zu einem Friseur, zur Massage, in die Sauna und versuchte eine Verführungsoffensive. Es wurde ein Fiasko. Danach war sie felsenfest davon überzeugt, er habe eine Geliebte. Das Ehepaar blieb zusammen, lebte sich aber vollkommen auseinander. Das war die Ursache der Krise gewesen, in die der Sohn geraten war.

Auch zu ihm verlor der Vater jeden inneren Kontakt. «Ich lebe praktisch nur noch in meinem Büro», sagte er mir. «Da finde ich meine Aufgaben, da habe ich meine Erfolge, da treffe ich meine Geschäftsfreunde. Andere Freunde habe ich nicht.»

«Können Sie denn wieder schlafen?» fragte ich ihn. «Mit Tabletten», sagte er. «Die einen nehme ich zum Schlafen, die anderen gegen den dumpfen Kopf am Morgen und die dritten gegen den Durchhänger am Nachmittag.»

«Sie müssen sich erschöpft fühlen», sagte ich.

«Erschöpft?» Er sah mich grimmig an. «Wie ein Zombie fühle ich mich. Als ob ich gar nicht mehr am Leben bin.»

«Ich kenne Sie kaum», sagte ich, «und ich bin kein Prophet. Aber eins weiß ich ganz genau: Auf Ihrem Totenbett werden Sie sich nicht danach sehnen, mehr Zeit im Büro verbracht zu haben. Sie müssen aus Ihrer Lage herausfinden. Wie wär's, wenn wir uns mal zu einem ruhigen, ungestörten Gespräch verabreden?»

Es war vergeblich. Er blockte ab. «In meiner Branche heißt es: Schwache Psyche – schwacher Mann. Das kann ich mir nicht leisten.»

Er dankte mir formvollendet für das Gespräch, rückte seine Krawatte zurecht und kehrte zu seinen Gästen zurück. Ein erfolgreicher Mann in einem maßgeschneiderten Anzug, mit einem schönen Haus und einem wohlgeratenen Sohn. Die meisten Gäste dürften ihn ein wenig beneidet haben.

Kommt Ihnen an Dr. P. oder meinem Freund Walter manches bekannt vor? Kennen Sie das Gefühl, hinter einer Fassade zu leben, sie aber nur noch mühsam aufrechterhalten zu können?

Ist Ihnen Walters morgendliche Sehnsucht nach dem Ende des Tages vertraut, der doch erst vor Ihnen liegt? Haben Sie manchmal das Gefühl, Sie würden am liebsten gegen einen Baum fahren, um endlich mal eine richtige Pause zu haben und sich in die Obhut anderer fallen lassen zu können?

Solche Gefühle müssen Sie nicht beunruhigen. Sie sind normal. Wenn die Kräfte erschöpft sind, ist der Mensch erschöpft. Kraft kann aber wieder aufgebaut werden.

Dazu sollte man jedoch wissen, in welchem Ausmaß man von seinem Alltag beansprucht wird. Ein guter Indikator dafür sind die Streßzeichen, die man an sich beobachten kann. Streßzeichen sind nicht immer Hinweise auf die Streßauslöser. Ein klassischer Fall ist der «Streß», den man am Abend mit dem Partner oder den Kindern hat und der scheinbar zu Gereiztheit, Überreaktionen, Schlafstörungen und dem Gefühl führt, beim Aufwachen gerädert zu sein. In Wahrheit ist der Familienstreß aber schon Folge des aufgestauten Stresses, den man vom Arbeitsplatz mit nach Hause gebracht hat.

An Streßzeichen läßt sich also nicht die Ursache von Streß erkennen, wohl aber die Dimension. Streßzeichen sind Signale für besondere körperliche und seelische Belastungen, lassen deren Ausmaß sehr zuverlässig erkennen und verhelfen zu Klarheit darüber, ob diese Belastung schon zur Überlastung geworden ist.

Füllen Sie die folgende Tabelle aus, und finden Sie Ihre persönlichen Streßzeichen heraus.

Analyse

STRESSZEICHENTABELLE

Färben Sie die Tabelle rot-grün ein, von «nie» bis «manchmal» grün, dann übergehend zu Rot bis «ständig».

Leiden Sie unter	nie	selten	manchmal	häufig	ständig
Konzentrations-schwierigkeiten?					
Vergeßlichkeit?					
Denkblockaden?					

Leiden Sie unter	nie	selten	manchmal	häufig	ständig
Rastlosigkeit?					
Unruhe?					
Nervosität?					

Leiden Sie unter	nie	selten	manchmal	häufig	ständig
Einschlafstörungen?					
Durchschlafstörungen?					
dem Gefühl, gerädert aufzuwachen?					

20 Wie geht es Ihnen?

Leiden Sie unter	nie	selten	manchmal	häufig	ständig
Lähmung?					
Abkapselung?					
Unlust?					
Antriebsmangel?					

Leiden Sie unter	nie	selten	manchmal	häufig	ständig
Gereiztheit?					
aggressiver Erregbarkeit?					
Überreaktion?					
Unausgeglichenheit?					
starken Gefühls-schwankungen?					
häufiger Verstimmtheit?					

Leiden Sie unter	nie	selten	manchmal	häufig	ständig
Verstopfung?					
Durchfall?					
Blähungen?					
Erbrechen?					
Übelkeit?					
Aufstoßen?					

Leiden Sie unter	nie	selten	manchmal	häufig	ständig
mehr Rauchen als sonst?					
mehr Alkohol als sonst?					
mehr Schmerztabletten als sonst?					
mehr Beruhigungsmittel als sonst?					
verändertem Eßverhalten, zuwenig?					
verändertem Eßverhalten, zuviel?					
verändertem Eßverhalten, zu unregelmäßig?					

Leiden Sie unter	nie	selten	manchmal	häufig	ständig
unbestimmten Angstgefühlen?					
ständigen Grübeleien?					
der Neigung, sich ständig Sorgen zu machen?					
der Unfähigkeit abzuschalten?					

Leiden Sie unter	nie	selten	manchmal	häufig	ständig
Schwindelanfällen?					
Ohrensausen?					
Kopfschmerzen?					
Schleiern vor den Augen?					
Überempfindlichkeit gegen Licht?					

Leiden Sie unter	nie	selten	manchmal	häufig	ständig
Herz-/ Kreislaufstörungen?					
Herzrasen?					
Herzklopfen?					
Herzstechen?					
Kreislaufschwäche?					

Leiden Sie unter	nie	selten	manchmal	häufig	ständig
hormonellen Störungen, wie zum Beispiel Menstruationsbeschwerden?					
sexueller Funktionsstörung?					
Impotenz?					
Abnahme sexueller Lust?					
erhöhter Infektionsanfälligkeit?					
erhöhter allergischer Reaktionsbereitschaft?					

Leiden Sie unter	nie	selten	manchmal	häufig	ständig
Muskelzittern?					
Augenzucken?					
leichter muskulärer Ermüdbarkeit?					
Atembeschwerden?					
Atemnot?					
Heiserkeit/Stimmverlust?					
flacher Atmung?					

Sie haben jetzt ein deutliches Bild vor sich, in welchem Maß Ihr Leben von Streß geprägt ist. Sollten Sie viele rote Markierungen unter «ständig» gemacht haben, spricht das für erhebliche Überbelastung. Sie sollten dann vorsichtshalber auch von einem Arzt abklären lassen, ob die Symptome, die Sie an sich beobachten, möglicherweise eine organische Ursache haben, die direkt behandelt werden muß.

Ernst sollten Sie aber auch die Streßzeichen nehmen, bei denen Sie das Feld «häufig» mit einem roten Stift gefüllt haben. Sie sprechen für eine Dauerbelastung, die zu chronischem Kräfteverschleiß führt.

Was ist Streß?

Streß ist eine Reaktion des Körpers auf Gefahr. Über das Nebennierenrindenmark werden Hormone ausgeschüttet, die den Menschen fit machen, mit einer besonderen Belastung fertig zu werden. Das Herz schlägt rascher, das Blut fließt schneller, der Blutzuckerspiegel steigt, die Bronchien erweitern sich, Magen und Darm arbeiten langsamer, das Immunsystem wird aktiviert, und die Muskeln werden satt mit Nährstoffen versorgt. Egal, ob das Gehirn jetzt Kampf oder Flucht befiehlt – für beide Entscheidungen ist der Organismus bestens präpariert. Er ist angespannt. Dauern Kampf oder Flucht länger, legt der Körper noch einmal nach: Das als «Streßhormon» bezeichnete Cortisol wird freigesetzt, der Organismus erhält einen Schub zusätzlicher Energie. Gleichzeitig wird die Aktivierung des Immunsystems wieder abgeschaltet.

Ist der Gegner besiegt oder die Flucht beendet – die Mediziner sagen: der Stressor bewältigt –, normalisieren sich die Körperfunktionen wieder. Die innere Anspannung läßt nach, Atmung und Pulsfrequenz werden langsamer, der Blutdruck sinkt, die Muskeln entspannen sich.

Dieser rhythmische Wechsel von Anspannung und Entspannung ist ein Programm, das die Gesundheit des Menschen geradezu stabilisiert. Die Anspannungsphasen helfen, besondere Schwierigkeiten zu überwinden, die Entspannungsphasen kräftigen das Immunsystem und stärken den Organismus gegen den nächsten Streßalarm.

Problematisch wird es, wenn die Entspannung ausbleibt. Dauerstreß führt dazu, daß Anspannung sich in Verspannung verwandelt und daß die Bildung von Abwehrkörpern – durch die ständige Ausschüttung von Cortisol – gehemmt wird. Chronischer Streß kostet Kraft und erhöht das Risiko einer Erkrankung.

Zu welcher Krankheit oder Körperreaktion es dann kommt, läßt sich nicht vorhersagen. Jeder Mensch hat seine individuellen Reaktionen und Sollbruchstellen. Chronischer Streß bedeutet aber immer, daß die Energiereserven stark beansprucht sind – manchmal bis zur Neige.

Wieviel Kraftreserve haben Sie noch?

Betrachten Sie jetzt die folgenden drei Figuren und die Pakete, die neben ihnen liegen. Jedes Paket symbolisiert ein Streßquantum. Welches davon können Sie noch tragen?

Trauen Sie sich das größte Paket zu, dann strotzen Sie offensichtlich vor Kraft und Energie. Das ist gut. Aber das sollten Sie nicht als selbstverständlich betrachten. Achten Sie darauf, daß Ihre Kraftreserven nicht erschöpft werden und Ihre Energiebilanz so gut bleibt, wie sie ist.

Wenn Sie nur das mittlere Streßpaket liften können, gibt es irgendwo ein Energieleck. Finden Sie heraus, wo es ist und wie es zustande kommt. Die Gefahr besteht, daß sich dieses Leck ständig vergrößert, solange es nicht erkannt und zugelötet wird.

Kreuzen Sie Variante eins (kleinstes Paket) an, ist Ihre Energiereserve erheblich erschöpft. Sie kann wieder aufgefüllt werden, aber Sie dürfen es nicht mehr lange aufschieben. Wenn die Tabelle Ihrer persönlichen Streßzeichen außerdem noch deutliche Hinweise auf Über- oder Dauerbelastung liefert, dann sind Sie in einer Krise. Sie brauchen eine Krisenintervention. Nehmen Sie sich deswegen jetzt die Zeit, Antworten auf folgende Fragen zu finden:

- ✦ Was hat Ihnen in der Vergangenheit Kraft gegeben?
- ✦ Welche Menschen, welche Beschäftigungen, welche Orte, welche Landschaften?
- ✦ Wie können Sie entsprechende Erlebnisse baldmöglichst wiederholen?
- ✦ Können Sie jetzt Urlaub oder wenigstens Kurzurlaub machen?
- ✦ Kommt ein Kuraufenthalt für Sie in Frage? Klären Sie das mit Ihrem Hausarzt oder einem von der Krankenkasse vermittelten Arzt!
- ✦ Kommt eine Krankschreibung für Sie in Frage? Sprechen Sie mit Ihrem Arzt, schildern Sie ihm Ihren Zustand, und holen Sie sich seinen Rat ein.
- ✦ Besprechen Sie mit Ihrem Arzt auch, ob Ihnen ein professioneller Therapeut bei Ihrer Regeneration helfen kann. Der Arzt kann Sie beispielsweise an einen psychologischen Psychotherapeuten überweisen, so daß die Krankenkasse dessen Bezahlung übernimmt. Weitere Hinweise finden Sie im vierten Teil («Fragen und Antworten»).

Nutzen Sie auf jeden Fall die Energie, die Sie jetzt noch haben, um das dringend notwendige Auffüllen Ihrer Reserven anzugehen. Warten Sie nicht, bis Ihnen auch dafür die Kraft fehlt. Sie haben keine Zeit zu verlieren, wie das Schicksal von Regina zeigt.

REGINA oder:
Ein Faß läuft leer

 Wenn neue Patienten in mein Sprechzimmer kommen, greife ich am liebsten zu einem ganz einfachen Bild: «Betrachten Sie sich», sage ich ihnen, «als ein Faß voller Energie!»

Als ich Regina zum erstenmal gegenübersaß, blieb mir meine Standarderöffnung im Hals stecken. Diese ungemein attraktive Frau mit ihrer hinreißenden Figur, einem offenen, hübschen Gesicht und strahlendblauen Augen wollte ich mit einem Faß vergleichen?

Regina war Mitte Dreißig, Mutter von zwei kleinen Kindern, einem Jungen und einem Mädchen. Süße Kinder. Sie zeigte mir ihre Fotos mit sichtlichem Stolz. Die Patientin war mir von der psychiatrischen Akutstation überwiesen worden, wo sie einige Zeit in Behandlung gewesen war. Sie hatte versucht, sich das Leben zu nehmen. «Es war furchtbar für mich, im Krankenhaus wieder aufzuwachen», erzählte sie mir. «Ich dachte, ich hätte es geschafft.»

Ich bat sie, mir ihre Geschichte zu schildern, und sie begann mit dem Tag ihres Suizidversuchs. «Es war kein Kurzschluß.» Über Wochen hatte sie einen Vorrat Schlaftabletten zusammengekauft. Fünfundzwanzig Stück löste sie an jenem Abend auf und trank die milchige Flüssigkeit. Vorher hatte sie zwei Briefe geschrieben und einen Zettel für ihre Schwester auf den Tisch gelegt, die sie, wie sie vermutete, finden würde.

Nachdem sie das Glas mit den aufgelösten Tabletten ausgetrunken hatte, ging sie in das Zimmer, in dem die zweijährige Tochter und der vierjährige Sohn schliefen. «Ich habe ihnen auf Wiedersehen gesagt und ihnen erklärt, daß sie es besser haben mit einem Vater, der für sie sorgen kann, als mit einer Mutter, die mit der Situation nicht mehr fertig wird.» Die Kinder atmeten ruhig.

Sie verließ leise das Kinderzimmer, schloß die Wohnungstür ab und legte die Kette vor. Sie merkte, daß sie schläfrig zu werden begann. Es war kurz vor Mitternacht.

«Dann habe ich mich im Wohnzimmer auf die Couch gelegt und war zufrieden. Es war ein sehr schöner Moment. Endlich Ruhe und Frieden.»

Die waren aus ihrem Leben vollkommen verschwunden. Drei Jahre zuvor war Regina noch eine glückliche Frau gewesen. Sie hatte einen Beruf, einen Mann, einen Sohn, gute Freunde und Freundinnen – und sie fühlte sich in diesem Kreis wohl.

Dann wurde sie zum zweitenmal schwanger. Sie freute sich – auch auf die Aussicht, nur noch Hausfrau und Mutter zu sein. Zwei Kinder ließen sich mit ihrem Job nicht mehr vereinbaren.

Ihr zweites Kind, das stand für sie fest, würde wieder ein Sohn werden. Doch dann eröffnete ihr der Frauenarzt, daß sie ein Mädchen erwarte. Ihrem Mann gefiel der Gedanke, eine Tochter zu bekommen, aber Regina war entsetzt. Ein altes Trauma, das sie längst überwunden geglaubt hatte, überwältigte sie von neuem.

Als Kind war Regina von ihrem Vater mißbraucht worden. Darüber war sie später zwar hinweggekommen, auch ihre Lust an Sexualität hatte keinen dauerhaften Schaden genommen. Aber jetzt sollte sie ein Wesen zur Welt bringen, dem das gleiche widerfahren konnte, was sie durchlitten hatte. Ihr Ehemann sah sich plötzlich als potentieller Kinderschänder verdächtigt, die Ehe wurde schwierig, das Verhältnis zu der unwillkommenen Tochter problematisch. Schließlich verließ der Mann die Wohnung und das gemeinsame Leben, und sie blieb mit den Kindern allein zurück.

Aufstehen, Kinder anziehen, Frühstück machen, Kinder wegbringen, einkaufen, Kinder abholen, Essen machen, Kinder ausziehen, baden, ins Bett bringen, bewachen – das war jetzt ihr Alltag. Nachts kämpfte sie mit den Gespenstern ihres Vaters und Ehemanns. Morgens war sie zerschlagen und kam kaum noch hoch. Für Verabredungen mit Freunden fehlten ihr Kraft und Zeit. Nach ein paar Monaten begann dann etwas, das sie mit dem Satz umschrieb: «Es fing an, mir zu entgleiten.»

Ich bat sie, mir ihre damalige Verfassung zu schildern. Sie dachte einen Moment lang nach und sagte dann: «Ich hatte keinen Appetit. Ich konnte schlecht schlafen. Ich hatte zu nichts mehr Lust. Ich habe den Haushalt nicht mehr geschafft. Alles reduzierte sich auf das Nötigste.» Drei Monate später versuchte sie, sich umzubringen. «Warum?» fragte sie. «Warum bin ich in diesen Zustand geraten?»

Nun war er doch fällig, der Satz mit dem Faß. Ich erklärte ihr das Bild: der Mensch als ein Energiefaß mit Zuflüssen und Abflüssen. Ständig fließt Energie ab – durch Arbeit beispielsweise, durch den Haushalt, durch Kindererziehung, Geldsorgen, all die tausend Anforderungen und Mühen des Alltags. Ständig fließt aber auch Energie nach – durch Erfolg in der Arbeit, durch Geborgenheit in der Familie, Spaß mit den Kindern, Essen und Trinken, Freunde und Freude an schönen Dingen, Liebe und Lust.

Zufluß und Abfluß müssen sich die Waage halten. Bei vielen Menschen hat das Faß aber einen kleinen Riß oder ein größeres Leck – ein gesundheitlicher Defekt etwa oder eine Störung des Selbstwertgefühls oder, wie bei Regina, ein Kindheitstrauma. Solche Menschen müssen ständig Energie aufbringen, um diese Lebensleckage zu kompensieren. Für Regina war das lange kein Problem. Sie hat es nicht mal bemerkt. Sie hatte einen interessanten Beruf, eine glückliche Partnerschaft, anregende Freundschaften und einen Sohn, der ihr die Liebe zurückgab, die er empfing. Energiezuwendungen von allen Seiten.

Und dann war nach Ablauf weniger Monate alles ganz anders. Den Beruf hatte sie aufgegeben, der Mann verließ sie, für Freunde fehlte die Zeit, und das Verhältnis zu den Kindern wurde problemgeladen und strapaziös. Sie schöpfte weiter aus ihrem Faß, der Energieabfluß blieb konstant, vergrößerte sich womöglich sogar; aber von nirgendwo floß ihr noch neue Energie zu. Irgendwann war sie dann buchstäblich «erschöpft».

«Der Mensch», sagte ich ihr, «sollte sich daran erinnern, daß er ursprünglich ein Vierbeiner war. Der aufrechte Gang läßt uns gut aussehen, macht uns aber auch ziemlich anfällig. Ein Hund, der sich ein Bein verletzt, zieht es hoch und kommt dann immer noch gut voran. Ein Mensch kippt um. Wenn unser Leben auf vier Beinen steht, ist es stabiler.»

«Welches sind die vier Beine?» fragte Regina.

«Gesundheitsbewußtsein oder die ausreichende Versorgung des Körpers. Partnerschaft und Familie. Der Bereich Arbeit oder Ausbildung. Das weitere soziale Netz, Freunde und Freizeit.»

2. Stimmt Ihre Energiebilanz?

Meine überforderte Patientin Regina mußte auf schmerzhafteste Weise eine Erfahrung machen, die ihr jeder Bankberater hätte vorhersagen können: Man kann nicht mehr ausgeben, als man einnimmt. Das gilt nicht nur für Mark und Euro, sondern auch für Lebensenergie.

Die Energiebilanz, das heißt die Balance zwischen Belastung und Befriedigung, muß stimmen. Am besten ist es, wenn sie in jedem der vier Bereiche stimmt, die unser Leben ausmachen:

 unserer physischen Existenz, die abhängt von Essen und Trinken, Schlaf und Bewegung;

 der Partnerschaft und Familie im Sinne der engeren Geborgenheit;

 dem Bereich von Arbeit und Beruf;

 dem persönlichen Netzwerk von Freunden, Freizeitaktivitäten und sozialen Kontakten, dem Miteinander mit der Umgebung.

In jedem dieser Bereiche schöpfen wir Kraft, müssen aber auch Kraft investieren. Halten sich Investition und Gratifikation die Waage, stimmt die Bilanz.

Doch das Leben läßt die ausgewogene Balance leider nicht immer zu. Man kann seine Arbeit einbüßen, einen Partner verlieren, sich ein Bein brechen oder durch einen Umzug aus seinem sozialen Netzwerk herausfallen. Dann entsteht in einem Lebensbereich eine deutliche Fehlbalance. Die muß nicht tragisch sein, solange die Belastung des einen Lebensbereiches durch die anderen aufgefangen wird.

Der simple Beinbruch beispielsweise kann zu einer erheblichen Lebensbelastung werden. Man kann nicht mehr joggen, nicht mehr schwimmen, der Körper leidet. Man kann auch nicht Auto fahren, muß Termine absagen, die Berufsausübung ist eingeschränkt, das Selbstwertgefühl kann Schaden nehmen.

Wer aber einen zärtlichen Partner hat, fürsorgliche Kinder und verläßliche Freunde, muß nicht nur trübe Erfahrungen machen. Jetzt ist endlich Zeit da, um mit den Kindern das Fotoalbum des vergangenen Sommerurlaubs anzulegen und den nächsten zu planen. Jetzt können die Freunde zu dem fünfmal verschobenen Skatabend kommen. Jetzt gibt es sogar eine besondere Chance für Zärtlichkeit, denn das Hemmnis des Gipsbeins wird aufgewogen durch die reiche Muße.

Am Ende könnte sich der Beinbruch als Beginn einer besonders harmonischen Lebensphase erweisen.

Das Beispiel zeigt, daß die verschiedenen Bereiche in unserem Leben nicht voneinander getrennt existieren, sondern in einem dynamischen System verbunden sind. Kraftabfluß in dem einen Bereich (zum Beispiel Arbeit) kann durch verstärkten Zufluß in einem anderen (zum Beispiel Familie) ausgeglichen werden. Wichtig ist, daß insgesamt die Belastungen des Lebens und die Befriedigung in der Balance bleiben. Unsere Seele braucht die Ausgeglichenheit von Belastung und Befriedigung.

Das Energiefaßmodell

Ein Modell, mit dessen Hilfe wir uns diese Zusammenhänge vorstellen können, ist das Energiefaß. Jeder von uns ist ein Faß, gefüllt mit Energie, mit der wir wirtschaften können und müssen.

Unser Energiefaß

Das Faß ist nun nicht immer gleich voll. Dies hängt von den Zu- und Abflüssen ab, den Dingen, Personen, Situationen, die uns Energie schenken, und denen, die uns Kraft kosten.

Es gibt Energielieferanten wie Essen und Trinken, Liebe und Lust, Erfolg und Anerkennung, Ausruhen und Spaß:

Der Zufluß in unser Energiefaß

Es gibt Energieräuber wie Streß und Mißerfolg, Frust und Ablehnung, Überforderung und Dauerspannung.

Die Energieverluste aus unserem Energiefaß

Jetzt werden wir noch genauer. Unser Faß erhält Energie aus allen vier verschiedenen Lebensbereichen, doch kosten diese uns auch

Die Kammern in unserem Energiefaß

unterschiedlich viel Kraft. Das Faß ist also in vier Bereiche, im Bild repräsentiert durch Kammern, unterteilt, die Zuflüsse, aber auch Abflüsse haben. Wenn wir genau hinschauen, werden wir für jeden Lebensbereich sagen können, ob sich dort Zufluß und Abfluß die Balance halten. Oder mangelt es uns in einem Lebensbereich an Energie?

Es gibt Situationen und Zeiten, in denen uns in einem Lebensbereich kaum noch Energie zur Verfügung steht, weil vielleicht der Zufluß abgebrochen ist – wir haben gute Freunde durch einen Umzug in eine andere Gegend zurücklassen müssen – oder weil plötzlich sehr viel Kraft investiert werden muß – ein neuer Job erfordert unsere ganze Aufmerksamkeit. Das muß noch nicht dramatische Auswirkungen haben. Wenn eine Kammer leer ist, braucht noch nicht das ganze Faß leer zu sein. Wir haben kurzfristig die Möglichkeit, ein wenig zwischen den Bereichen auszugleichen – Energienachschub kommt aus den anderen Bereichen. So können wir zum Beispiel im Bereich Arbeit kurzfristig viel Energie investieren, wenn wir viel Unterstützung und Zuwendung von der Familie bekommen oder wenn wir eine kräftige Konstitution

Unser leerlaufendes Energiefaß

haben und ausgeruht sind. Man kann sich dies so vorstellen, daß die Wände zwischen den Kammern nicht völlig dicht sind, sondern ein gewisses Maß an Durchlässigkeit haben, so daß Energiegewinn in einem Bereich auch den anderen Bereichen zugute kommen kann und die leere oder fast leere Kammer noch eine Weile aus den anderen Kammern nachgefüllt wird. Natürlich sinkt dann in diesen das Energieniveau entsprechend ab.

Hält jedoch die Belastung in dem problematischen Bereich, also in unserer fast leeren Kammer, über längere Zeit an oder kommt auch mittelfristig kein weiterer Nachschub in diesem Bereich, können auch die anderen Bereiche langsam immer mehr an Energie verlieren. Die ganze Energie fließt in die eine Kammer nach, doch fließt sie dort zu schnell ab, und langsam werden alle Energiereserven verbraucht. Die Gesamtbilanz sinkt also unter eine kritische Schwelle – jetzt ist nicht mehr genug Kraft da, um sich weiter um die bisher noch funktionierenden Lebensbereiche zu kümmern. In der Folge fließt der Energienachschub auch in diesen Bereichen immer spärlicher – die Katastrophe nimmt ihren Lauf.

Sie beschleunigt ihren Lauf häufig noch, weil nicht jedes Faß so intakt und stabil ist, wie es auf den ersten Blick wirkt. Schaut man sich den Boden genauer an, dann erkennt man Risse und Löcher, manchmal nur haarfein, manchmal aber auch fingerhutgroß oder größer. Diese Leckagen waren kaum zu sehen und zu spüren, solange das Faß gut gefüllt war. Aber jetzt, wenn es schon zu zwei Dritteln leergelaufen ist, entdeckt man sie plötzlich, all diese kleinen Energielecks, und man erkennt, wie es aus ihnen ständig sickert und tropft.

Die Risse im Boden unseres Energiefasses

Diese Risse und Löcher, die unablässig Energie kosten, sind die Verletzungen und Wunden, die ein Mensch im Lauf seines Lebens erlitten hat. Bei einem sind sie größer, beim anderen kleiner, bei jedem sind sie da. Die Mutter, die zu früh gestorben ist, Leere und Verlustangst hinterlassen hat; der Vater, der ungerecht strafte und eine kindliche Demütigung mit lebenslangem Nachhall anrichtete; der Schul- oder Universitätsabschluß, den man nicht geschafft hat, eine Erfahrung, die man seitdem als unterschwelliges Gefühl von Versagen und Minderwertigkeit mit sich herumschleppt; die zerbrochene Partnerschaft, deren Scheitern man nicht verwindet – jeder kennt Beispiele dieser Art, und fast alle kennen sie aus ihrem eigenen Leben.

Häufig sind sie nur auf einen Lebensbereich beschränkt, auf die Partnerschaft zum Beispiel. Dort kann sich jemand etwa wegen einer viel früher erlittenen Verletzung sehr vorsichtig verhalten. Ein solches unterschwelliges Mißtrauen muß nicht auffallen und dem Betroffenen nicht einmal bewußt sein – bis er eines Tages so unter Streß gerät – im Beruf oder sonstwo –, daß ihm die Kraft fehlt, seine innere Verletzung auszuhalten und zu kompensieren, und er über all seine Probleme hinaus noch ein zusätzliches hat: Das Mißtrauen wird übermächtig, die Partnerschaft nimmt Schaden, eine weitere Kammer seines Energiefasses läuft leer.

Ähnliches kann im Arbeitsbereich geschehen. Wer schon in seiner Kindheit das Gefühl entwickeln mußte, nur für Leistung geliebt zu werden, der gerät leicht in eine schwere persönliche Krise, wenn sein Jobeinsatz aus irgendeinem Grund nicht anerkannt wird. Die berufliche Krise ist vielleicht harmlos und wäre mit verstärktem Einsatz leicht zu bewältigen. Aber die Kraft für diesen Einsatz fehlt, weil die erforderliche Energie durch die Risse des Faßbodens – die nicht verheilten oder schlecht vernarbten Seelenwunden – weggesickert ist.

Für unser Energiefaßmodell heißt das: Wenn meine Gesamtenergiebilanz schon drastisch reduziert ist, wenn die anderen Kammern schon an die Grenze ihrer Ausgleichsmöglichkeiten gekommen sind, dann können diese alten, versteckten Risse und kleinen Löcher eine große Bedeutung gewinnen. Jetzt ist nicht mehr genug Nachschub da, um darüber hinwegsehen zu können.

Die Katastrophe ist perfekt: Das Energieniveau sinkt unter die kritische Grenze, mein Faß ist weitgehend leergelaufen – nichts geht mehr. Rien ne va plus.

Um es noch einmal auf anderem Wege zu veranschaulichen, können wir das Energiefaßmodell auf die Vorstellung übertragen, wir wären die Kapitäne auf unserem Lebensschiff. Bei gut gefülltem Energiefaß ist genug da für «volle Fahrt voraus». Das Schiff gleitet über das Meer. Wir können bestimmen, wo wir hinsteuern wollen, das Schiff ist ohnehin auf Kurs und braucht nur gelegentliche Aufmerksamkeit und Betreuung. So gibt es genug innere Freiheit, sich auch auf anderes zu konzentrieren, sich zum Beispiel an schönen Dingen zu erfreuen und um das zu kümmern, was einem am Herzen liegt. Dies gibt dann wieder neue Energie. Der Nachschub stimmt.

Ein Energiefaß, das nur noch zu einem Viertel voll ist, bedeutet: Der Antrieb fehlt, das Schiff verliert an Fahrt. Wenn es aber nicht mehr seine volle Kraft gegen Wind und Wellen einsetzen kann, wird es von ihnen abgedriftet und hin- und hergeworfen. Der Schiffsführer hat alle Hände voll zu tun, es einigermaßen auf Kurs zu halten und drohenden Untiefen auszuweichen. Von der Bewältigung der schwierigen Situation ist er so absorbiert, daß er keinerlei Aufmerksamkeit übrig hat, weder für die Schönheit der Seeschwalben, die sein Schiff begleiten, noch für ein ausführliches Kartenstudium, um sich womöglich für eine ganz andere Route zu entscheiden.

Menschen in dieser Lage schaffen es gerade noch irgendwie, ihren Alltag und seine Katastrophen zu bewältigen, aber sie haben keinerlei Kraft übrig für eine Neuorientierung oder zusätzliche Aktivitäten, auch nicht solche, die sie wieder aufbauen könnten. Das typische Gefühl in dieser Lage ist das Hinterherhinken, die Empfindung, immer einen Schritt hinter den Verpflichtungen, Anforderungen und drängenden Problemen zurückzubleiben. Ein charakteristischer Satz in dieser Lage lautet: «Früher habe ich mich immer daran gefreut, aber heute macht mir nichts mehr Spaß.»

Wenn wir am Ende gar keine Energie mehr in unserem «Faß» haben, dann wird aus der Krise die Katastrophe. Das Schiff droht unterzugehen. Jetzt braucht man mehr als gute Tips. Jetzt braucht man einen Seenotkreuzer, der einen erst mal in den sicheren Hafen schleppt. Der sichere Hafen kann zum Beispiel dann der Krankenhausaufenthalt in einer psychotherapeutischen oder psychiatrischen Klinik sein.

Es überrascht die meisten meiner Patienten, wenn ich ihnen erkläre, daß ein elementarer Grundsatz des Wirtschaftslebens ganz genauso für den Bereich ihres Energiehaushalts und ihrer psychischen Gesundheit gilt: Man muß investieren, wenn man profitieren will. Wer Energie hinzugewinnen möchte, muß Energie einsetzen. Es kostet erst einmal Kraft, sich Freiräume zu schaffen, in denen man dann richtig zu Kräften kommt; es kostet Kraft, Romane zu lesen, mit Freunden zu reden, Konzerte zu besuchen, aber man bezieht daraus auch neue Energie, die die Investition übertrifft. Wer es gerade noch schafft, seinen Alltag durchzustehen, und keinerlei Reserven für solche Investitionen hat, dem fehlt dann auch die Kraft für erforderliche Veränderungen seines Lebens. Die weiteren Kapitel werden es Ihnen ermöglichen, Ihre eigene Situation zu analysieren, notwendige Veränderungen zu erkennen und sie in Angriff zu nehmen.

3. Wer sind Sie?

Die Sache mit der Energiebalance ist ein Gesetz, das für alle Menschen gilt. Aber die Menschen sind nicht alle gleich. Sie haben verschiedene Persönlichkeiten, unterschiedliche Temperamente. Die bestimmen das Gewicht der verschiedenen Lebensbereiche und dirigieren die Dynamik zwischen ihnen. Die Persönlichkeit wirkt wie ein Autopilot, der das Leben steuert.

Ein Dutzend Haupteigenschaften sind bestimmend für die Persönlichkeit, alle tief in der Natur des Menschen verankert, aber in jedem anders verteilt und ausgeprägt.

Die neue Persönlichkeitsforschung hat übrigens festgestellt, daß auch scheinbar widersprüchliche Merkmale in einer Person vereint sein können. Solche Gegensätze schließen sich nicht aus, sondern können – mehr oder weniger friedlich – koexistieren. Im Grunde besteht die Persönlichkeit aus vielen einzelnen Merkmalen, die, mal stärker, mal schwächer, im Wettstreit miteinander liegen und ausbalanciert werden müssen. Das ist der Grund für viele innere Konflikte, die wir erleben, und für die zwiespältigen Empfindungen, durch die wir uns oft hin- und hergerissen fühlen.

Etwa die Hälfte jedes prägenden Persönlichkeitsmerkmals haben wir genetisch geerbt, die andere Hälfte erlernt – von Eltern, Lehrern, Vorbildern, Fernsehen und den Lebenserfahrungen. Ein Teil dieser Merkmale formt unser Temperament und unsere Stimmungslage, andere geben die Grundausprägung der Gefühle vor sowie bestimmte Einstellungen, den geistig-intellektuellen Stil und das Verhalten.

Selbstverständlich kommen viele weitere Faktoren hinzu, die

die individuelle Architektur einer Persönlichkeit ausmachen: Einflüsse der Begabung, der Erziehung, der Bildung, der umgebenden Kultur und so weiter. Jeder Mensch ist einmalig und nicht auf die Basisdimensionen seiner Persönlichkeit zu reduzieren. Doch umgekehrt kann er diesen prägenden Grundfaktoren auch nicht entkommen. Ob ein Mensch mit besonders ausgeprägter Kampfbereitschaft eher Extrembergsteiger, Bombenentschärfer, General oder Herzchirurg wird, hängt von verschiedensten Faktoren und lebensgeschichtlichen Fügungen ab. Aber er würde sich nie in der Zelle eines Klosterbruders wohl fühlen.

Es ist deswegen nicht unwichtig, zu wissen, welchen Kurs der Autopilot des eigenen Lebens steuert. Neige ich eher zu Kampf und Waghalsigkeit? Oder zu Impulsivität und Empfindsamkeit? Bin ich gesellig oder leicht genervt von zuviel Nähe? Wenn ich die Antwort auf solche Fragen weiß, kenne ich auch die Belastungsanfälligkeiten in meinen Lebensbereichen, kann achtsamer damit umgehen – und Fehler vermeiden, wie sie Wilfried passiert sind.

WILFRIED oder:
Die Sache mit der Selbsterkenntnis

 Wilfried kannte ich vom Segeln. Er war einer von den Besessenen, die jede freie Minute auf ihrem Boot verbringen. Ich wußte gar nicht, was er beruflich machte, irgendeinen Anzug-mit-Krawatte-Job. An Sommerabenden kam er immer in voller Büromontur in den Hafen, verschwand in der Kajüte seines Achtmeterschiffs und tauchte dann in Jeans und Takelhemd wieder auf.

Er war ein exzellenter Segler. Kühn. Er ging noch raus, wenn alle anderen verzagt im Hafen blieben. Aber auch ein sicherer Skipper, mit einem hervorragenden Gefühl dafür, was er einer Crew und einem Schiff zumuten konnte.

Eines Tages starb eine Tante von ihm und hinterließ ihm eine hübsche kleine Erbschaft. Wilfried beschloß, die Chance zu nutzen, seinen Beruf an den Nagel zu hängen und aus seiner bisherigen Obsession eine Profession zu machen. Er verkaufte sein Achtmeterboot, erwarb ein doppelt so großes und rüstete es zum Charterschiff um.

Im Hafen beglückwünschten ihn alle zu seinem Entschluß. Er schien der richtige Mann für das Chartergeschäft. Jeder hatte sich bei ihm an Bord wohl gefühlt. Das galt auch für mich. Ich mochte Wilfrieds ruhige, unaufgeregte Art. Seine Kommandos waren höchstens halblaut, aber immer präzise und kompetent. Er war das genaue Gegenteil des bramarbasierenden Käpt'n-Blaubär-Typus mit dem ewig gleichen Seemannsgarn.

Ich erinnere mich an eine Ausfahrt mit Wilfried aus dem kleinen Inselhafen von Pellworm. Wir hatten den Ehrgeiz, ohne Motorhilfe nur unter Segeln auszulaufen; aber der Steuermann unterschätzte eine Bö, paßte nicht auf, und wir saßen plötzlich im Schlick fest – mit guter Aussicht, dort zehn Stunden bis zum nächsten Hochwasser ausharren zu müssen.

Nicht eine Sekunde verlor Wilfried die Ruhe. Knapp kamen seine Anweisungen: «Großbaum fieren! Zwei Mann ins Beiboot!» Die beiden hängten sich an den Baum, krängten das Schiff, gleichzeitig wurden die Segel eingeholt, der Motor angeworfen – und wir waren wieder frei.

Wilfried kaufte sein neues Schiff im Herbst, und ich glaube, es gab während des folgenden Winters auf der ganzen Welt keinen glücklicheren Menschen als ihn. Von morgens bis abends war er auf der Werft, trug nur noch Overall und Troyer und bastelte an seinem Schiff. Die Businessanzüge verstaubten.

Der Sommer, der folgte, war reich an Sonne und Wind. Ich dachte oft an Wilfried und beneidete ihn insgeheim. Endlich mal einer, der den Mut hatte, seinen Traum zu leben. Auch geschäftlich lief offenbar alles bestens für ihn. Die Mundpropaganda hatte gewirkt, und die Gästekojen auf Wilfrieds Schiff waren ausgebucht. Ich sah ihn erst im Herbst wieder, als die «Esperanza» – so hieß sein neues Schiff – von ihrem letzten Chartertörn zurückgekehrt war. Ich freute mich über das Wiedersehen, aber Wilfried wirkte merkwürdig mürrisch und angestrengt. «Wie war die Saison?» fragte ich. Er spuckte ins Wasser. «Die schlimmste Fracht, die man fahren kann», sagte er dann, «ist der Mensch.» Ich war erschrocken. Zynismus paßte nicht zu Wilfried.

In der nächsten Saison gab es dann seltsame Gerüchte im Hafen. Chartergäste von Wilfried seien unzufrieden gewesen, hieß es, manche hätten ihren Törn sogar abgebrochen. Es war schwer, sich einen Reim darauf zu machen, weil Wilfrieds seglerische Fähigkeiten völlig außer Frage standen. Ich machte mir Sorgen.

Gegen Ende des Sommers konnte ich mich noch einmal für ein verlängertes Wochenende aus der Klinik stehlen und segelte mit Freunden vor der dänischen Küste. In Hörup Hav entdeckte ich die «Esperanza». Wilfried befand sich an Bord, aber er war nicht mehr der Mann, den ich gekannt hatte. Er wirkte verkniffen, verbissen und war angetrunken.

Als die «Esperanza» am Morgen darauf auslief und Wilfried am Ruder stand, sah er wieder wie der alte aus. Doch dann hörte ich, daß er zwei Chartertörns abgesagt hatte, weil weniger als die Hälfte seiner Kojen gebucht waren. Die düpierten Gäste der anderen Hälfte drohten mit Schadensersatzklagen.

Die nächste Nachricht klang noch alarmierender. Wilfried hatte offenbar erhebliche Schulden bei der Werft; da seine Geschäfte in dieser Saison flau gewesen waren, fehlte ihm Geld, um die Rechnungen zu begleichen.

Manchmal muß man als Arzt die Initiative ergreifen. Ich rief Wilfried an, erzählte etwas von einem Boot, das ich vielleicht kaufen wolle, und bat ihn um Beratung und Besuch. Er war sofort bereit. Als er mir gegenübersaß, kam ich ziemlich schnell zur Sache. «Was ist mit dir los?» fragte ich. «Du bist nicht mehr der alte, du

Analyse

trinkst, du wirkst so, als ob dir dein ganzes Leben keine Freude mehr macht.»

Er saß stumm da und litt.

«Es stimmt», sagte er schließlich. «Früher war das Segeln für mich ein Abenteuer, jetzt ist es Routine und Pflicht. Aber das Schlimmste sind diese Leute, die dauernd um mich herum sind, manchmal zwei Wochen lang. Leute, denen am Segeln oft gar nichts liegt, die Spaß haben wollen, für die ich den Entertainer geben soll.» Er hatte sich richtig in Rage geredet. «Ich bin doch kein Clown!» stieß er hervor. «Was denken sich diese Leute eigentlich?»

Jetzt war mir plötzlich klar, was für eine Stimmung an Bord der «Esperanza» geherrscht hatte und weshalb Wilfrieds Gäste manchmal verärgert nach Hause gefahren waren.

«Wilfried», sagte ich zu ihm, «ich habe den Verdacht, daß du keine Ahnung hast, wer du eigentlich bist. Laß uns mal einen Test machen.» Er zögerte anfangs, willigte dann aber doch ein.

Als wir die Ergebnisse in ein grafisches Persönlichkeitsprofil übertrugen, staunten wir beide. Er hatte – keine Überraschung – eine ganz starke Ausprägung in Richtung Risikobereitschaft und Abenteuerlust, aber auch ein extrem unterdurchschnittliches Profil bei Fröhlichkeit und Kontaktfreude. Die Sensibilität wiederum lag erheblich über dem Durchschnitt.

Mit anderen Worten: Wilfried ist ein kühner und kämpferischer Mensch, aber gleichzeitig sensibel und vor allem ein typischer Einzelgänger. Ich fragte ihn, was er früher gemacht habe, und es stellte sich heraus, daß er bei einer großen Versicherung für komplizierte Rechtsfälle zuständig gewesen war und seinen Alltag praktisch nur mit seinem Computer geteilt hatte.

«Mit deinem Persönlichkeitsprofil bist du der ideale Einhandsegler», erläuterte ich ihm das Ergebnis. «Du darfst auch einen Hund mitnehmen. Oder Mitsegler, die froh sind, wenn sie den Mund halten dürfen. Aber keine Frohnaturen mit Schunkelbedürfnis. Das ist für beide Seiten die Hölle.»

«Was soll ich machen?» fragte er. «Ich bin Verpflichtungen eingegangen, ich habe Schulden, ich muß durchhalten.»

Ich schüttelte den Kopf. «Das wird endlose Kraft kosten. Es ist gegen deine Natur.»

Er sah mich ratlos an. «Und nun?»

«Es gibt nur einen Ausweg. Du mußt dir einen zweiten Mann suchen, der die Defizite deiner Persönlichkeit ausgleicht. Einen, der gesellig ist und lustig und der vielleicht auch noch gerne kocht. Dann kannst du segeln und ihm das Entertainment der Gäste überlassen.»

Wilfried verzog das Gesicht.

«Ich weiß», sagte ich, «schon einer an deiner Seite ist dir einer zuviel. Aber die Kröte mußt du schlucken. Sonst erleidest du Schiffbruch.»

Er sah es schließlich ein und versprach, sich nach einem Partner umzusehen.

«Eins noch», sagte ich, als er gehen wollte. «Du mußt mir versprechen, deinen neuen Mann zu mir zu schicken, bevor du einen Vertrag mit ihm machst. Sonst suchst du dir einen aus, der zu dir paßt und genauso ist wie du, und ihr langweilt deine Gäste zu zweit.»

Er versprach es.

Sechs Wochen später rief er mich an, erzählte, er habe drei mögliche Kandidaten, und fragte, ob ich bereit wäre, sie mir anzusehen. Ich sprach mit den dreien, machte auch mit ihnen den Persönlichkeitstest und riet dann zu Uwe.

In der nächsten Saison heuerte er als Wilfrieds neuer Partner an. Seither fährt die «Esperanza» wieder als Hoffnung über das Meer.

Wer bin ich?

Stellen Sie sich eine Firma vor, die plötzlich in wirtschaftliche Turbulenzen gerät und Mitarbeiter entlassen muß. Alle trifft das gleiche Schicksal, aber sie reagieren darauf sehr verschieden.

✦ Einer beispielsweise mit anfänglicher Fassungslosigkeit, dann aber mit enormer Selbstdisziplin. Morgens um acht sitzt er schon zu Hause am Schreibtisch, verfaßt Bewerbungsschreiben, studiert Fortbildungsmöglichkeiten und informiert sich zielstrebig über seine Chancen.
✦ Ein anderer ist geradezu erleichtert über die jähe Arbeitslosigkeit; er schläft lange, macht Musik, malt bis tief in die Nacht, liest und plant einen Roman oder ein alternatives Leben in Australien.
✦ Der dritte kümmert sich als erstes um die anderen arbeitslos gewordenen Kollegen, dann nimmt er sich Probleme in der Familie vor, bietet der gebrechlichen Nachbarin seine Hilfe an und fragt im Kirchenkreis, was es zu tun gebe.
✦ Der vierte Entlassene schließt sich sofort einer Arbeitsloseninitiative an. Er kennt dort nach kurzer Zeit jeden, findet neue Freunde, mit denen er sich trifft und ausspricht; er hält aber auch Kontakt zu den alten Kollegen, telefoniert viel, wird oft eingeladen und ist selten eine Stunde allein.
✦ Der fünfte schließlich ist ein Kämpfer; er macht zuerst Krach beim Boß, stürmt dann die Chefetage der Konkurrenz, beschließt, wenn er dort nicht landet, sich selbständig zu machen, verklagt die alte Firma, schreibt einen flammenden Artikel für die Lokalzeitung und erwägt, in die Politik zu gehen.

Jede dieser Strategien, mit dem Schicksal der Arbeitslosigkeit fertig zu werden, ist so gut oder schlecht wie die andere. Jeder der fünf Betroffenen nimmt die Möglichkeiten wahr, die ihm seine Persönlichkeit nahelegt – und gestattet. Der eher musisch und träumerisch Veranlagte – hoher Persönlichkeitsfaktor G – könnte keine Türen in Chefetagen eintreten und denkt kaum daran, Prozesse zu führen. Auch dem Selbstlosen und Hilfsbereiten – Persönlichkeitsfaktor H – ist der Gedanke an Kampf fremd. Der Kämpfer wiederum – Persönlichkeitsfaktor B – denkt nicht eine Sekunde daran, Träumen nachzuhängen oder seine freie Zeit mit karitativer Betätigung zu füllen. Existenzzufriedenheit, Lebensfreude, Glück kann der eine so gut wie der andere erreichen – und auf jeden Fall leichter, als wenn er gewaltsam versucht, gegen seine Persönlichkeit zu leben.

Schwieriger wird es, wenn es darum geht, nicht nur individuelle Zufriedenheit, sondern auch konkrete Ziele zu erreichen. Einen neuen Job zum Beispiel. Dafür sind nämlich manche Persönlichkeitseigenschaften eindeutig vorteilhaft, andere nachteilig. Der Kontaktfreudige findet leichter eine Arbeitsstelle als der introvertiert Zurückgezogene; der selbstdiszipliniert Zielstrebige hat bessere Chancen, eingestellt zu werden, als der verträumte Alternative.

Da geht es dann manchmal nicht anders, als gegen die eigene Persönlichkeit zu handeln, wenn sie auf dem Weg zu einem Ziel zum Hindernis wird. Doch dieses Hindernis sollte man kennen. Und wissen, wieviel Energie seine Überwindung kostet.

Will er wirklich ein alternatives Leben in Australien führen, oder will er nur davon träumen? Wenn er es ernsthaft anstrebt, muß sich auch der Träumer zeitweise in einen Kämpfer verwandeln. Und er darf dabei nicht vergessen, daß er keiner ist und ihn schon dessen Pose Kraft kostet.

Auch die längste Reise beginnt bekanntlich mit dem ersten Schritt. Und das ist in unserem Fall die Selbsterkenntnis.

Der Persönlichkeitsfragebogen

Selbsterkenntnis ist keine Sache von fünf Minuten. Sie finden auf den nächsten Seiten einen Fragebogen, der die Basisfaktoren Ihrer Persönlichkeit ermittelt.Versuchen Sie aber nicht, ihn zwischen Tür und Angel zu beantworten. Sie müssen sich konzentrieren und brauchen deshalb Ruhe und Zeit – bestimmt anderthalb bis zwei Stunden. Sie können den Fragebogen dann mühelos selbst auswerten. Wenn Sie weitergehenden Bedarf nach Persönlichkeitsanalyse haben, können Sie sich an die im Anhang genannte Adresse wenden. Dorthin können Sie auch Ihren ausgefüllten Fragebogen schicken, um ihn differenzierter auswerten zu lassen.

Der Test umfaßt zwölf Persönlichkeitsmerkmale, die in sechs Ausprägungsstufen erfaßt werden – von «sehr schwach ausgeprägt» bis «sehr stark ausgeprägt». Er beschränkt sich auf normale Eigenschaften, schließt also sogenannte Persönlichkeitsstörungen nicht ein.

Die Resultate des Tests sind keine Werturteile. Persönlichkeitsmerkmale sind weder gut noch schlecht, sie sind einfach verschieden. Jede Persönlichkeitsausprägung hat ihre besonderen Chancen und Risiken.

Die folgenden Selbstbeschreibungen sollen Ihnen helfen, einen umfassenden Einblick in Ihre Persönlichkeit zu gewinnen. Anders als bei den anderen Fragen in diesem Buch geht es hier um die überdauernden Aspekte Ihres Erlebens und Verhaltens. Wenn Sie sich also zur Zeit in einer schweren seelischen Krise oder ungewöhnlich schwierigen Lebenssituation befinden, müssen Sie versuchen, den Persönlichkeitsfragebogen so zu beantworten, wie Sie sich normalerweise in den letzten Jahren erlebt haben. Den ungewöhnlichen gegenwärtigen Belastungszustand sollten Sie dabei nicht in die Selbstbeurteilung einfließen lassen.

Zur Beantwortung der Fragen können Sie zwischen vier Stufen wählen, denen jeweils eine Zahl von 1 bis 4 zugeordnet ist:

Völlig falsch (1)   Eher falsch (2)   Eher richtig (3)   Völlig richtig (4)

Die zutreffenden Zahlen tragen Sie bitte unter den jeweiligen Nummern auf dem Antwortbogen (Seite 63) gut leserlich ein. Verwenden Sie bei Ihren Antworten *alle* Stufen, legen Sie sich also nicht vorschnell nur auf bestimmte Stufen (zum Beispiel nur die «Eher»-Antworten) fest.

Bitte tragen Sie bei jeder Frage nur eine Zahl ein, und lassen Sie keine aus. Wenn die Wahl einmal sehr schwerfällt, folgen Sie Ihrem Gefühl, und geben Sie die Antwort, die wahrscheinlich noch am genauesten zutrifft. Grübeln Sie nicht zu lange über einzelne Fragen nach. Es gibt keine «guten» oder «schlechten» Antworten. Bitte antworten Sie ehrlich, Sie haben nichts davon, wenn Sie ein «Trugbild» von sich selbst entwerfen.

? FRAGEBOGEN

1. Ich achte Prinzipien höher als die sogenannte Menschlichkeit.
2. Wenn etwas gefährlich wird, bin ich ganz in meinem Element.
3. Ich bin eine gute und treue Freundin/ein guter und treuer Freund, auf die/den man sich verlassen kann.
4. Für eine harmonische Atmosphäre verzichte ich auf vieles.
5. Es macht mir viel Spaß, zusammen mit Freunden/Freundinnen «einige Gläser zu heben».
6. Manchmal denke ich, daß ich vom Pech verfolgt bin.
7. Ich bin «hoffnungslos romantisch» veranlagt.
8. Ich bin ein Mensch, der meistens zuerst an das Wohlergehen anderer denkt.
9. Ich würde gern mit meinen geistigen Fähigkeiten etwas Wichtiges und Großes bewirken.
10. Erfolg ist für mich etwas sehr Wichtiges im Leben; dafür gehe ich auch risikoreiche Wege.
11. Ich leide manchmal unter Schuldgefühlen und meiner eigenen Unvollkommenheit.
12. Jeder Mensch hat die Möglichkeit, sein Schicksal selbst in die Hand zu nehmen.
13. Ich wehre mich dagegen, daß Fehlverhalten ständig «psychologisch entschuldigt» wird.
14. Ich bin der Typ Mensch, der sich auch als «Widerstandskämpfer/in» bewähren könnte.
15. Gelegentliche Zweifel überwinde ich durch die Rückversicherung bei Autoritäten und Experten.
16. Ich bin durch zarte und einfühlsame Berührungen sinnlich stark ansprechbar.
17. Ich werde als sympathischer und umgänglicher Mensch eingeschätzt.
18. Ich bin wie ein «Halm im Wind», der durch äußere Einflüsse hin- und herschwankt.

19. Ich glaube ganz fest an Wunder.
20. Ich werde oft für meine kooperative Haltung gelobt.
21. Wenn ich abwesend und uninteressiert erscheine, bin ich stark mit eigenen Gedanken beschäftigt.
22. Ich rechne im Beruf mit hartem Wettbewerb und kann gut damit umgehen.
23. Ich bin oft den Tränen nahe, peinlicherweise manchmal schon bei banalen Anlässen.
24. Pläne mache ich immer in dem Bewußtsein, daß ich eine gute Chance habe, sie zu verwirklichen.
25. Das «Vorrecht des Tüchtigen» muß in jedem überlebensfähigen System Priorität haben.
26. Ich habe eine kampfbetonte «Ellenbogenmentalität».
27. Ich habe ein konservatives Weltbild und vertrete überwiegend konventionelle Ansichten.
28. Ich bin ein Mensch, der «keiner Fliege etwas zuleide tun» kann.
29. Ich fühle mich in meinem Element, wenn um mich herum geschäftiges Treiben herrscht.
30. Das Schicksal hat mir übel mitgespielt.
31. Ich interessiere mich sehr für die Bedeutung meiner Träume.
32. Ich kann ganz in einer fürsorglichen sozialen Rolle aufgehen.
33. Ich habe viele Zukunftsvisionen und diskutiere gern mit interessierten Menschen darüber.
34. Ich bin für die heutige «Konkurrenzgesellschaft» ziemlich gut gerüstet.
35. Mir gehen belastende Erlebnisse schnell «unter die Haut».
36. Ich kann meine eigenen Interessen gut und erfolgreich vertreten.
37. Ich fühle mich oft durch äußere Vorkommnisse in meiner strengen und konsequenten Grundhaltung bestätigt.
38. Ich liebe Extremsportarten, bei denen ich mich voll und ganz beweisen kann.

39. Mein Pflichtgefühl ist so stark, daß ich auch unangenehme Arbeiten verläßlich abschließe.

40. Ich würde in meinem Freundeskreis gern eine friedliche, konfliktfreie Oase schaffen.

41. Ich erfreue mich besonders an gemeinschaftlichem Tanzen oder Musizieren.

42. Mir passieren immer wieder seltsame Dinge, die ich weder verstehen noch beeinflussen kann.

43. Ich bin besonders empfänglich für die stilvollen und künstlerischen Aspekte des Lebens.

44. Ich organisiere gern Hilfe für wohltätige Zwecke.

45. Ich überprüfe manchmal kühne Hypothesen, indem ich zum Beispiel ein gewagtes Experiment veranstalte.

46. Ich bin ein Leistungstyp und übernehme mutig Aufgaben, die sich kaum jemand zutraut.

47. Manchmal kommt mir alles so unangenehm unwirklich und fremd vor.

48. Die meisten Unfälle könnte man durch mehr Umsicht und Besonnenheit vermeiden.

49. Ich empfinde große Genugtuung, wenn ich in einer strittigen Angelegenheit recht bekomme.

50. Ich würde gern als «Robin Hood» leben, wenn das heute noch möglich wäre.

51. Ich halte mich bedingungslos an alle Gesetze.

52. Es ist mir ein echtes Anliegen, andere Menschen in ihrer ganzen Individualität zu fördern.

53. Es belebt mich ungemein, wenn ich mich angeregt und charmant unterhalten kann.

54. Ich brauche Unterstützung und Zuspruch anderer Menschen, um etwas zu entscheiden.

55. Es gibt Menschen, die behaupten, daß ich etwas ganz Besonderes an mir habe.

56. Ich helfe gern anderen bei praktischen Angelegenheiten.

57. Ich bin mindestens in einem Wissensgebiet außerordentlich gut informiert.
58. Ich bewundere Menschen mit hohem Status und Ansehen und eifere ihnen nach.
59. Ich reagiere oft empfindlich auf Kritik.
60. Ich habe viele Ideen für eine bessere Zukunft und bin überzeugt, die meisten davon selbst verwirklichen zu können.
61. Mir eilt der Ruf voraus, «hart, aber gerecht» zu sein.
62. Ich bin eine Abenteurernatur und sehne mich nach gefährlichen oder dramatischen Erlebnissen.
63. Ich bin sehr gesundheitsbewußt und meide die bekannten Risiken.
64. Ich habe immer ein offenes Ohr für die Probleme anderer Menschen.
65. Ich bin an vielen Erlebnismöglichkeiten interessiert.
66. Wenn ich nicht weiterweiß, suche ich immer bei anderen Leuten Rat und Hilfe.
67. Gedichte geben mir sehr viel.
68. Ich bin immer zuvorkommend und habe für alle ein freundliches Wort.
69. Ich lerne gern ungewöhnliche Menschen kennen, die mich geistig anregen und fordern.
70. Ich bin besonders gut darin, schnelle Erfolge und «Etappensiege» zu erzielen.
71. Ich spüre manchmal so etwas wie Ärger oder Neid, wenn andere erfolgreicher sind als ich.
72. Ich habe die Überzeugung und die Kraft, mich selbst verwirklichen zu können.
73. Ich verteidige immer ganz entschieden meine Meinung, wenn ich eindeutig recht habe.
74. Ich habe den Mut und die Kraft, in einer Katastrophe zur Heldin/zum Helden zu werden.

75. Ich sehe es mit großem Bedauern, daß der gute Einfluß der Kirche zurückgedrängt wird.
76. Ich nehme oft die Bedürfnisse von Menschen wahr, ohne daß sie darüber sprechen.
77. Ich habe meistens viel Schwung und Energie und unternehme viel.
78. Meine Überzeugungen werden überwiegend von außen (zum Beispiel Medien, Autoritäten) gesteuert.
79. Ich habe manchmal erhabene Gefühle mystischer Erleuchtung.
80. Sich fürsorglich um Kinder zu kümmern liegt mir sehr.
81. Ich bin ein/e «Abenteurer/in des Geistes» und habe oft sehr kühne Gedanken.
82. Ich bin jemand, der alles im Griff haben will, damit es auch garantiert klappt.
83. Ich reagiere leicht allergisch auf unappetitliche Angewohnheiten anderer Leute.
84. Wenn ich tatkräftig an eine schwierige Aufgabe herangehe, wird auch etwas daraus.
85. Leistungen zu erbringen und Anforderungen zu erfüllen ist mir das Wichtigste überhaupt.
86. Ich liebe etwas rauhe Teamsportarten und spiele dabei gern «den Boß».
87. Ich strebe nach Sicherheit und geordneten Verhältnissen.
88. Ich liebe das Gefühl des «Einsseins mit der Natur».
89. Ich liebe gesellige Zusammenkünfte in gepflegt-vertrauter Atmosphäre.
90. Wegen widriger äußerer Umstände muß ich wichtige persönliche Lebensziele aufgeben.
91. Ich sehne mich oft nach Menschen und Erlebnissen, die unerreichbar erscheinen.
92. Ich arbeite gern einem/einer Höhergestellten zu und gehe ganz auf seine/ihre Wünsche ein.

93. Die Forschungsarbeit einer Astronomin/eines Astronomen in einer abgelegenen Sternwarte würde mir gefallen.

94. Ich kann sehr durchsetzungsstark und zielstrebig sein, wenn es darauf ankommt.

95. Ich bin ziemlich schüchtern.

96. Ich bin überzeugt, daß ich erfolgreich an meiner eigenen Persönlichkeitsentwicklung arbeiten kann.

97. Ich bin dafür bekannt, daß ich mich beharrlich bemühe, Mißstände zu beseitigen.

98. Ich spiele «Angsthasen» gern einen Streich.

99. Eheliche Treue finde ich unverzichtbar.

100. Ich neige dazu, bestimmte Menschen «abgöttisch» zu lieben oder maßlos zu bewundern.

101. Es macht mir sehr viel Spaß, anderen etwas Lustiges zu erzählen oder vorzuführen.

102. Ob ich krank oder gesund bin, hängt am allerwenigsten von meinem eigenen Zutun ab.

103. Mit meiner Phantasiebegabung könnte ich wunderschöne Märchen erfinden.

104. Ich habe das Gefühl, viel Gutes tun zu müssen, um von anderen gemocht zu werden.

105. Meine geistige Neugier drängt mich, über oberflächliche Erklärungen von Phänomenen hinauszukommen.

106. Ich lege großen Wert darauf, mich selbst sehr attraktiv zu machen.

107. Bei zuviel Unruhe und Hektik reagiere ich mit deutlich erhöhter Nervosität.

108. Wer Vertrauen in Menschen investiert, bekommt meistens etwas Positives zurück.

109. Ich habe ein ausgeprägtes Nationalgefühl und identifiziere mich stark mit meinem Land.

110. Ich bin ein kameradschaftlicher Mensch, mit dem man «durch dick und dünn» gehen kann.

111. Ich empfinde sehr großen Respekt für meine Eltern.

112. Für meine liebsten Freizeitbeschäftigungen (zum Beispiel Musikhören) nehme ich mir gern viel Zeit.

113. Ich neige zu «unverbesserlichem Optimismus» und schiebe trübe Gedanken einfach beiseite.

114. Ich habe mein Leben nicht im Griff – es hat mich im Griff.

115. Meine kulturellen Interessen sind mir oft wichtiger als die nüchterne Realität.

116. Das Gebot der Nächstenliebe hat für mich einen herausragenden Stellenwert.

117. Ich habe einen leidenschaftlichen Hunger nach neuen Erkenntnissen.

118. Ich strebe nach einer Führungsposition, notfalls auch «mit harten Bandagen».

119. Ich bin ganz allgemein ein sensibler Mensch.

120. Ich halte es mit dem Spruch «Der Wille kann Berge versetzen.»

121. Es geht mir gegen den Strich, mit unordentlichen Menschen zusammenarbeiten zu müssen.

122. Ich hätte Spaß daran, unheimliche Orte aufzusuchen (zum Beispiel einen Friedhof bei Nacht).

123. In unserer schrecklich unübersichtlichen Welt brauche ich einen ganz festen äußeren Halt.

124. Ich habe ein tiefes Verlangen nach Nähe und innigen menschlichen Beziehungen.

125. Ich flirte furchtbar gern.

126. Ich habe unverschuldet viele Zurücksetzungen und Enttäuschungen ertragen müssen.

127. Ich liebe es, mich mit einer besonderen Note zu kleiden.

128. Ich passe mich bestimmten Menschen so sehr an, daß diese mich leicht ausnutzen können.

129. Ich brauche viele Freiräume für meine «Erfindungen» oder kreativen Hobbys.

130. Jeder Erfolg, den ich erziele, stärkt meine Position und fördert meinen Ehrgeiz.

131. Alltägliche Reize und Anforderungen gehen mir leicht etwas auf die Nerven.

132. Man muß die eigene Hilflosigkeit überwinden, um zu einem lebenstüchtigen Menschen zu werden.

133. In wesentlichen Fragen will ich Recht und Gerechtigkeit auf meiner Seite wissen.

134. Ich bin ein sehr lustbetonter, draufgängerischer Mensch, der sich gern sofort bedient.

135. Ich lege größten Wert auf persönliche Sauberkeit und eine gepflegte Erscheinung.

136. Ich neige zu wehmütigen Gefühlen, zum Beispiel bei dem Gedanken an frühere Beziehungen.

137. Ich bin der Typ Mensch, der Leben in eine Party bringt.

138. Wie sehr man sich auch bemüht, letztlich entscheidet das Schicksal über den eigenen Lebensweg.

139. Ich bin ein stiller, verträumter Mensch mit einem Hang zu Tragik, Nostalgie und Melancholie.

140. Aus lauter Sorge fällt es mir schwer, «meinen Lieben» genügend Freiräume zu lassen.

141. Ich bin der Typ des etwas exzentrischen und von einer Idee besessenen Eigenbrötlers.

142. Kompetenz, Durchsetzungsvermögen und mutiger Erfolgswille sind meine wichtigsten Eigenschaften.

143. Ich habe leichte Schlafprobleme, kann manchmal schwer einschlafen und liege nachts einige Zeit wach.

144. Zuversicht ist eine der wichtigsten Grundhaltungen im Leben.

145. Ich habe in meinem Leben bisher keinen wirklich einschneidenden Fehler gemacht.

146. Ich ergreife auch in unübersichtlichen Situationen kurz entschlossen die Initiative.

147. Ich bevorzuge besonders wertvolle Filme, die eine klare moralische Botschaft vermitteln.
148. Ich suche in einer Zweierbeziehung vor allem zärtliche Geborgenheit.
149. Ich kann mich leicht auf neue Menschen und Situationen einstellen.
150. Das Vorankommen im Beruf wird nicht von der Qualifikation, sondern von anderen Faktoren bestimmt.
151. Grenzsituationen des Lebens wie Scheitern, Abschied oder Tod faszinieren mich.
152. Wenn man mich freundlich bittet, übernehme ich auch sehr unangenehme Aufgaben.
153. Meine eigene Meinung unterscheidet sich oft von der Mehrheitsmeinung.
154. Ich kann sogar «schlechte Zahlen» gegenüber Kunden oder Klienten «schönreden».
155. Ich halte mich für einen empfindsamen Menschen, der stark mitleidet, wenn es anderen schlechtgeht.
156. Ich möchte selbst für mein Leben verantwortlich sein.
157. Ich bin uneingeschränkt für das Leistungsprinzip im Wirtschafts- und Arbeitsleben.
158. Ich bin in Konfliktsituationen geradeheraus und sage unverblümt, was mir nicht paßt.
159. Ich halte oft Impulse und Gefühle zurück, um Leichtsinn und Distanzlosigkeit zu vermeiden.
160. Ich habe durch meine kommunikative und verständnisvolle Art schon viele Freunde gewonnen.
161. Ich bejahe die modernen Unterhaltungs-, Freizeit- und Konsumangebote.
162. Ich brauche jemanden, der mir hilft, die täglichen Schwierigkeiten des Lebens zu meistern.
163. Ich kann sehr gut beschreiben, was gefühlsmäßig in mir vorgeht.

164. Wenn ein/e Freund/in gesundheitlich angeschlagen ist, kümmere ich mich gern persönlich um ihn/sie.

165. Ich fasse gern verschiedene Ideen zu einem großen Ganzen zusammen.

166. Mit Flexibilität und Ausdauer kann ich auch eine schwierige Sache zum Erfolg führen.

167. Ich leide ziemlich darunter, wenn ich in einer Gruppe nicht akzeptiert werde oder Außenseiter/in bleibe.

168. Ich habe die Erfahrung gemacht, daß man selbst seinem Leben einen Sinn geben kann.

169. Ich gehe unbeirrt meinen Weg und lasse Kritik meistens nicht an mich herankommen.

170. Ich könnte leicht einen aggressiven Rüpel zur Räson bringen.

171. Ich lehne zügelloses und ausschweifendes Verhalten ab.

172. Ich finde es wunderbar, mich ganz ohne Leistungsdruck einfach nur treiben zu lassen.

173. Ich kann mich wie ein Kind über schöne Dinge, zum Beispiel Überraschungsgeschenke, freuen.

174. Das Leben wird nach meinen Erfahrungen vor allem von sinnlosen Zufällen bestimmt.

175. Ich glaube an den großen Einfluß der Psyche auf den Körper.

176. Meine Hilfsbereitschaft wird allgemein anerkannt.

177. Ich werde oft zu schwierigen politischen oder weltanschaulichen Themen nach meiner Meinung gefragt.

178. Ich bin sehr ehrgeizig und möchte die Früchte meiner eigenen Leistung allein ernten.

179. Ich reagiere leicht genervt, wenn man mir plötzlich noch mehr Arbeit zumuten will.

180. Man darf sich von Rückschlägen nicht unterkriegen lassen.

ANTWORTBOGEN

Bitte tragen Sie Ihre zutreffenden Zahlenwerte von 1 bis 4 gut leserlich unter die jeweilige Fragennummer ein.

1 = völlig falsch			2 = eher falsch			3 = eher richtig			4 = völlig richtig		
1	**2**	**3**	**4**	**5**	**6**	**7**	**8**	**9**	**10**	**11**	**12**
2	2	4	2	4	3	3	2	2	2	4	
13	**14**	**15**	**16**	**17**	**18**	**19**	**20**	**21**	**22**	**23**	**24**
2	4	4	4	2	3	2	2	3	2	2	3
25	**26**	**27**	**28**	**29**	**30**	**31**	**32**	**33**	**34**	**35**	**36**
3	1	1	2	2	3	4	3	2	2	4	4
37	**38**	**39**	**40**	**41**	**42**	**43**	**44**	**45**	**46**	**47**	**48**
2	1	3	3	1	3	2	1	1	1	3	3
49	**50**	**51**	**52**	**53**	**54**	**55**	**56**	**57**	**58**	**59**	**60**
3	2	3	3	3	3	3	2	3	3	3	2
61	**62**	**63**	**64**	**65**	**66**	**67**	**68**	**69**	**70**	**71**	**72**
2	1	3	3	2	4	2	3	2	2	2	3
73	**74**	**75**	**76**	**77**	**78**	**79**	**80**	**81**	**82**	**83**	**84**
4	3	1	3	2	2	2	2	2	4	4	3
85	**86**	**87**	**88**	**89**	**90**	**91**	**92**	**93**	**94**	**95**	**96**
1	2	3	3	3	2	1	1	1	3	1	4
97	**98**	**99**	**100**	**101**	**102**	**103**	**104**	**105**	**106**	**107**	**108**
2	4	3	1	2	2	3	3	3	4	3	4
109	**110**	**111**	**112**	**113**	**114**	**115**	**116**	**117**	**118**	**119**	**120**
4	4	4	2	3	3	4	2	2	4	3	2
121	**122**	**123**	**124**	**125**	**126**	**127**	**128**	**129**	**130**	**131**	**132**
1	4	3	2	3	1	2	2	3	4	4	4
133	**134**	**135**	**136**	**137**	**138**	**139**	**140**	**141**	**142**	**143**	**144**
3	2	4	3	3	3	3	3	3	4	2	3
145	**146**	**147**	**148**	**149**	**150**	**151**	**152**	**153**	**154**	**155**	**156**
2	3	3	3	3	3	3	3	3	4	2	3
157	**158**	**159**	**160**	**161**	**162**	**163**	**164**	**165**	**166**	**167**	**168**
2	2	3	3	2	2	3	2	2	3	2	2
169	**170**	**171**	**172**	**173**	**174**	**175**	**176**	**177**	**178**	**179**	**180**
2	2	4	3	3	3	3	2	2	3	3	3

2 4 3 4 4 3 2 1 3 3

Bitte addieren Sie die einzelnen Punktwerte jeder der zwölf Spalten, und tragen Sie diesen Gesamtpunktwert jeweils unter dem betreffenden Buchstaben ein.

A	B	C	D	E	F	G	H	I	J	K	L
29	25	36	46	32	48	29	28	33	26	46	33

36 36 42 40 39 (46) 43 35 35 39 43 39

Um Ihr Persönlichkeitsprofil zu bestimmen, ordnen Sie jeden dieser Summenwerte nach folgender Tabelle einer der sechs Ausprägungsstufen zu.

Gesamtpunktwert für A bis L	15–24	25–32	33–37	38–42	43–50	51–60
Ausprägungsstufe für A bis L	1	2	3	4	5	6

Bitte kreuzen Sie nun die für die zwölf Persönlichkeitsmerkmale A bis L ermittelten Ausprägungsstufen 1 bis 6 im Persönlichkeitsprofil auf Seite 65 an, und verbinden Sie diese dann durch eine Linie. Damit ist Ihr Profil fertig!

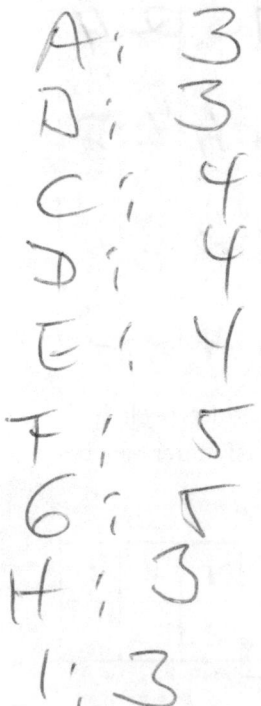

A: 3
B: 3
C: 4
D: 4
E: 4
F: 5
G: 5
H: 3
I: 3

J: 4
K: 5
L: 5

IHR PERSÖNLICHKEITSPROFIL

Bitte kennzeichnen Sie unter dem jeweiligen Buchstaben den erzielten Ausprägungswert, und verbinden Sie ihn von A bis L mit Linien. Auf diesem Wege erhalten Sie Ihr Persönlichkeitsprofil.

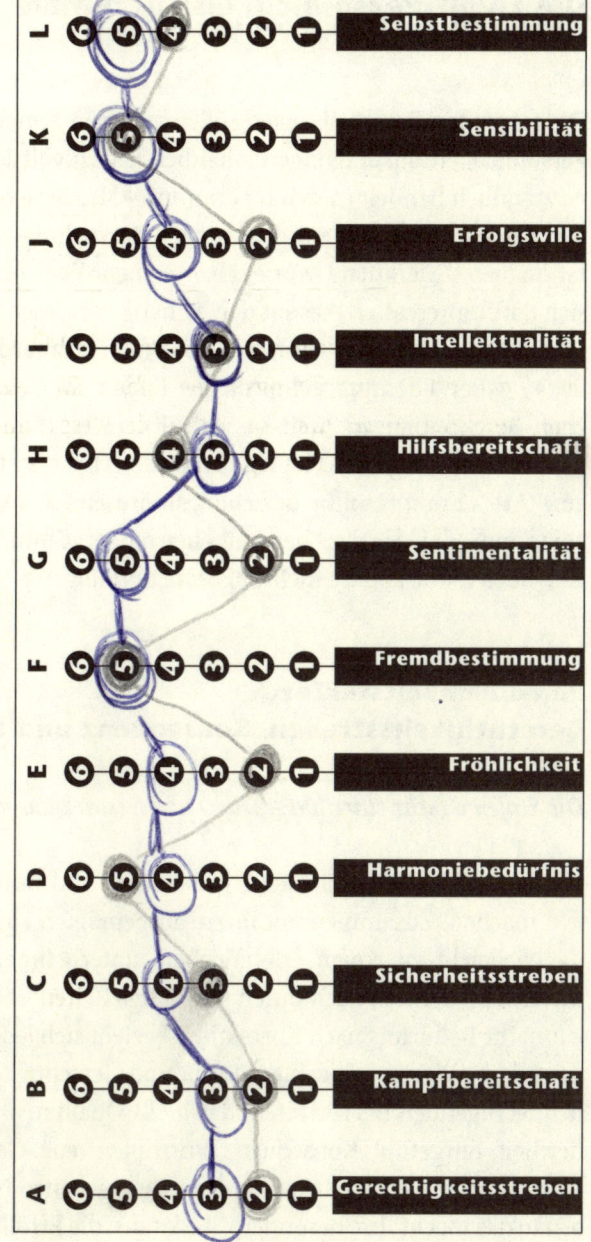

Die zwölf Persönlichkeitsmerkmale

Die folgenden Beschreibungen sollen es Ihnen ermöglichen, Ihre Persönlichkeitsausprägungen inhaltlich nachzuvollziehen. Selbstverständlich handelt es sich hier nur um «Skizzen» der betreffenden Eigenschaften. Eine umfassendere Darstellung und Interpretation dieser Merkmale würde sehr viel mehr Platz erfordern (wer sich dafür interessiert, sei auf den Anhang verwiesen).

Für die Ausprägungsstufen 3 und 4 («eher unterdurchschnittlich», «eher überdurchschnittlich») finden Sie keine ausführlichen Beschreibungen, weil sie als mittlere Positionen zwischen den Extremen liegen. Sie haben von beiden etwas, stellen also eher eine Art «Kompromiß» beziehungsweise einen «Ausgleich zur Mitte hin» dar. Sie sind generell eher moderat und weder in die eine noch in die andere Richtung stark auffällig.

**Persönlichkeitsfaktor A
Gerechtigkeitsstreben, Konsequenz und Strenge**

Die Stufen 6 (sehr stark ausgeprägt) und 5 (stark ausgeprägt)

Sie sind sehr ordnungsliebend, konsequent und wollen alles perfekt machen. Zusammen mit Ihrem ausgeprägten Fleiß macht Sie das vielleicht zu einem erfolgreichen, unternehmerisch tätigen Menschen, der sich auch durch schwierige Zeiten «durchbeißen» kann. Ihr Bedürfnis nach Korrektheit bezieht sich jedoch auch auf moralische Werte, wobei hier «Recht und Gerechtigkeit» als betonende Tugenden hervortreten, das heißt Qualitäten wie Kontrolliertheit, Ehrgefühl, Konsequenz, Prinzipientreue. Gemeinsam ist diesen Tugenden die Ausrichtung an vorgegebenen Normen, und genau das macht Ihre besondere Stärke aus: die Erfüllung von Vorgaben, Regeln und Gesetzen, die «von außen» kommen können oder als Ihre eigenen Ziele formuliert wurden.

Sind die Normen und Vorgaben allerdings problematisch oder sogar unmenschlich, so tendieren Sie dazu, auch diese dann eher «falschen» Regeln korrekt «bis zum bitteren Ende» zu verfolgen. Aus diesem Grunde möchten wir Sie ermutigen, das starre Gerüst Ihrer Überzeugungen immer wieder in Frage zu stellen und sich offener mit anderen Auffassungen, Wertvorstellungen und kulturellen Hintergründen zu beschäftigen. Sie gewinnen dadurch mehr ethisches Unterscheidungsvermögen, handeln dann weniger aus normativem Zwang und mehr aus persönlicher Einsicht heraus, die auch Flexibilität und Toleranz einschließt.

Die Stufen 1 (sehr schwach ausgeprägt) und 2 (schwach ausgeprägt)

Sie lassen gern einmal «fünf gerade sein» und können mit den Zwängen und Regeln der bürgerlich geordneten Welt nicht viel anfangen. Sie wirken auf andere eher wenig kontrolliert, was sich in einer Reihe von Schwächen wie Unzuverlässigkeit, Nachlässigkeit oder Arbeitsunlust äußern kann. Sie koppeln sich dadurch von den Zwängen unseres regelgebundenen Lebens gern ab, was in bestimmten Situationen durchaus auch Vorteile bietet. Denn nicht jede Strenge sich selbst oder anderen gegenüber ist auch moralisch unstrittig oder sinnvoll. Sie sind vielleicht stolz darauf, die Dinge «locker zu sehen». Bedenken Sie aber, daß das reibungslose Funktionieren vieler lebensnotwendiger Systeme und Organisationen von der mühsamen Pflichterfüllung unzähliger Menschen abhängt und auch eine strenge Kontrolle erfordert. Und mit Sicherheit sind auch Sie hier und da Nutznießer dieser scheinbar selbstverständlichen Leistungen. Deshalb wäre es für Sie ein Gewinn, die Angemessenheit von Normen und Regeln kritisch, aber zugleich auch konstruktiv zu prüfen und sich dort etwas aktiver zu engagieren, wo klare Notwendigkeiten erkennbar sind.

**Persönlichkeitsfaktor B
Kampfbereitschaft, Abenteuerlust
und Draufgängertum**

Die Stufen 6 (sehr stark ausgeprägt) und 5 (stark ausgeprägt)

Sie sind sehr abenteuerlustig und leben Ihre Leidenschaften voll aus. Ihre kämpferische Haltung und Ihr Führungsanspruch in Risikosituationen machen Sie zu einem potentiellen «Helden». Sie haben einen hohen Antrieb, etwas Wichtiges, Großes oder Schwieriges anzupacken und einen wilden Spaß daraus zu machen. Sie wirken auf andere stark, aber auch ungestüm und triebhaft. Risikobereite Menschen dieses «charismatischen» Schlages sollten beachten, daß sie viel (Sog-)Wirkung entfalten und damit auch andere Menschen «mitreißen» oder indirekt «mit hineinreißen».

Zwischen «Helden und Schurken» gibt es bekanntermaßen fließende Übergänge, die man im Blick behalten sollte, wenn man sich wieder einmal Hals über Kopf in eine dramatische oder gefährliche Situation stürzt. Seien Sie sich dieser Verantwortung bewußt. Mut ist seit alters eine große Tugend. Er wird aber zur Untugend, wenn ihn nur egoistische Ziele, blindwütige Impulse oder gar destruktive Kräfte antreiben. Normalerweise ist jedoch ein hoher Wert für Kampfbereitschaft durchaus mit ausreichend Verantwortungsbewußtsein verknüpft.

Die Stufen 1 (sehr schwach ausgeprägt) und 2 (schwach ausgeprägt)

Sie sind ein Mensch, der – wie der Volksmund sagt – «nicht zum Helden geboren» ist und auch fast keine Motivation hat, Führung und kämpferische Verantwortung zu übernehmen. Sie weichen riskanten Herausforderungen, Mutproben und ähnlichem aus und möchten nicht in vorderster Reihe stehen, wenn es brenzlig wird. Eine Konsequenz dieser Wesensart kann der Versuch sein, starke «Beschützer/innen» zu finden, die Sie in Ihrer ausgeprägten Risikoscheu absichern oder ergänzen. Wenig ausgebildet sind auch machohafte Züge, Ihnen fehlen weitgehend die «wilden» und leidenschaftlichen Wesensmerkmale. Auch mit niedrigen Werten auf dem Faktor Kampfbereitschaft kann man gut – man könnte sogar sagen: sicherer – durchs Leben kommen. Denn die Vermeidung von Risiken ist nicht an sich «schlecht». Manchen Risiken sollte man in der Tat lieber aus dem Wege gehen.

Aber auch der risikoscheue und wenig kämpferische Mensch könnte – hier auf eine unauffälligere Art – verantwortungslos handeln. Dann nämlich, wenn er es nicht wagt, anderen in einer kritischen Lebenslage zu helfen und beherzt einzugreifen. Nehmen Sie in solchen Situationen, in denen Sie als Mensch und Kamerad/in wirklich gefordert sind, allen Mut zusammen.

Persönlichkeitsfaktor C
Sicherheitsstreben, Loyalität
und Pflichtbewußtsein

Die Stufen 6 (sehr stark ausgeprägt) und 5 (stark ausgeprägt)

Sie sind ein Mensch, der sich gern anpaßt, um dadurch «einen festen Rahmen und Halt» im Leben zu gewinnen. Hieraus ergeben sich bestimmte Tugenden, die Ihnen sehr am Herzen liegen, wie Treue, Gewissenhaftigkeit, Pflichtgefühl oder Sparsamkeit. Auch im körperlichen Bereich gehen Sie «auf Nummer Sicher» und beachten die Regeln der Vorsicht, des gesunden Lebens und der Reinlichkeit. Gute Umgangsformen und Anstandsregeln sind für Sie hohe Werte, zügelloses und geschmackloses Verhalten lehnen Sie ab. Dies wird von vielen Menschen geschätzt. Ihre Tugendhaftigkeit in Verbindung mit einer eher dienenden, loyalen Haltung macht Sie zu einem angesehenen Menschen.

Allerdings kann sich diese wertkonservative Grundhaltung zum Nachteil verkehren, wenn Sie Ihre strenge Moral nicht mehr souverän zum eigenen Wohl und dem der Gemeinschaft, sondern als eine (auch Ihnen selbst) verborgene Waffe gegen sich selbst und andere einsetzen. Gehorsam und Loyalität können sich schnell in ihr moralisches Gegenteil verkehren, wie uns die Geschichte lehrt. Sie sollten sich dazu aufraffen, das liebgewonnene Herkömmliche, Konventionelle und Traditionelle öfter zu hinterfragen, um vielleicht Ihren Mitmenschen, nicht zuletzt auch der heranwachsenden Generation, eine lebensoffenere Perspektive zu bieten. Auch übertriebene Ansprüche an sich selbst können zu andauernden Selbstzweifeln und zu Einschränkungen der eigenen Lebensqualität führen.

Die Stufen 1 (sehr schwach ausgeprägt) und 2 (schwach ausgeprägt)

Mit den Regeln und Normen bürgerlicher Tugendhaftigkeit können Sie nicht viel anfangen. Sie empfinden sie als Einengung Ihrer Freiheit, als überholt und rückschrittlich. Vor allem mit Gehorsam und einer dienenden Grundhaltung haben Sie Schwierigkeiten, Autoritäten stellen Sie gern in Frage. Es fällt Ihnen schwer, Anstandsregeln einzuhalten und «unschickliche Impulse» zu unterdrücken. «Sicherheitsfragen» sind für Sie bei Alltags- oder Lebensentscheidungen nicht vorrangig. Lieber geben Sie einmal Ihren Impulsen nach, machen etwas außerhalb der Konventionen.

So verständlich das Ausbrechen aus alltäglichen Pflichten ist und sosehr man Freiheitswillen grundsätzlich begrüßen kann, so leicht ist auch der Übergang zu mutwilliger Infragestellung von Regeln, die im Miteinander von Menschen durchaus eine sehr positive Rolle spielen, zum Beispiel der Takt und die höfliche Rücksichtnahme nach den vielen «ungeschriebenen Gesetzen» des Zusammenlebens. Hier ist für Sie das Unterscheiden sinnvoller und sinnloser oder sogar destruktiver Regeln wichtig.

Persönlichkeitsfaktor D
Harmoniebedürfnis, Verständnis und
Hingabefähigkeit

Die Stufen 6 (sehr stark ausgeprägt) und 5 (stark ausgeprägt)

Sie haben die starke Neigung, Harmonie zu suchen und zu stiften. Im Grunde würden Sie gern «mit Ihrer Umwelt verschmelzen», egal ob es sich um die Natur, eine Gruppe von Menschen oder eine Liebesbeziehung handelt. Dieses gefühlsmäßige «Mitschwingen» ist mit Hingabefähigkeit verbunden. Letztlich sind Sie auch eher auf Muße und Bequemlichkeit aus, die es Ihnen erlauben, Ihren passiven Erlebniswünschen nachzugehen. Ihr Verständnis für andere Menschen ist eine Ihrer größten Stärken. Innige Beziehungen fallen Ihnen sehr leicht, weil Sie Menschen ganz dicht an sich heranlassen können.

Sicherlich ergeben sich hieraus auch einige Gefährdungsmomente. Sie bringen sich zum Beispiel oft in eine verletzliche Lage und brauchen das Wohlwollen anderer, um mit Ihrer Offenherzigkeit, Ihrer Vertrauensseligkeit und Ihrem Harmoniebedürfnis unbeschadet zurechtzukommen. Denn mit Konflikten, Konkurrenz und Aggressivität, die Sie selbst betreffen, können Sie nicht gut umgehen, weil Sie sich nur schlecht zu wehren vermögen. Potentielle Nachteile Ihrer gefühlsbetonten Wesensart liegen auch in Ihrer Fähigkeit, so sehr auf Menschen einzugehen, daß Sie Ihren eigenen Standpunkt gar nicht mehr wahrnehmen und gewissermaßen nur «durch andere leben». Es wäre zu empfehlen, daß Sie behutsam lernen, auch einmal nein zu sagen und Ihren eigenen Standpunkt klarer und nachdrücklicher zu formulieren.

Die Stufen 1 (sehr schwach ausgeprägt) und 2 (schwach ausgeprägt)

Sie haben keine Neigung, mit anderen «auf Tuchfühlung zu gehen». Lieber bleiben Sie auf Abstand und geben nichts von sich preis. Sie haben eher weniger Mitgefühl und bleiben nüchtern und sachlich, wo andere in ihren hingebungsvollen Empfindungen «baden». Es liegt Ihnen auch nicht, sich zu sehr mit den Problemen anderer Leute zu beschäftigen. Bedürfnisse nach Muße, wohliger Entspannung und Geborgenheit sind bei Ihnen nur schwach vorhanden; auch zärtliche Gefühle sind nicht Ihre Stärke, und ein übertriebenes Harmoniebedürfnis ist nicht Ihr Stil. Sie sind konfliktfreudig und können scharfe Konkurrenz gut aushalten.

Aufgrund Ihrer coolen Haltung haben Sie mit Sicherheit eher aktive Kontrolle über die Situation. Auf der negativen Seite besteht für Sie das Problem einer gewissen Kälte, die Sie daran hindern könnte, sehr enge Beziehungen zu pflegen und Gemeinschaftsgefühle stark zu empfinden. Im Grunde bleiben Sie lieber etwas «gepanzert», wenn es um Ihr Seelenleben geht. Dies ist jedoch eine Schwäche, die Sie durchaus Stück für Stück überwinden könnten, wenn Sie sich die Chancen wechselseitigen Vertrauens vergegenwärtigen und einmal «ohne Netz» etwas zulassen.

Persönlichkeitsfaktor E
Fröhlichkeit, Unternehmungslust
und Kontaktfreude

Die Stufen 6 (sehr stark ausgeprägt) und 5 (stark ausgeprägt)

Sie sind ein kontaktfreudiger Mensch, der am liebsten «in der Menge badet», unternehmungslustig und erlebnishungrig alle Vergnügen ausschöpft. Sie lieben Unterhaltung und unterhalten selbst gern, Sie reden gern und stehen gern im Mittelpunkt. Feste aller Art sind Ihr Lebenselixier. Ihr Naturell verführt Sie leicht zu einer gewissen Oberflächlichkeit und Betriebsamkeit. «Tieferen» Erlebnissen, die auch Leiden oder Trauer einschließen, gehen Sie lieber aus dem Weg. Die Gefahr bei diesem Wesenszug: das Sich-verlieren in den überreichlichen Konsum- und Medienangeboten. Ein wenig gegenzusteuern wäre da ganz angemessen.

Wir wollen keine Spielverderber sein – aber gelegentlich die Besinnung suchen, zu sich selbst kommen, den «Spaß um jeden Preis» etwas zurückschrauben wären vielleicht wichtige alternative Erfahrungen für Sie. Extrovertiert und gesellig zu sein bedeutet in unserer Gesellschaft, eine ganze Reihe von Vorteilen zu haben. Ihre Fähigkeit, Verbindungen zwischen Menschen zu stiften, ist hierbei ebenso hervorzuheben wie die Möglichkeit, in einer Gruppe mittels Humor Ausgleich und Gemeinschaftsgefühl zu fördern. Nutzen Sie diese natürlichen Pluspunkte Ihres lebhaften Temperaments, aber tappen Sie nicht in die «Fallen» hinein, die auch jedes augenscheinlich positive Merkmal für Sie bereithält.

Die Stufen 1 (sehr schwach ausgeprägt) und 2 (schwach ausgeprägt)

Sie sind nicht der Mensch, der zu jeder Party eingeladen wird und vor größeren Gruppen lustige Geschichten oder Witze zum besten gibt. Sie sind eher still und ruhig, lieben und pflegen öfter als andere das Alleinsein. Normalerweise leiden Sie nicht unter Ihrer Zurückgezogenheit, nur manchmal wird Ihnen bewußt, daß Sie sehr wenige oder gar keine Freunde und Freundinnen haben, die oft und gern mit Ihnen zusammen sind. Ihr Gefühlsleben ist ruhig und etwas nüchtern. Sie bleiben sitzen, wenn «Masse Mensch» begeistert aufspringt. Natürlich ist Ihnen klar, daß von Ihnen oft etwas mehr «Mitmachen» gefordert wird, und vielleicht wäre es für Sie besser, tatsächlich etwas mehr mit Ihren Mitmenschen zu unternehmen. Sie kommen sonst leicht völlig aus der Übung.

Aber natürlich bietet Ihre Lebensart auch einige Vorteile. Sie sind nicht so leicht verführbar, können Distanz wahren. Unsere moderne Gesellschaft bietet sehr viele oberflächliche Vergnügungen und Zerstreuungen, auf die extrovertierte Menschen mit hohen Werten auf diesem Merkmal leichter hereinfallen. Trotzdem möchten wir Ihnen empfehlen, sich anderen Menschen stärker zu öffnen. Es kann für Sie selbst und auch für die anderen eine große Bereicherung sein.

Persönlichkeitsfaktor F
Fremdbestimmung, Fatalismus und Resignation

Die Stufen 6 (sehr stark ausgeprägt) und 5 (stark ausgeprägt)

Sie halten sich für einen «Pechvogel», der ziemlich ohne eigenes Zutun mit viel zu vielen negativen Seiten des Lebens konfrontiert wird. Auch Ihre Hilfeappelle an andere zeigen, daß Sie überwiegend von außen «das Heil erwarten». Hierin äußert sich eine Lebenseinstellung, in der das eigene Ich und seine Möglichkeiten bei der Entfaltung und Gestaltung der äußeren Welt nur eine geringe Rolle spielen. Dies ist insofern bequem und ein Schutzmechanismus, als Sie immer sagen können, daß Sie «keine Schuld und Verantwortung tragen». Auf der anderen Seite nehmen Sie sich durch diese «gelernte Hilflosigkeit» aber auch die Einflußmöglichkeiten, die Sie tatsächlich durchaus haben, um Ihr Schicksal mitzubestimmen. Versuchen Sie einmal, es an einem alltäglichen Problem auszuprobieren, daß Sie ganz aus sich selbst heraus etwas tatsächlich wollen und an den Erfolg dieses kleinen Vorhabens auch wirklich glauben. Sie werden sehen, wenn Sie das durchhalten, wie leicht es sein kann, sich und die Welt zu bewegen.

Die Stufen 1 (sehr schwach ausgeprägt) und 2 (schwach ausgeprägt)

Sie neigen nicht dazu, anderen Menschen und Mächten oder äußeren Umständen die Schuld für eine ungünstige Entwicklung oder einen Mißerfolg zu geben, und sehen realistisch die eigene Verantwortung. Deshalb fällt es Ihnen auch nicht ein, von persönlichem Pech oder mangelndem Glück zu sprechen. Sie gehen davon aus, daß man auch einmal Pech haben kann, daß diese Zufallseinflüsse sich aber irgendwie über die Zeit ausgleichen und daß man ihnen auch nicht unweigerlich ausgeliefert ist, wie einem «vorherbestimmten Schicksal». Aus Ihrem Realismus erwächst eine ausgewogene Beurteilung der eigenen Möglichkeiten, auf Ihren persönlichen Lebensweg und auf die Dinge um Sie herum Einfluß zu nehmen.

Persönlichkeitsfaktor G
Romantik, Spiritualität und Phantasiebegabung

Die Stufen 6 (sehr stark ausgeprägt) und 5 (stark ausgeprägt)

Die hohen Werte auf diesem Faktor weisen Sie als einen offenen, den schönen Künsten und der Kultur zugeneigten Menschen aus. Damit verbunden ist Ihre Neigung zu ausgeprägter Vorstellungskraft und kreativer Gestaltung. Sie lieben das Unkonventionelle, Romantische und Alternative, sind auch immer auf der Suche nach einem neuen oder tieferen Sinn des Daseins. Menschen mit dieser Persönlichkeit sind sich ihres «erlebenden Subjekts» sehr bewußt, sie neigen zum Psychologisieren und Philosophieren. Dies schließt auch eine Annäherung an spirituelle Erfahrungen und esoterisches Gedankengut ein.

Sosehr man Ihre Aufgeschlossenheit, Toleranz und Phantasie begrüßen kann, so leicht wäre bei Ihnen auch der Schritt zu einem illusionären Denken möglich, das eher Träumerei und Wunschgebilde darstellt, als den Realitäten Rechnung zu tragen. Sie brauchen also immer so etwas wie eine «Erdung», um auch den Anforderungen des Hier und Jetzt zu genügen. Damit wollen wir jedoch keineswegs spirituelle Neigungen oder phantasiegeprägte Gefühlsbetontheit abwerten.

Die Stufen 1 (sehr schwach ausgeprägt) und 2 (schwach ausgeprägt)

Sie sind ein Mensch, der mit musischen Dingen, Kunst und «Künstlertypen» sowie einem alternativen Lebensstil nicht viel anfangen kann, diese eventuell sogar heftig ablehnt. «Hirngespinste» sind Ihnen suspekt, und Sie bleiben am liebsten immer mit beiden Beinen auf dem Boden. Sie neigen dabei zur Überbetonung des «gesunden Menschenverstandes» und auch manchmal zu Vorurteilen. «Psyche» ist für Sie zwar kein Fremdwort, aber es fällt Ihnen schwer, die Tiefendimension des Seelisch-Geistigen zu erfassen. Daraus können unter Umständen intolerante, etwas «engstirnige» Tendenzen entstehen, die sich aber in Grenzen halten lassen, wenn Sie mit Andersdenkenden das konstruktive Gespräch suchen.

Sicher ist eine realistische, illusionslose und nüchterne Lebenseinstellung etwas durchaus Positives und entspricht eher den vielen praktischen Anforderungen des Lebens. Bevor Sie jedoch Träumer und Phantasten abwerten oder auslachen, bedenken Sie bitte, was das Leben ganz ohne Phantasie, Träume oder Sehnsüchte wäre.

Persönlichkeitsfaktor H
Hilfsbereitschaft, Anpassungsfähigkeit
und Selbstlosigkeit

Die Stufen 6 (sehr stark ausgeprägt) und 5 (stark ausgeprägt)

Sie sind sozial eingestellt und haben ein sehr stark ausgeprägtes Bedürfnis, andere Menschen zu betreuen und zu versorgen. Dies gilt besonders für Familienmitglieder, für eigene Kinder vor allem, aber auch für alle anderen schwächeren und hilfsbedürftigen Menschen Ihres näheren Umfeldes. Sie neigen auch dazu, sich für andere aufzuopfern, die Bedürfnisse anderer Menschen über die eigenen zu stellen. In dieser Welt, die anscheinend zunehmend von Rücksichtslosigkeit, Geld, Egoismus und Werteverlust regiert wird, fast selbstlos dienen und helfen zu können ist etwas sehr Schönes.

Aber ganz so selbstlos ist auch das Helfen meistens nicht. Natürlich hängt mit diesen Tugenden auch ein (eher heimliches) Bedürfnis nach Anerkennung zusammen, vor allem, wenn man Anpassungsbereitschaft gegenüber den Hochgestellten und Einflußreichen zeigt. Und Sie erwarten wohl auch verständlicherweise, daß Sie für Ihren Dienst am Nächsten Dankbarkeit, Schutz und Unterstützung erhalten. Die selbstlosen Charakterzüge haben auch aus anderen Gründen nicht nur positive Seiten. Die damit verbundene Anpassungsbereitschaft schließt die Unterwerfung unter weniger positive andere «Menschen und Mächte» oft ein. Zu diesem Punkt empfehlen wir Ihnen, schärfer hinzusehen, an wen und für was Sie sich anpassen und aufopfern. Und denken Sie gelegentlich auch mal an Ihre eigene Selbstentfaltung.

Die Stufen 1 (sehr schwach ausgeprägt) und 2 (schwach ausgeprägt)

Sie beteiligen sich insgesamt wenig an sozialen Aufgaben und halten sich mit «milden Gaben» und Hilfeleistungen für Ihre mitmenschliche Umwelt sehr zurück. Sie haben deshalb auch wenig Interesse an sozialen Berufen. Der unmittelbare «Dienst am Nächsten» liegt Ihnen nicht. Das schließt nicht unbedingt aus, daß Sie indirekt wertvolle Gemeinschaftsdienste (zum Beispiel durch starken Einsatz «an anderen Fronten») leisten. Jedenfalls sind Sie nicht in Gefahr, aufgrund Ihrer Opferbereitschaft ausgenutzt zu werden. Dies ist nicht zu unterschätzen, so manches Schlechte in dieser Welt wird sicher auch durch die «Naivität der Gutherzigen» gefördert.

Sie sollten Ihre schwachen sozialen Neigungen aber nicht zu leicht nehmen. Denn aus einem solchen Verzicht auf soziale Hilfsbereitschaft könnte ja auch eine gänzlich unsoziale Lebensart auf Kosten anderer resultieren, und das rächt sich meistens. Nicht jeder muß Krankenschwester oder Pfleger werden, dennoch brauchen wir viele Krankenschwestern und Pfleger. Dies zu erkennen fällt Ihnen nicht schwer. Und vielleicht gelingt es Ihnen schließlich, ein «zartes Pflänzchen» der mitmenschlichen Fürsorge neu zu entdecken und wachsen zu lassen.

Persönlichkeitsfaktor I
Intellektualität, Radikalität und Forscherdrang

Die Stufen 6 (sehr stark ausgeprägt) und 5 (stark ausgeprägt)

Sie brauchen immer etwas zum Denken. Deshalb sind Sie auch vielseitig interessiert und benötigen viel «Stoff» (Information), um Ihre unstillbare geistige Neugier zu befriedigen. Sie sind der Typ des Forschers oder Intellektuellen, des Erfinders oder Experten. Wahrscheinlich haben Sie ein Wissensgebiet, in dem Sie außerordentlich beschlagen sind, wovon zahlreiche Bände in Ihrer Bibliothek zeugen. Sie sind auch fasziniert vom Geheimnisvollen und scheinbar Unergründlichen. Wenn Sie mit Ihren Ideen und Projekten beschäftigt sind, werden viele andere Dinge zweitrangig, worüber sich Ihre Mitmenschen gelegentlich beklagen.

Überhaupt sondern Sie sich manchmal zu sehr von Ihren Mitmenschen ab; am ehesten lockt man Sie noch aus Ihrem «Studierzimmer» heraus, wenn jemand mit Ihnen wirklich über Ihre Spezialgebiete diskutieren oder «fachsimpeln» möchte. Dann können Sie im Kontakt sehr geistreich, lebendig und anregend sein.

Sie sind eine Intellektuelle/ein Intellektueller, das heißt aber nicht unbedingt, daß Sie anderen hinsichtlich Intelligenz haushoch überlegen sind – hüten Sie sich vor solcher Überheblichkeit. Es gibt auch dem Geistigen zugewandte Intellektuelle ohne ausgeprägte Intelligenz.

Die Stufen 1 (sehr schwach ausgeprägt) und 2 (schwach ausgeprägt)

Die geistigen Sphären des Lebens sind nicht Ihre Stärke. Sie bleiben lieber bei den konkreten Dingen und vermeiden ausschweifendes Denken über hochabstrakte Vorstellungen wie zum Beispiel «Parallelwelten» oder «das Unbewußte». Das heißt nicht, daß Sie dumm wären, sondern nur, daß Sie mit Ihrem Kopf etwas «bodenständig» sind und Höhenflüge vermeiden. Dies hat zur Folge, daß Sie sich auch nicht allzu weit verirren können, aber ebenso wenig reicht es natürlich zum Genie, weil Sie gar kein Interesse daran haben, etwas Bahnbrechendes zu erfinden oder Einmaliges zu entdecken.

Auch im Gespräch mit anderen bevorzugen Sie die naheliegenden praktischen Dinge des Lebens. Das sollte Sie aber nicht dazu verführen, Leute mit abstrakten Ideen vorschnell als «Spinner» abzutun. Denn vieles von dem, was Sie heute als «praktische

Selbstverständlichkeit» bezeichnen würden, ist irgendwann einmal dem wagemutigen Geist eines Erfinders entsprungen (denken Sie beispielsweise an das Telefon). Vielleicht probieren Sie es einmal aus, ob in Ihnen nicht doch etwas mehr kreatives Potential steckt. Dabei kann man ja zunächst mit etwas Praktischem beginnen, das neu und auch für Sie aufregend ist. Vielleicht entwickelt sich hieraus bei Ihnen ein Impuls, sich intensiver mit den Hintergründen dieser Sache zu beschäftigen.

Persönlichkeitsfaktor J
Erfolgswille, Karriereorientierung und Leistung

Die Stufen 6 (sehr stark ausgeprägt) und 5 (stark ausgeprägt)

Sie sind von dem Willen beseelt, erfolgreich zu sein und große Leistungen zu erzielen. Status, Karriere und Image bedeuten Ihnen sehr viel. Sie haben Ihr Verhalten streng auf Effizienz und Output ausgerichtet und sind bereit, dafür Risiken einzugehen. Sie rechnen immer mit Konkurrenz und wollen am liebsten «als Sieger vom Platz gehen». Auch möchten Sie immer wissen, «wieviel Sie wert sind». Nur selten beschleicht Sie das für Sie sehr beunruhigende Gefühl, daß Sie einmal versagen könnten oder eine schwere Niederlage einstecken müßten. Aber in der Regel verdrängen Sie solche Ängste völlig, und meistens können Sie sogar einen Mißerfolg als Erfolg darstellen. Sie haben Verkaufs- und Werbetalente, die es Ihnen ermöglichen, Projekte und Produkte im rosaroten Licht erscheinen zu lassen.

Allerdings hat eine solche Fähigkeit auch ihre Schattenseiten. Den Erfolg als oberstes Lebensprinzip zu betrachten führt fast zwangsläufig zu Einbußen im Bereich des menschlichen Miteinander, da Sie dazu neigen, alles unter Gesichtspunkten wie «bedeutend», «wichtig» oder «erfolgversprechend» zu verbuchen. Menschen werden so leicht zu Nummern oder Schachfiguren, und das nehmen die meisten übel.

Die Stufen 1 (sehr schwach ausgeprägt) und 2 (schwach ausgeprägt)

Das Streben nach Leistung und Erfolg ist alles andere als Ihre oberste Maxime. Sie halten sich aus dem Kampf um Status und Positionen lieber ganz heraus. Erfolg ist Ihnen nicht so wichtig, Sie setzen andere Prioritäten, zum Beispiel im mitmenschlichen Bereich oder bei Ihren privaten Hobbys. Natürlich wissen Sie, daß auch Sie anhand Ihrer Leistung beurteilt werden, aber Sie wollen sich nicht zum Sklaven des Erfolgsdenkens machen. Die meisten Menschen erscheinen Ihnen wie karrieresüchtige «Hamster im Laufrad», die ihre Energie an der falschen Stelle vergeuden, statt wirklich zu leben.

Hier besteht natürlich die Gefahr, das wettbewerbsorientierte Streben nach Leistung und Erfolg gänzlich abzuwerten, eine Haltung, die verkennt, wie sehr die Befriedigung unserer persönlichen Interessen und die «Bequemlichkeiten» des Alltags von der Arbeit einsatzfreudiger Menschen abhängen. Versuchen Sie deshalb, die Spreu vom Weizen zu trennen und unverzichtbare Leistungen von rein imagedienlichen, karrieregetriebenen Aktivitäten zu unterscheiden.

Persönlichkeitsfaktor K
Sensibilität, Nervosität und Labilität

Die Stufen 6 (sehr stark ausgeprägt) und 5 (stark ausgeprägt)

Sie sind sehr sensibel und neigen zu Streßreaktionen. Ihre Stimmungslabilität und gehäufte Unausgeglichenheit machen Ihnen schwer zu schaffen. Das Selbstwertgefühl ist möglicherweise erheblich angegriffen, ebenso die Lebenszufriedenheit. Ihre erhöhte Nervosität läßt Sie emotional oft stark überreagieren. Sie neigen auch dazu, empfindlich zu sein, und interpretieren dann manche harmlose Bemerkung als gegen Sie gerichtet. Wichtig ist die Einsicht, daß Sie wegen Ihres schwankenden und sensiblen Temperaments nicht schon «psychisch gestört» sind, sondern nur behutsamer mit Ihren eigenen seelischen und körperlichen Kräften umgehen müssen.

Ebenso wichtig ist, daß Ihr empfindlicherer und leichter störbarer psychischer Haushalt Sie nicht zu dem Schluß führt, wertloser oder «schlechter» zu sein. Sensibilität kann auch eine schützende und damit im Gesamtzusammenhang des Lebens bedeutsame und durchaus positive Rolle spielen. Dennoch sollten Sie mehr Gespür dafür entwickeln, was Ihnen wirklich gut tut, um dadurch Ihr seelisches Wohlbefinden zu stabilisieren. Ausgeglichenheit und Lebenszufriedenheit sind auch für Sie allemal erreichbar.

Die Stufen 1 (sehr schwach ausgeprägt) und 2 (schwach ausgeprägt)

Ihre Sensibilität und Nervosität liegen im unteren Bereich, das heißt, Sie sind seelisch robust, sehr ausgeglichen und stabil in Ihrer zufriedenen Verfassung. Sie haben starke Nerven und bleiben gelassen, wo andere «an die Decke gehen». Der Streßpegel ist niedrig, und Sie können insgesamt seelisch viel verkraften. Negative Einflüsse prallen meistens ohne große Wirkung an Ihnen ab, und von Rückschlägen erholen Sie sich schnell. Wichtig für Sie ist, daß Sie sich nicht von Ihrem ruhigen und gelassenen Gemüt dazu verleiten lassen, vorhandene Probleme gar nicht mehr wahrzunehmen. Ein Kind ohne Schmerzempfindungen wird seine Finger ungerührt auf die Herdplatte halten, bis sie Verbrennungen aufweisen. Etwas Ähnliches sollte Ihnen im seelischen Bereich nicht passieren.

Achten Sie aber auch darauf, daß Sie Toleranz gegenüber den

sensibleren und nervöseren Menschen in Ihrem Umfeld wahren. Diese sind oft etwas schwieriger im Umgang, Sie dagegen haben die Gabe, für andere ein ruhiger, ausgleichender Pol zu sein. Machen Sie davon reichlich Gebrauch. Die empfindlichere «Antenne», die Sensible im zwischenmenschlichen Bereich haben, können Sie dabei für sich mit nutzen.

Persönlichkeitsfaktor L
Selbstbestimmung, Zuversicht und Autonomie

Die Stufen 6 (sehr stark ausgeprägt) und 5 (stark ausgeprägt)

Sie haben immer das Gefühl, daß Sie Herr/in im eigenen Hause sind und «Ihres eigenen Glückes Schmied». Oft denken Sie daran, wie Sie sich der Verwirklichung Ihrer Wünsche und Träume optimal nähern können. Ihre Zuversicht und Ihr Selbstvertrauen sind sehr stark, und selten überkommt Sie ein Gefühl der Resignation. Sie machen gern Pläne und setzen diese dann auch erfolgreich um. Ihre vom Selbstbestimmungsgedanken geprägten Überzeugungen machen Sie zu einem Menschen, der sein Schicksal in die eigene Hand nehmen möchte. Rückschläge sind für Sie nur ein Anlaß, darüber nachzudenken, wie Sie es das nächste Mal besser machen können. Auch anderen Menschen gegenüber sind Sie vertrauensvoll und glauben an die Kraft guter Beziehungen und die positive Wirkung von gegenseitiger Hilfe. Sie vertreten das Prinzip «Hilfe zur Selbsthilfe», weil Sie der Meinung sind, daß die Eigenverantwortlichkeit des Menschen gestärkt werden müsse. Sie sollten aber auch nicht ganz verkennen, daß es in Extremsituationen mächtige Kräfte geben kann, gegen die der menschliche Wille kaum etwas auszurichten vermag.

Die Stufen 1 (sehr schwach ausgeprägt) und 2 (schwach ausgeprägt)

Sie neigen nicht dazu, sich selbst allzu viel an aktiver Selbstverwirklichung zuzutrauen. Vielmehr halten Sie sich bei Vorhaben und Plänen zurück, die Ihnen in hohem Maße Eigenverantwortung und Zuversicht abverlangen. Es liegt Ihnen nicht, Ihrem Selbst zuviel Gestaltungsspielraum beizumessen; insgeheim befürchten Sie vielleicht, daß Sie durch das Schicksal widerlegt werden, wenn Sie sich allzu eigenmächtig und selbstgefällig gebärden. Außerdem kann man nicht so tief fallen, wenn man sich nicht allzu viel zutraut und eine «gesunde Skepsis» den eigenen Möglichkeiten gegenüber bewahrt. Es wäre aber sinnvoll, wenn Sie diese Grenzen der eigenen Selbstverwirklichung etwas mutiger austesten würden, um selbst zu erfahren, ob Sie nicht Ihre Kräfte und Möglichkeiten, Ihr Schicksal zu beeinflussen, zu sehr unterschätzen.

◆

Sind Sie von Ihrem Persönlichkeitsprofil überrascht oder gar betroffen? So geht es vielen, die zum erstenmal einen differenzierten Persönlichkeitsfragebogen ausfüllen. Natürlich wissen Sie im großen und ganzen selbst, wer Sie sind. Schließlich haben Sie Ihr eigenes Profil durch Ihre Antworten geliefert. Trotzdem kann dabei Überraschendes zutage treten. Es hat sich oft als große Hilfe erwiesen, solche Testergebnisse mit einem vertrauenswürdigen Menschen, der einen ohnehin gut kennt, durchzusprechen. Versuchen Sie es.

Ein Hinweis sei zur Hilfestellung noch einmal betont. Der Test weist die Besonderheit auf, daß die durch ihn erfaßten zwölf Persönlichkeitsmerkmale scheinbar Widersprüchliches in einer Person repräsentieren können. Dies steht im Einklang mit Ergebnissen der neueren Persönlichkeitsforschung.

Danach kann jemand zum Beispiel auf der einen Seite sehr fürsorgliche Neigungen haben, andererseits aber auch zu ausgesprochen kämpferischen Reaktionen tendieren. Wie gesagt: Die Persönlichkeit besteht aus vielen einzelnen mehr oder weniger im Wettstreit miteinander liegenden Merkmalen, für die ein inneres und äußeres Gleichgewicht gefunden werden muß. Hieraus erklären sich auch die vielen Konflikte und zwiespältigen Gefühle, die uns im Leben beschäftigen. Wenn Sie in Ihrem Profil also scheinbar Widersprüchliches entdecken, denken Sie bitte daran, daß auch Sie vielleicht starke Gegensätze in Ihrer Persönlichkeit vereinen.

Und etwas anderes ist, wie bereits erwähnt, auch sehr wichtig: Der Fragebogen beschränkte sich auf normale Persönlichkeitsmerkmale, wir wollten hier also keineswegs Ihre «Gestörtheit» messen. Manche Menschen neigen dazu, bestimmte Charakterzüge als «krank» oder «abnorm» zu bewerten. Aber dabei spielen Vorurteile und der eigene Standpunkt eine viel zu große Rolle. Aus neutraler Sicht sollte man möglichst auf jegliche einseitige Wertung verzichten und für alle Persönlichkeitszüge klarmachen, daß sie positive und negative Aspekte aufweisen, Chancen und Risiken in sich tragen.

Wenn Sie also überrascht waren über Ihr Persönlichkeitsprofil, sollten Sie schwerwiegende Krisen und wichtige Lebensentscheidungen der letzten Zeit noch einmal an sich vorbeiziehen lassen wie ein schnell laufendes Video. Hätte Ihnen die bessere Selbsterkenntnis, die Sie jetzt haben, zu anderen Entscheidungen und besserem Krisenmanagement verholfen? Lassen sich daraus Schlußfolgerungen für die Zukunft ziehen?

Ich habe Patienten erlebt, für die eine solche Selbsterkenntnis lebensnotwendig war.

ULRICH oder:
Das Leben mit dem Mißton

Es war seine Frau, die mich um Hilfe bat. Sie konnte nicht mehr. «Er richtet sich zugrunde. Ich kann nur zusehen, und das richtet *mich* zugrunde. Entweder er läßt sich retten, oder ich muß mich selbst retten.» Sie war am Ende.

Ulrich war Musiker. Ein Meistergeiger, der ein paar hoch gelobte CDs aufgenommen hatte. Mozart, Beethoven und vor allem Johannes Brahms. Sein favorisiertes Stück war dessen Violinkonzert in D-Dur.

Das war auch der Höhepunkt seiner Live-Konzerte. Doch die fielen ihm immer schwerer, seitdem er wußte, daß seine Zuhörer nach dem Konzert zu Hause die CD hören konnten. Würde das Konzert dem Vergleich standhalten? War die CD-Aufnahme nicht viel perfekter? Er übte und übte, wollte die Perfektion erzwingen, spielte Geige, bis ihm die Knochen weh taten. Trotzdem wurde seine Angst vor Konzerten immer größer.

Dann bekam er Lähmungserscheinungen. Aus Angst? Oder wegen der Überbeanspruchung seines Körpers?

Er mußte Konzerte absagen. Bekam zusätzliche Existenzängste. Sie führten zu depressiven Einbrüchen, Schlaf- und Eßstörungen. Die beeinträchtigten seine Konzentration beim Spielen. Seine Frau hatte recht: Ulrich beging Selbstmord auf Raten. Eine Spirale führte ihn in den Abgrund.

Ich machte den üblichen Check mit ihm. Körperliche Ursachen für Ulrichs Beschwerden waren nicht erkennbar. Irgendwann war dann auch der Persönlichkeitstest dran. Selten habe ich einen Menschen so konzentriert erlebt wie Ulrich, als ich ihm die Ergebnisse seines Tests erläuterte. Ulrich war ein Mensch, bei dem ein extrem ausgeprägtes Sicherheitsstreben, Sensibilität und eine romantische Ader zusammen mit Fremdbestimmung eine schwierige Allianz eingegangen waren. Bei ihm trafen ein schwaches Selbstwertgefühl und impulsive Emotionalität auf übertriebenen

Perfektionsdrang und das Gefühl, selbst wenig bewirken zu können. Ein solches Persönlichkeitsprofil stellt einen Menschen bei der praktischen Lebensbewältigung vor größte Probleme.

Dennoch war gerade die Konfrontation mit seiner eigenen Persönlichkeit für ihn entlastend, ja geradezu der Rettungsanker. Denn plötzlich begriff er, daß nicht Phlegma und Faulheit oder nachlassende Musikalität, sondern übertriebener Perfektionsdrang und die starke Abhängigkeit von der Bestätigung anderer zu seiner Krise als Künstler geführt hatten. Er verstand den Zusammenhang mit der Prägung seiner Persönlichkeit. Jetzt endlich konnte er sich auf Therapie einlassen.

Die ging nicht nur auf sein beschädigtes Selbstwertgefühl und seinen Perfektionismus ein, sondern sorgte auch für Bewegungsausgleich, richtige Ernährung, Entspannungstraining und die Rückeroberung von Lebensfreude.

Drei Monate nach Beginn der Therapie gab er sein alljährliches Adventskonzert. Im Jahr zuvor war es wegen seines Zustandes ausgefallen. Nun spielte er wieder. Seine Frau und ich saßen in der ersten Reihe. Und beide hatten wir nach dem ersten Satz des Brahms-Konzertes Tränen in den Augen. Ulrich spielte wunderbar. Und wir sahen, daß er es genoß. Der Mißton in seiner Seele war verklungen.

4. Wo stehen Sie gerade?

Wenn Sie bis hierher gelesen haben, dann haben Sie
+ die Art und das Ausmaß der Belastungen herausgefunden, die es in Ihrem Leben gibt;
+ das Balancemodell unserer Lebensenergie kennengelernt;
+ festgestellt, welche Art von Persönlichkeit Sie sind und zu welchen Empfindlichkeiten und Belastungen Sie neigen.

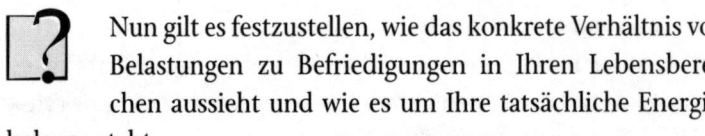 Nun gilt es festzustellen, wie das konkrete Verhältnis von Belastungen zu Befriedigungen in Ihren Lebensbereichen aussieht und wie es um Ihre tatsächliche Energiebalance steht.

Diese Aufgabe verlangt Konzentration. Sie sollten sich also genügend Zeit nehmen und dafür sorgen, daß Sie Ruhe haben. Schalten Sie den Anrufbeantworter ein, und stellen Sie das Telefon in ein anderes Zimmer. Reservieren Sie eine Stunde für sich, in Ihrem Lieblingssessel oder an dem Relaxort Ihrer Wohnung. Und holen Sie Ihren Kalender des letzten Jahres hervor, wenn Sie einen haben.

Gehen Sie die Wochen des vorigen Jahres in Gedanken noch einmal durch, und beantworten Sie die folgenden Fragen:

In welchem Bereich gab es die Ereignisse, die die stärksten Glücksgefühle in Ihnen ausgelöst, die meiste Freude oder Lust verursacht haben?

In der Familie/Partnerschaft?
Zum Beispiel:
+ Erlebnisse mit den Kindern?
+ Verliebt?
+ Sex?
+ Zärtlichkeit?
+ Reise, Urlaub mit der Familie/dem Partner?
+ Familienfeiern, Geburtstage, Feiertage?

Im Beruf?
Zum Beispiel:
+ Neuer Job?
+ Beförderung?
+ Gehaltserhöhung?
+ Besonderer Erfolg?
+ Inhaltliche Erfüllung?
+ Bestandene Prüfungen?
+ Anerkennung?

Mit Freunden, in der Freizeit, beim Sport?
Zum Beispiel:
+ Ihr erster Bungeesprung?
+ Turnier gewonnen?
+ Neues Hobby, neue Sportart entdeckt?
+ Surfen im Sturm?
+ Surfen im Internet?
+ Überraschungsfete zu Ihrem Geburtstag?
+ Wandern in toller Landschaft?
+ Fahrradtour mit Freunden?
+ Ein Faß Sangria geleert?

Im Bereich Gesundheit/Wellness?
Zum Beispiel:
+ Überwindung einer Krankheit?
+ Reduzierung von Nikotin, Alkohol?
+ Gewichtsabnahme?
+ Gute Figur?
+ Fitneß verbessert?

In welchem Bereich gab es Ereignisse, Situationen oder Umstände, die Sie belastet, geärgert oder Ihnen weh getan haben?

In der Familie/Partnerschaft?
Zum Beispiel:
+ Streit mit dem Partner?
+ Sexueller Frust?
+ Krankheit?
+ Probleme mit den Kindern?
+ Verdorbener Urlaub?
+ Trennung, Verlust?
+ Zuwenig Zeit für die Familie?

Im Beruf?
Zum Beispiel:
+ Ärger mit Kollegen?
+ Probleme mit dem Chef?
+ Fehlende Anerkennung?
+ Hinter eigenen Erwartungen zurückgeblieben?
+ Projekte mißlungen?
+ Prüfungen nicht bestanden?
+ Unsicherheit des Arbeitsplatzes?
+ Job verloren, arbeitslos?
+ Beruf nimmt zuviel Zeit in Anspruch, erschöpft Sie?

Mit Freunden, in der Freizeit, beim Sport, im Hobby?
Zum Beispiel:

✦ Freunde verloren?

✦ Vereinsamung?

✦ Sport, Hobby aufgegeben (zum Beispiel wegen Verletzung, Krankheit, Umzug, Geldmangel, mangelnder Zeit)?

✦ Schachturnier verloren, als letzter ins Ziel gekommen?

✦ Zuwenig Zeit, sich um Freunde oder ein Hobby kümmern zu können?

Im Bereich Gesundheit/Wellness?
Zum Beispiel:

✦ Krankheit?

✦ Mangelnde Fitneß?

✦ Unfall?

✦ Chronische Erschöpfung?

✦ Angst vor Erkrankung?

✦ Leiden unklarer Herkunft?

✦ Zuviel Alkohol, zuviel Nikotin?

✦ Zuwenig Zeit, um sich um die Gesundheit zu kümmern?

Zwischentest

Stellen Sie sich vor, vor Ihnen stehen vier Waagen, für jeden dieser Lebensbereiche eine. Und Sie haben zehn rote Bleikugeln für die belastenden und zehn grüne Kristalle für die befriedigenden Erfahrungen zur Verfügung. Sie können diese zwanzig Kugeln und Kristalle jetzt auf die einzelnen Waagschalen verteilen, wobei Sie keineswegs in jede Schale etwas legen müssen.

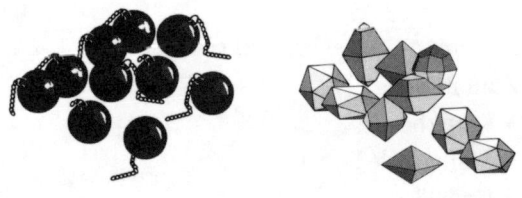

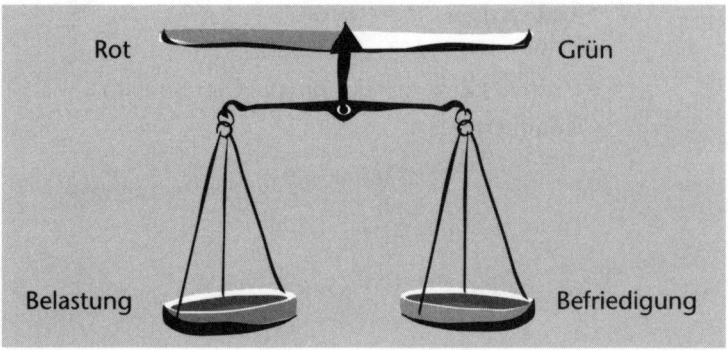

Bereich Familie/Partnerschaft

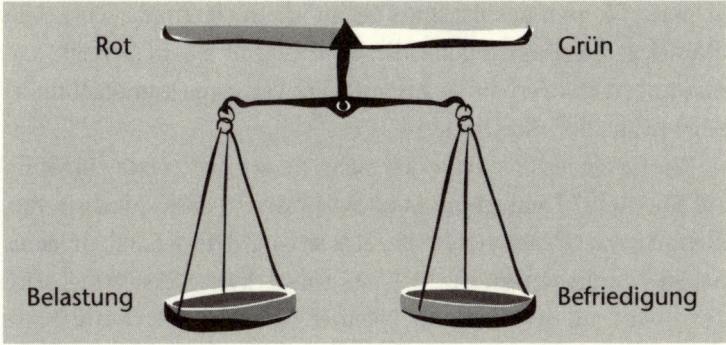

Bereich Arbeit

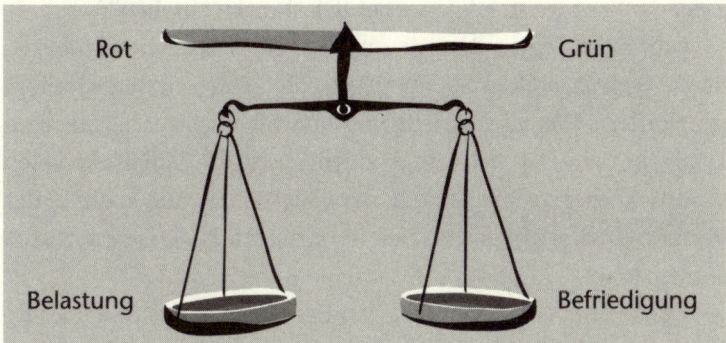

Bereich Freunde, Freizeit, Hobbys

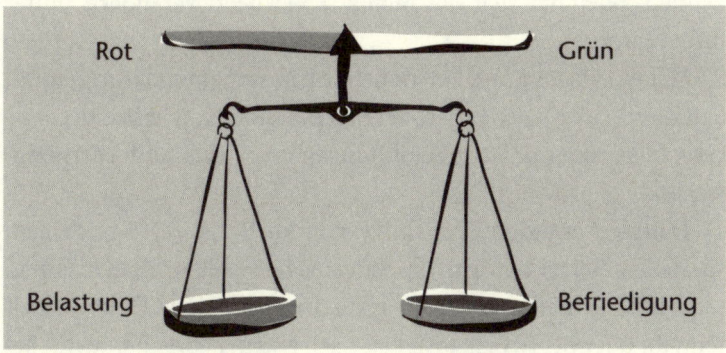

Bereich Gesundheit/Wellness

Schauen Sie sich das Ergebnis genau an. In einem idealen Leben überwiegt die Befriedigung die Belastung in jedem Bereich, zumindest ist das Verhältnis ausgewogen. Wie nahe kommt Ihre Lebenswirklichkeit diesem Ideal?

Gibt es einen Bereich oder mehrere, wo der Zeiger eindeutig auf Rot steht? Denken Sie über die Ursachen nach! Sind sie vorübergehender Natur, oder dauern sie an? Die Krankheit eines nahen Familienangehörigen kann eine schwere Belastung sein, aber sie ist mit der Genesung beendet. Ähnliches gilt für die Krise einer Partnerschaft, den Wechsel eines Arbeitsplatzes oder einen Umzug. Läßt sich in den Lebensbereichen, in denen bei Ihnen der Zeiger auf Rot weist, ein Ende der Belastungen absehen?

Gibt es nur einen Bereich, aus dem Sie Befriedigungen beziehen? Wenn ja, sollten Sie überlegen, ob Sie diesen Bereich nicht überfordern. Wer alle Befriedigung ausschließlich aus beruflichem Erfolg bezieht, ist bei schon einem einzigen Mißerfolg völlig schutzlos; ebenso, wie jemand, der Glück einzig und allein in der Partnerschaft erlebt, schon bei der kleinsten Ehekrise ins Nichts stürzen kann.

Denken Sie einen Moment darüber nach, ob das Bild der vier Waagen bei Ihnen vor zwei, drei Jahren genauso ausgesehen hätte. Haben die Belastungen zugenommen? Können Sie Gründe dafür nennen, oder hat sich die Bilanz schleichend verändert, hinter Ihrem Rücken?

Hat eine bestimmte Persönlichkeitsausprägung dafür gesorgt, daß dieser oder jener Lebensbereich besonderen Belastungen ausgesetzt war oder daß Sie Belohnungen vergeblich hinterhergelaufen sind?

Hängen Veränderungen und verstärkte Belastungen mit einem speziellen Ziel zusammen, das Sie erreichen wollen? Klar, daß man in Zeiten, in denen man ein Haus baut, an einer Doktorarbeit schreibt oder bei Arbeitslosigkeit nach einem neuen Job sucht, besonderen Anforderungen und Strapazen ausgesetzt ist. Aber es gibt auch diffuse Ziele – «nach oben wollen», «Karriere machen», «Geld scheffeln» –, denen man vieles opfern kann, ohne ihnen wirklich näherzukommen. Ist Ihr Ziel noch den Preis wert, den Sie zahlen, um es zu erreichen? Oder drohen wichtige Seiten des Lebens – Freundschaften, Familie, Arbeit, Gesundheit – auf der Strecke zu bleiben?

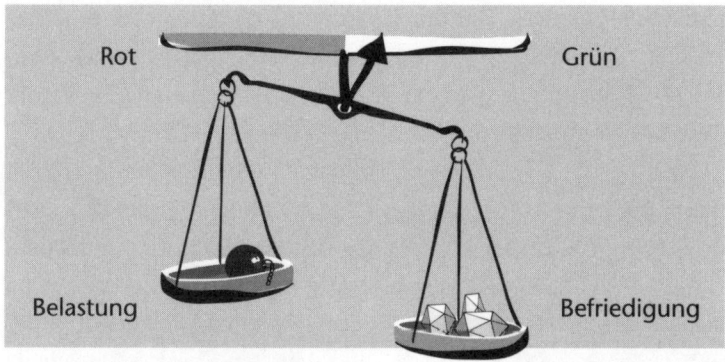

Das sind alles Fragen, die nur Sie selbst beurteilen können. Wenn Sie sie ehrlich beantworten, werden Sie feststellen, in welchem Bereich Ihres Lebens der größte Bedarf für eine seelische Fitneßkur besteht.

Sie können danach das Kapitel unter den folgenden vier auswählen, das für Sie und Ihr Leben momentan am wichtigsten ist.

ZWEITER TEIL

Die Kur

1. Körper und Gesundheit

 Ein Hoch der Seele kann man körperlich wahrnehmen – sogar als Außenstehender. Es rötet die Wangen, läßt die Augen blitzen, weitet die Lungen und beschleunigt den Puls. Umgekehrt läßt ein seelisches Tief die Muskeln erschlaffen und die Stimme ermatten, es verspannt den Magen, martert den Kopf, peinigt den Rücken.

Die Seele, dieses nichtstoffliche, unorganische, ortlose Etwas, erreicht den hintersten Winkel unseres Körpers. Das hat einen prominenten Psychologen bewogen, vom Körper als dem «Werkzeug» der Seele zu sprechen – «die Seele ist der Chef».

Ich ziehe das Bild vom Dirigenten vor. Die Seele bestimmt die Partitur, sie entscheidet, ob in Dur oder Moll gespielt wird, sie gibt die Einsätze. Das aber macht den Part der Musiker nicht zweitrangig. Die Qualität der Musik hängt ebenso von den Fähigkeiten der Geiger, Cellisten und Posaunisten ab.

Wie beim Klangkörper, so auch beim Körper. Von seinem Zustand wird die Qualität unseres Lebens wesentlich mitbestimmt. Und wie beim Dirigenten und seinem Orchester ist das Verhältnis zwischen Körper und Seele das einer Wechselwirkung. Sie beeinflussen sich gegenseitig.

Daß psychisches Leid physische Folgen haben kann, wissen Ärzte seit langem. Zwar kann keiner erklären, wie «der rätselhafte Sprung von der Seele in den Körper», von dem Sigmund Freud sprach, zustande kommt, aber Beispiele für diesen Sprung kennt jeder Mediziner: Schicksalsschläge, die Herzinfarkte auslösen; Arbeitslosigkeit, die Magengeschwüre oder Schilddrüsenerkrankungen verursacht; der Tod eines Ehepartners, der den baldigen Tod des anderen Partners zur Folge hat.

Es gibt aber auch das umgekehrte Phänomen: Entspannung, Freude, psychisches Wohlbefinden haben nachweislich positiven Einfluß auf die Körperabwehr. Auch hier sind die Zusammenhänge noch nicht geklärt, sicher aber ist, daß Seele und Immunsystem sich wechselseitig beeinflussen. Die junge Wissenschaft der Psychoneuroimmunologie, die sich mit der Klärung solcher Fragen beschäftigt, hat herausgefunden, daß Nerven- und Immunsystem über nervale und hormonale Reize miteinander verbunden sind. Organe, die für das Immunsystem eine besondere Bedeutung haben, wie Milz, Thymus und Lymphknoten, sind mit einer Vielzahl von Nervenfasern ausgestattet. Über sie wird das Gehirn informiert, das nach diesen Informationen die Hormonproduktion steuert.

Wenn auch viele Details noch ungeklärt sind, kann man also davon ausgehen, daß Seele und Körper vielseitiger und intensiver aufeinander reagieren, als die Schulmedizin glaubte. Dann gibt es aber nicht nur den «rätselhaften Sprung» von der Seele in den Körper, sondern auch den umgekehrten vom Körper in die Seele. In der einfachsten Form ist das eine Erfahrung, die jeder kennt: Nach einem anstrengenden Streßtag am Tisch zu sitzen und ein köstliches Menü zu sich zu nehmen glättet nicht nur die aufgeputschten Magenfalten, sondern auch die aufgewühlte Seele. Vermutlich gibt es also nicht nur vielfältige Einflüsse der Seele auf den Körper, sondern auch verschiedenste Einflüsse des Körpers auf die Seele. Ganz sicher aber kann leicht in seelische Nöte kommen, wer die Beziehung zu seinem Körper verliert – wie Bertram.

BERTRAM oder:
Wie ein Meniskusschaden zur
Achillesferse werden kann

 Bertram wurde mir von seinem Hausarzt geschickt. «Verdacht auf Angstneurose», hatte der in seinem Begleitschreiben vermerkt.

Der Patient erbat dringend ein Mittel, um mit seinen Ängsten besser fertig zu werden. Etwas Angst hatte er schon lange. Schlimme Angst bekam er nach dem ICE-Unfall im Juni 1998 bei Eschede mit hundert Toten, und seit dem Absturz der Swissair-Maschine in der Nähe von Halifax, bei dem zweihundertachtzig Menschen ihr Leben verloren hatten, steigerte sie sich ins Unerträgliche.

Bertram arbeitet als technischer Kontrolleur bei der Lufthansa. Er ist verantwortlich für die Standardüberprüfung der Flugzeuge, bevor sie wieder in die Luft gehen. Reine Routine, würden die meisten sagen, aber er war besessen von der Furcht, irgendeinen kleinen Defekt zu übersehen und damit einen Absturz zu verschulden. War seine Überängstlichkeit auch den Kollegen schon aufgefallen? Oder entwickelte Bertram Züge von Verfolgungswahn? Jedenfalls war er davon überzeugt, daß in der Firma hinter seinem Rücken getuschelt wurde.

Bertram ist Mitte Dreißig, ein schmaler Mann, einsilbig, aber ohne besondere Auffälligkeiten. Er lebt allein in einem hübschen Apartment, das auch für zwei reichen würde, wie er von sich aus erzählt. Nein, wehrt er dann ab, eine feste Partnerschaft habe er zur Zeit nicht.

Gleich bei unserem ersten Gespräch fiel mir sein schlechtes Aussehen auf, die tiefen Ringe unter seinen Augen, die Blässe und die eingefallenen Wangen. Das Gespräch fand an einem späten Nachmittag statt, und ich fragte Bertram, was er mittags gegessen habe. Er wußte es nicht mehr genau. Darauf gab ich ihm einen Fragebogen zur Alltagsqualität, der sich in meiner Arbeit schon häufig bewährt hat, wenn es darum geht, Aufschluß über den Umgang eines

Menschen mit seinem Körper zu bekommen. Ich habe immer einen kleinen Stapel dieses Fragebogens griffbereit, verteile ihn großzügig an alle Patienten und empfehle, ihn immer mal wieder mit Farbstiften auszufüllen (Grün für gesundes und Rot für ungesundes Verhalten) und die Ergebnisse selbstkritisch zu betrachten. Bei Bertram war alles rot. Er wachte morgens zerschlagen auf, das Frühstück fiel flach, Mittag- und Abendessen hatten in seiner Erinnerung keine Spuren hinterlassen, und das komplette Bewegungsprogramm fand auf dem Sofa vor dem Fernseher statt.

Man könnte fragen: Was hat das mit seinen Ängsten zu tun? Und genau das tat Bertram. Er war unwillig. Er wollte Hilfe bei der Bewältigung eines konkreten Problems, keine Ernährungsberatung. «Okay», sagte ich, «schauen wir uns einmal gemeinsam den Fragebogen an, den Ihnen jeder Psychiater angesichts Ihrer Situation vorlegen würde.» Ich holte einen Fragebogen zur «Generalisierten Angststörung» aus dem Schrank und legte ihn Bertram vor. Und dann zeigte ich ihm, wie viele der Fragen sich auf körperliche Symptome beziehen. Ich tippte auf eine der Rubriken. «Magenbeschwerden zum Beispiel. Woher sollen wir wissen, ob sie Symptom Ihrer Ängste oder Ihrer lausigen Ernährung sind?» Und dann erklärte ich ihm noch etwas. «Ob jemand in Grippezeiten einer Virenattacke erliegt oder nicht, hängt wesentlich von seiner physischen Verfassung ab. Ist das plausibel für Sie?» Bertram nickte. «Mit einer Angstattacke ist das nicht anders. Ein physisch geschwächter Mensch mit einem leistungsschwachen Immunsystem ist anfälliger für Angst- und Panikzustände als ein kräftiger. Allein schon deswegen, weil ihm gewisse Nährstoffe fehlen.» Bestimmte Aminosäuren, wie sie beispielsweise in Knoblauch vorkommen, haben angstlösende Wirkung. Falsche Ernährung kann den Aminosäurenhaushalt aus dem Gleichgewicht bringen und damit die physische Bereitschaft für Angststörungen erhöhen.

«Warum», fragte ich dann, «legen Sie eigentlich so wenig Wert auf Lebensqualität in Form von anständigem Essen und Trinken?»

FRAGEBOGEN
ZUR
ALLTAGSQUALITÄT

? Bitte denken Sie an die letzte Woche, und beantworten Sie die Fragen entsprechend für jeden Wochentag. Schraffieren Sie die entsprechenden Flächen für die einzelnen Tage rot oder grün. Falls Sie sich nicht mehr erinnern können, schraffieren Sie das Rechteck rot. Die Auswertung ist einfach: Je mehr Rot, desto schlechter wird der Körper behandelt.

	Mo	Di	Mi	Do	Fr	Sa	So
In welcher Verfassung sind Sie aufgewacht? Ausgeruht (grün) oder kaputt (rot)?							
Haben Sie gefrühstückt? Ja (grün), nein (rot)							
Haben Sie den Morgen in Ruhe (grün) oder in Hetze (rot) verbracht?							
Haben Sie sich Zeit fürs Mittagessen genommen? Ja (grün), nein (rot)							
Erinnern Sie sich, was Sie gegessen haben? Ja (grün), nein (rot)							
Haben Sie tagsüber kurze Erholungspausen gemacht? Ja (grün), nein (rot)							
Haben Sie viel oder mehr als sonst geraucht? Ja (rot), nein (grün)							
Haben Sie viele Süßigkeiten, Chips etc. gegessen? Ja (rot), nein (grün)							
Haben Sie tagsüber oder nach Feierabend Bewegung gehabt? Ja (grün), nein (rot)							

	Mo	Di	Mi	Do	Fr	Sa	So
Hatten Sie Probleme mit Ihrer Verdauung? Ja (rot), nein (grün)							
Haben Sie sich Zeit fürs Abendessen genommen? Ja (grün), nein (rot)							
Erinnern Sie sich an das Essen? Ja (grün), nein (rot)							
Hatten Sie an diesem Tag Streß? Ja (rot), nein (grün)							
Konnten Sie ihn ausgleichen? Ja (grün), nein (rot)							
Haben Sie am Feierabend bewußt etwas für Sie Erholsames gemacht? Ja (grün), nein (rot)							
Haben Sie sich etwas körperlich Wohltuendes (Bad, Sauna, Massage, Körperpflege, Solarium, Fitneß) gegönnt? Ja (grün), nein (rot)							
Haben Sie heute genug Zeit für sich selbst gehabt? Ja (grün), nein (rot)							
Haben Sie zuviel Alkohol getrunken? Ja (rot), nein (grün)							
Sind Sie rechtzeitig ins Bett gegangen? Ja (grün), nein (rot)							
Brauchen Sie zum Einschlafen/ Durchschlafen Tabletten? Ja (rot), nein (grün)							

Manchmal ist das diagnostische Gespräch zwischen einem Psychiater und seinem Patienten wie die Ermittlung eines Kriminalkommissars. Die Bedingungen und Motive eines bestimmten Verhaltens stehen am Ende in einem ganz anderen Licht da als am Anfang. Aus dem langen Gespräch mit Bertram ergab sich schließlich die Chronik eines komplizierten Abstiegs in Isolation und Selbstentfremdung.

Noch zwölf Monate vor unserem Gespräch war Bertram ein Mann gewesen, der viel Zeit in Gesellschaft verbrachte. Er spielte als Verteidiger in einem Fußballverein der Bezirksliga, jeden Sonnabend wurde nachmittags das runde Leder getreten. Man traf sich aber meistens schon am Vormittag zum gemeinsamen Einkauf auf dem Wochenmarkt und feierte nach dem Spiel in den Abend hinein, egal ob Sieg oder Niederlage, mit gemeinsamem Kochen und Essen.

Bei den Markteinkäufen deckte Bertram dann auch den Wochenbedarf seines Einpersonenhaushaltes, in dem zu dieser Zeit auch hin und wieder ein Frühstück zu zweit vorkam.

Dann traf ihn ein Schicksalsschlag. Er verletzte sich den Meniskus so schwer, daß er zweimal operiert werden mußte. Wochenlang ging er an Krücken, monatelang humpelte er. An Fußballspielen war nicht zu denken.

Anfangs quälte er sich noch zu den gemeinsamen Treffen auf dem Markt und feuerte seine Mannschaft nachmittags vom Spielfeldrand aus an. Aber es deprimierte ihn, nicht mehr aktiv dabeisein zu können. Wenn die anderen nach dem Spiel ausgelassen feierten, fühlte er sich ausgeschlossen, deplaziert und allein. Irgendwann ging er dann nicht mehr auf den Platz.

Jetzt machte er seine Einkäufe in dem kleinen Supermarkt an seiner Straßenecke, und weil er immer Schmerzen im Knie hatte und schlecht tragen konnte, kaufte er nur noch Kompaktnahrung – Tiefkühlkost, Konserven und dann immer mehr Ersatzfutter für einsame Abende, Chips und Erdnüsse, Kekse und Schokolade.

In der Firma erhöhte sich gerade der Druck, weil an einem bestimmten Flugzeugtyp ein Werkfehler festgestellt worden war und jetzt besonders sorgfältig kontrolliert werden mußte. Bertram litt aber genau in diesen Wochen unter Müdigkeit, Erschöpfung und Konzentrationsproblemen. Er schlief schlecht und hatte oft Alpträume. Da traten bei ihm zum erstenmal die Ängste auf, einen Defekt zu übersehen und schuldig zu werden an einem furchtbaren Crash. Nachts schreckte er manchmal hoch, weil er von einem Glutball geträumt hatte, der vom Himmel stürzte, oder sich in einem Trümmerfeld von glühenden Metallteilen und verbranntem Fleisch wiederfand.

Auch mit Bertram machte ich den Persönlichkeitstest. Es stellte sich heraus, daß er ein Mensch mit hohem Sicherheitsstreben und Pflichtbewußtsein und darüber hinaus nervös und sensibel war. In dieser Persönlichkeitsausprägung ist eine Gefahr angelegt, die Bertram lange beherrscht hatte. Das Fußballspielen hatte ihn körperlich gekräftigt, die Kameradschaft mit den Vereinskollegen seelisch stabilisiert – und ganz nebenbei war der allwöchentliche Sonnabend in ihrer Gesellschaft zu einem Stützpfeiler gesunder Ernährung und Lebensweise geworden. Dann war ihm dieser Pfeiler durch die Meniskusverletzung weggebrochen und sein ganzes Leben ins Wanken geraten.

Ich versuchte, ihm klarzumachen, was mit ihm geschehen war. Er hatte nicht nur sein Hobby, seinen Körperausgleich und seine Freunde verloren, sondern seine Energiequellen. Sogar die ganz einfache der Zufuhr von notwendigen Nährstoffen, Vitaminen und Mineralien. Der kleine Riß im Kniemuskel hatte ein riesiges Loch in sein Leben gerissen. Denn der Energieabfluß war ja stets gleich geblieben, ja er hatte sich durch den gestiegenen Streß in der Firma sogar noch vergrößert.

«Wollen Sie wirklich ein Medikament?» fragte ich ihn. «Oder wollen wir nicht lieber erst einmal versuchen, das Leck abzudichten und Ihrem Leben wieder die Energie zuzuführen, die es braucht?»

«Na gut», sagte er. «Sie sind der Doktor, versuchen wir's.»

Und dann endete diese merkwürdige Diagnosestunde eines Psychiaters damit, daß wir Bertrams Erinnerungen durchstöberten auf der Suche nach Lieblingsessen, besonderen Genüssen, die ich unter dem Gesichtspunkt der körperlichen Rekonvaleszenz als mehr oder weniger geeignet einstufte. Am Ende hatten wir einen genauen Tagesplan für zwei Wochen zusammengestellt mit Anweisungen für Frühstück und mindestens eine Hauptmahlzeit – inklusive Besuchen im Steak House, in italienischen und indischen Restaurants.

Danach stellten wir, ebenfalls für zwei Wochen, ein Bewegungsprogramm auf. Besprachen Entspannungsübungen zu festgelegten Zeiten des Tages und legten ein paar allgemeine Lebensregeln fest, zu denen zwei fernsehfreie Abende pro Woche und generelle Fernsehabstinenz nach elf Uhr abends gehörten.

Als ich Bertram nach zwei Wochen wiedersah, hatten sich einige seiner Symptome deutlich gebessert. Er schlief besser, sah nicht mehr so angegriffen aus und hatte die Ringe unter seinen Augen verloren. Angst hatte er aber immer noch.

Jetzt folgte der zweite Therapieschritt. Wir sprachen ausführlich über sein Leben, seine Kindheit, Jugendzeit, Ausbildung. Jeder hat in der Freizeit seiner Jugendtage Hobbys gehabt, die manchmal nur verschüttet oder abhanden gekommen sind mangels Gelegenheit, ihnen nachzugehen. Bertram war allerdings ein schwieriger Fall. Er hatte schon immer nur Fußball gespielt. Aber dann stellte sich heraus, daß er auch im Schulchor gesungen und dabei viel Spaß gehabt hatte. Doch heute wieder Mitglied in einem Chor zu werden kam ihm irgendwie albern vor. «Was soll ich denn singen?» fragte er. «Kirchenlieder? Shanties? Kinderlieder?» – «Finden Sie es heraus», antwortete ich. «Es geht nicht um mein Leben, sondern um Ihres!»

Wir einigten uns auf eine Aufgabe für Bertram. Bis zu unserem nächsten Treffen sollte er herausbekommen, welche Chöre es in der Stadt gab. Mit welchen musikalischen Schwerpunkten und welchen Aufnahmekriterien für neue Mitglieder. Darüber wollten wir dann sprechen.

Doch dazu kam es gar nicht mehr. Gleich zu Beginn seiner Recherchen hatte Bertram nämlich erfahren, daß eine Gruppe namens «Freier Sängerhaufen» die «Carmina Burana» von Carl Orff übte – ein Werk, dessen expressive Kraft ihn schon immer fasziniert hatte. Er hatte Kontakt mit der Gruppe aufgenommen und zum Zeitpunkt unseres nächsten Gespräches schon zwei Proben hinter sich.

Und da endlich war der Meniskusschaden in seinem Leben wieder ein kleiner Muskelriß – und nicht mehr eine existenzbedrohende Katastrophe.

 ## Kurprogramm Gesundheit

Das Schicksal vieler Patienten, die ich erlebe, erinnert mich an den Untergang der «Titanic». Wie die Unterwassersektionen des Luxusliners sind die Lebensbereiche des Menschen nicht vollständig gegeneinander abgeschottet. Wird einer leck, dann läuft er langsam voll, das Schiff kippt nach vorn, das eingedrungene Wasser überflutet das Schott und läuft in den nächsten Raum. Ein Bereich nach dem anderen säuft ab, am Ende sinkt das Schiff.

Es gibt aber Pumpen. Schafft man es, das Wasser aus einem Bereich herauszupumpen, kann sich das havarierte Schiff wieder heben, Wasser strömt aus den anderen Bereichen heraus, das Schiff hebt sich weiter, und die ursprüngliche Leckage wird beherrschbar.

Es ist beklemmend, wie oft Menschen ihrem eigenen Untergang tatenlos zuschauen und nicht einmal in dem Bereich gegensteuern, in dem es noch am einfachsten wäre. Nämlich zum Beispiel mit ein paar Stunden Schlaf, einem langen Spaziergang und einer großen bunten Gemüseplatte.

Versuchen Sie in der kommenden Woche, die Basisfaktoren Ihrer physischen Existenz – Ernährung, Bewegung, Erholung – kritisch durchzumustern und ihnen einen Innovationsschub zu verpassen. Eine Woche, das müssen Sie wissen, ist nicht mehr als ein Schnupperkurs. Deutliche Effekte werden Sie erst nach einem längeren Zeitraum – mindestens sechs Wochen – spüren. Aber Sie sollten den Schnupperkurs machen, um festzustellen, welche Art von Regeneration und Reaktivierung am besten in Ihr Leben paßt.

 Ernährung

Wenn mich Patienten, die von tausendundnocheiner Ernährungsempfehlung verunsichert sind, fragen: «Herr Doktor, was soll ich essen?», dann pflege ich zu antworten: «Das ist Wurscht. Hauptsache, Sie wissen, *warum* Sie es essen wollen.»

Ist Essen für Sie ein alltägliches Stück Lebensqualität? Haben Sie Ihr heutiges Essen aus Lust gewählt? Oder aus Nachlässigkeit und Gewohnheit?

Holen Sie Lust und Genuß zurück in Ihren Alltag! Machen Sie sich einen Plan für eine Woche bewußtes Essen. Schon das kann lustvoll sein. Besorgen Sie sich die einschlägigen Zeitschriften, blättern Sie in schönen Kochbüchern, und hören Sie dann, was Ihnen Ihr Magen und Ihre Seele signalisieren.

Natürlich ist es nicht schlecht, wenn Ihr Wochenplan gesundes Essen vorsieht – viel Gemüse, viel Salat, wenig Fettes, wenig Süßes. Aber Sie brauchen keine Kalorien zu schinden. Und Sie brauchen schon gar nicht gegen Ihre Neigungen zu essen. Auch die Ernährungsphysiologie lernt noch laufend dazu; reine Getreidekost, das weiß man heute, ist keineswegs für alle Konstitutionen gut. Auch Vegetarismus ist für manche Menschen eine höchst problematische Empfehlung, für manche aber der Schlüssel zur Gesundheit. Ob man zum einen oder anderen Typus gehört, kann einem kein anderer sagen als der eigene Körper. Lernen Sie, wieder auf seine Signale zu achten! Worauf hat er Appetit? Wie schmeckt das Essen? Wie bekommt es? Mit welchem Gefühl erinnert man sich daran?

Wer Appetit auf Schweinshaxe mit Knödeln hat, soll sie essen. Mit Lust und nicht mit schlechtem Gewissen. Wer auf seinen Körper hört, wird diesen Appetit dann für einige Zeit los sein. Andererseits werden Sie sich an diesen einen Schweinebraten am Ende der Woche noch mit Lust erinnern. An wie viele Mahlzeiten Ihrer Kontrollwoche haben Sie sich erinnert?

Viele Menschen verhalten sich beim Essen wie bei der Liebe: Sie machen einfach immer das gleiche. Probieren Sie Varianten aus! Lassen Sie sich von den Jahreszeiten und dem Angebot der Märkte inspirieren! Essen Sie die grüne Frankfurter Sauce, die Goethe so gern mochte, im Frühsommer, wenn es die ersten frischen Kräuter aus dem Freiland gibt, und essen Sie Pilze im Herbst. Vielleicht nehmen Sie sich für ein Herbstwochenende sogar selbst einen Ausflug zum Pilzesuchen vor?

Was für das Essen gilt, gilt ebenso für das Trinkverhalten. Durchbrechen Sie die Routine von Kaffee–Cola–Bier. Probieren Sie Säfte aus! Mixen Sie sich Ihre eigenen Fruchtcocktails – mit oder ohne Champagner. Machen Sie mal eine ostfriesische Teestunde, mit Kluntje und Sahne. Probieren Sie die Vielfalt der Kräutertees, der schwarzen und aromatisierten Tees durch, die man im Fachhandel bekommt. Mixen Sie sich im Sommer daraus Ihre eigenen Eisteevariationen. Und versuchen Sie immer darauf zu achten, welche Reaktionen Ihnen Ihr Körper signalisiert.

Wenn Sie Ihren Ernährungsfahrplan für die nächste Woche zusammenstellen, sollten Sie ein paar grundlegende Dinge wissen – und möglichst auch beherzigen:

✦ Gesättigte Fettsäuren, die vor allem tierisches Fett enthalten, sind eher ungesund.
✦ Ungesättigte Fettsäuren, vor allem aus Pflanzenölen, sind eher gesund.
✦ Dunkles Fleisch und Innereien sind eher ungesund.
✦ Fisch und helles Fleisch sind eher gesund.
✦ Salat, Gemüse, Kartoffeln und Hülsenfrüchte sind besonders gesund, weil sie nährstoffreich, aber fettarm sind. Viele Menschen leiden unter einer strukturellen Unterernährung, weil ihr Körper zwar reichlich mit Fett und Kohlehydraten, aber zuwenig mit Nährstoffen versorgt wird.

Viel mehr muß man über Ernährungsregeln im Grunde nicht wissen. Unser Körper ist geduldig und zufrieden, wenn ihm ein bestimmtes Minimum an Versorgung zuteil wird. Der Rest ist Lust. Und Lust ist nicht nur zuträglich für die Seele, sondern auch nützlich für das Immunsystem.

Ständige Bombardierung mit Gesundheitsvorschriften und sture Strenge bei deren Einhaltung rauben uns mehr Energie, als sie uns zusätzlich verschaffen. Deswegen ist auch nichts gegen Kakao und Croissants an einem Morgen einzuwenden, an dem die Welt besonders grau aussieht. Sie werden sehen: Nach diesem Frühstück lichten sich die Wolken.

Es ist nämlich eine bekannte Tatsache, daß «Fun Food» wie Kuchen, Schokolade oder auch Cola die biochemischen Vorgänge im Gehirn beeinflußt. Es kommt zu vermehrter Freisetzung von Endorphinen, körpereigenen Drogen, die die Stimmung heben. Im Übermaß wirkt «Spaßessen» aber leider auch als Fettmacher, was die Laune dann meistens wieder in den Keller befördert.

Auch Fasten hellt das Gemüt auf. Es beeinflußt die Biochemie unseres Gehirns so, daß Serotonin – ein Stoff, der die allgemeine Befindlichkeit beflügelt – vermehrt ausgeschüttet wird und den Nervenzellen in stärkerem Maße zur Verfügung steht. Die Wirkung ist eine euphorische Stimmung, innere Harmonisierung und intensives Traumerleben. Das ist eine der Erklärungen dafür, daß Fasten in vielen Kulturen einen festen Platz im Jahreszyklus hat. «Heilfasten» kann also durchaus auch auf die Seele heilend wirken. Es bedarf allerdings unbedingt ärztlicher Beratung, um körperliche Schäden zu vermeiden.

Tragen Sie in das Schema auf Seite 113 ff. Ihr persönliches Stichwort für Ihre Ernährungsumstellung der kommenden Woche ein – weg vom Abfüllen, hin zum Genießen. Organisieren Sie sich ein Stück Lebensqualität auf dem Eßtisch – und zwar möglichst jeden Tag.

Montag	mittags
	abends
Dienstag	mittags
	abends
Mittwoch	mittags

	abends	
Donnerstag	mittags	
	abends	
Freitag	mittags	
	abends	

Samstag	mittags	
	abends	
Sonntag	mittags	
	abends	

Bewegung

Wer heute ein Plädoyer dafür hält, man solle sich ausreichend bewegen, scheint offene Türen einzurennen. Die Sportindustrie boomt, Fitneßstudios schießen wie Pilze aus dem Boden, zu den großstädtischen Marathonläufen melden sich Tausende an, und auf dem Zeitschriftenmarkt gibt es gleich mehrere Magazine, die sich nichts anderem widmen als der Frage, wie man Muskeln kriegt und seine Kondition verbessert.

Doch der Schein trügt. Die Zahl derjenigen, die regelmäßig Sport betreiben, stagniert. Mehr als die Hälfte der Bevölkerung will von Sport überhaupt nichts wissen.

Bewegung und Seele

Unser körperliches und seelisches Immunsystem hängt aber nicht nur von den richtigen Nährstoffen ab, sondern auch vom Training der Muskeln, des Herzens, des Kreislaufs. Sport, das wissen die Immunologen, hat stimulierenden Einfluß auf das Immunsystem. Seele und Körper sind Partner – wie Dirigent und Orchester. Der eine profitiert vom anderen. Kräftigung des Körpers wird auch als Kraftzuwachs der Seele erlebt. Was den Körper lockert, entspannt auch die Seele.

Deswegen sollte man sich zunächst bewußtmachen, welches seelische Problem man mit Bewegung und Sport besser in den Griff bekommen will. Grundsätzlich gibt es zwei Wege, die Bewegungsart zu finden, die am günstigsten auf einen wirkt. Entweder orientiert man sich an seinem Persönlichkeitstyp oder an seinen aktuellen Lebensbelastungen, die sich an den Streßzeichen ablesen lassen.

Die Orientierung am Persönlichkeitstypus liegt dann nahe, wenn dieser ganz besonders ausgeprägt ist. Denn dann hat man nicht nur hervorstechende Eigenarten, sondern auch bestimmte Schwächen, die sich mit dem richtigen Sport ausgleichen lassen.

Wer eine deutliche Persönlichkeitsausprägung in Richtung Sensibilität, Nervosität, Labilität hat, sollte sich eine Bewegungsart aussuchen, die ihn zur Ausweitung seiner Möglichkeiten herausfordert, ihm Spaß macht und ihn nicht unter Leistungsdruck setzt.

Möglichkeiten:
+ Wandern, Radfahren, Drachensteigen, Bumerang werfen;
+ Schnorcheln, Paddeln;
+ Inline-Skating, Schlittschuhlaufen, Ski-Langlauf;
+ Aerobic, Jazz-Dance, andere Tänze;
+ Gruppensport kann für diesen Typus geeignet sein, weil die Gruppe Rahmen und Halt gibt; er kann aber auch unter Druck setzen, weil die individuelle Leistung zum Gruppenerfolg – oder -mißerfolg – beiträgt.

Besonders geeignet für den eher ängstlichen und labilen Menschen sind Bewegungsarten in der Natur, da sie beruhigend und zentrierend wirken und weil die Schönheit der Natur den sensiblen Kern berühren kann.

Wer eine deutliche Persönlichkeitsausprägung in Richtung Fröhlichkeit, Unternehmungslust und Kontaktfreude hat, dem entsprechen Mannschaftssportarten wie Fußball, Hockey, Handball, Baseball; daneben Kraft- und Kampfsportarten wie Ringen, Boxen, Karate, Judo oder Breakdance, Steptanz, Akrobatik.

Aber Menschen, die sich leicht und schnell «entäußern», sollten auch Bewegungsarten ausprobieren, die sie mehr zu sich selbst bringen, die zentrierend und ich-stärkend wirken, zum Beispiel:

+ Tai Chi (Schattenboxen), Yoga, Bogenschießen;
+ Sitzmeditationen;
+ Massagen.

Wer eine deutliche Persönlichkeitsausprägung in Richtung Gerechtigkeitsdrang, Strenge und Konsequenz aus Sicherheitsstreben und Pflichtbewußtsein hat, ist ein Mensch, dessen Leben festen Formen und klaren Regeln folgt. Seine Bewegungsart sollte deswegen eine große Spaßkomponente haben, Kreativität und Flexibilität fördern und ihn in Kontakt zu anderen Menschen bringen. Die Neigung zieht diesen Typ am ehesten zum Hanteltraining, Joggen oder Dressurreiten, doch besser für ihn sind Bewegungsarten, die weniger leistungsorientiert und strukturiert sind.

Möglichkeiten:
+ orientalischer Tanz, Bauchtanz, afrikanischer Tanz;
+ Akrobatik, Jonglieren, Trampolinspringen;
+ Orientierungslauf, Rugby;
+ Segeln.

Wer eine deutliche Persönlichkeitsausprägung in Richtung Romantik, Spiritualität, Phantasiebegabung hat, neigt zu Bewegungsformen, die seinen spielerischen, musischen, neugierigen und sinnlichen Tendenzen entsprechen. Dazu gehören alle Tanzformen, Akrobatik, Jonglieren, Trampolinspringen, Wellenreiten, Surfen und Segeln.

Daneben sollte sich ein Mensch dieses Typs aber auch mit Sportarten beschäftigen, die Kräfte und Muskeln stärken, Ausdauer und Disziplin fordern und die vorhandene «Weichheit» durch Stärke, Widerstandskraft und Struktur ergänzen.

Möglichkeiten:
+ Fitneß-, Hantel- und Konditionstraining;
+ Ausdauersportarten wie Joggen und Schwimmen;
+ Kampfsportarten wie Boxen, Ringen, Karate und Judo;
+ Wettbewerbssportarten wie Squash und Tennis.

Wer eine deutliche Persönlichkeitsausprägung in Richtung Hilfsbereitschaft, Anpassungsfähigkeit, Selbstlosigkeit sowie Harmoniebedürfnis und Hingabefähigkeit hat, fühlt sich angezogen von
Bewegungsformen, die eine soziale Komponente aufweisen, bei
denen das Miteinander eine wichtige Rolle spielt. Das sind vor
allem die Mannschaftssportarten, aber auch Kegeln, Bowling,
Volkstanz, Eisstockschießen und Wandern im Verein.

Daneben sollten gerade harmoniebedürftige Menschen Bewegungsarten ausprobieren, bei denen es um Auseinandersetzungen
geht, um Siegen und Austoben.

Möglichkeiten:
+ Tennis, Tischtennis;
+ Boxen, Ringen, Karate;
+ Fußball, Handball, Basketball;
+ afrikanischer Tanz, Jazz-Dance.

Wer eine deutliche Persönlichkeitsausprägung in Richtung
Kampfbereitschaft, Abenteuerlust, Draufgängertum hat, den zie-
hen natürlich risikoreiche Bewegungsherausforderungen an, zum
Beispiel River-Rafting, alpines Bergsteigen, Drachenfliegen, Fall-
schirmspringen, Snow-Board, Skispringen, Vielseitigkeitsreiten,
Ralleyfahren oder American Football.

Menschen dieses Typs sollten aber Bewegungsarten und Kör-
pererfahrungen erproben, die innere Ruhe, Sensibilität, Feinge-
fühl, Geduld und den Kontakt zu anderen Menschen fördern.

Möglichkeiten:
+ Tai Chi, Yoga;
+ Formationstanz;
+ Billard;
+ Ski-Langlauf;
+ Angeln.

Wer sich mit seinem Persönlichkeitsprofil eher in den mittleren Bereichen zwischen den extremen Ausprägungen befindet, der sollte sich für die Wahl seiner Bewegungsart besser an den Belastungen seines Alltagslebens orientieren. Schauen Sie sich dazu noch einmal die Liste Ihrer persönlichen Streßzeichen an, und beantworten Sie die folgenden Fragen:

Neigen Sie unter den Beanspruchungen des Alltags zu innerer Verspannung? Tendieren Sie dazu, den Ärger, Frust, Streß in sich reinzufressen? Dann sollten Sie eher eine Bewegungsart wählen, die Ihnen Gelegenheit zu vitalem Ausagieren gibt – Trampolinspringen, Kampfsport, Fußball, Boxen, Tennis, Squash.

Sind Sie in Ihrem Berufsalltag stark von Hektik und Turbulenzen beansprucht? Sitzen Sie ständig in chaotischen Konferenzen oder müssen sich als Fahrer durch den Großstadtverkehr quälen? Dann sollten Sie eine Bewegungsart wählen, die auch meditative Qualitäten hat – Schwimmen, Gehen, Schattenboxen (Tai Chi), Yoga und ähnliches.

Haben Sie mit dem Problem schneller Erschöpfung und vorzeitiger Ermüdung zu kämpfen? Dann sollten Sie Ihr Herz, Ihren Kreislauf und Ihre Ausdauer trainieren – mit Schwimmen, Fahrradfahren, Rudern, Joggen, Work-out im Fitneßstudio.

Fühlen Sie sich im Beruf oder im privaten Alltag oft allein und vereinsamt? Dann sollten Sie eine Sportart wählen, die Sie mit Partner oder in einer Mannschaft ausüben können – Tennis, Tischtennis, Fußball, Handball, Hockey, Tanzen, Rudern, Segeln.

Oder ist es bei Ihnen mal so, mal so und ein bißchen von allem? So geht es den meisten. Und die meisten haben auch ein ungefähres Gefühl davon, daß ihnen Bewegung fehlt und daß sie ihnen guttäte, wenn sie bloß wüßten, welche die beste Art wäre, wie man sie in den Alltag einbaut und wie man sie angeht. Und weil sie das nicht wissen, fangen sie nie an.

Fangen Sie an! Machen Sie es wie beim Essen: Verschaffen Sie sich Appetit, machen Sie sich Lust, machen Sie einen Schnupperkurs. Und achten Sie auf die Reaktionen und Signale Ihres Körpers. Sie werden schnell spüren, welche Sport- und Bewegungsart Ihren seelischen Bedürfnissen entspricht und welche eher nicht. Der eine möchte mehr zu sich kommen, der andere von sich abgelenkt werden. Der eine will sich lockern, der andere auch seinem Selbstbewußtsein mit Muskelwachstum und Waschbrettbauch aufhelfen.

Der einzige Weg, die für Sie richtige Bewegungsart herauszufinden, ist, sie auszuprobieren. Dazu können Sie übrigens auch die Dienste eines Fitneßstudios in Anspruch nehmen, wenn es dort einen guten Coach gibt. Mit diesem Trainer sollten Sie aber nicht bloß über Probleme Ihrer Kondition und Figur reden, sondern auch über Ihr Bedürfnis nach Entspannung, Frustabbau oder Entwicklung von Durchhaltekraft.

Fitneßstudios haben den Vorteil, daß sie breit gestreut, leicht erreichbar und gut in den Alltag zu integrieren sind. Ähnliches gilt für Bewegungsarten wie Joggen, Schwimmen oder Radfahren. Sie bieten zudem den Vorzug, daß sie sich allein und unabhängig von anderen ausüben lassen und auch keinen hohen finanziellen Aufwand erfordern. Der Vorzug kann aber auch ein Nachteil sein. Mit anderen eine feste Sportverabredung zu haben ist eine größere Verpflichtung, die man nicht so leicht schwänzt wie die Verabredung mit sich selbst.

Deswegen ist das Einfachste und Wirkungsvollste zugleich auch das Schwierigste: ein Bewegungs- oder Gymnastikprogramm ein- oder zweimal täglich in der eigenen Wohnung zu absolvieren. Ein Freund von mir, der an der Börse arbeitet, pflegt an jedem Arbeitstag folgendes Ritual: Wenn er nach Hause kommt, legt er sich eine Rock-CD auf und dreht die Lautstärke hoch, hängt Anzug und Krawatte auf, zieht sich Shorts, ein T-Shirt, Turnschuhe und Boxhandschuhe an, und dann springt er im Rhythmus der Musik eine Viertelstunde lang um den großen Punching-Ball, der in seinem Zimmer steht, und boxt auf ihn ein. Anschließend duscht er, zieht sich frisch an und ist, wie er versichert, nicht mehr der Broker, sondern ein anderer, neuer Mensch.

Einen solchen festen Punkt für Bewegung und persönliche Regeneration in seinem Alltag zu haben ist ideal. Man wird ihm allerdings kaum lange treu bleiben, wenn er keine Freude macht.

Der Spaß am Sport ist also wichtig. Ohne ihn werden Sie Ihr Bewegungsprogramm schwer durchhalten. Aber nur, wenn Sie es nicht gleich wieder aufgeben, wenn es zur Alltags- und Wochenroutine wird, kann sich zugleich mit der körperlichen Kräftigung Selbstvertrauen und innere Kraft bilden. Energie investieren, um mehr Energie zurückzubekommen – das ist das Prinzip.

Also probieren Sie eine Woche lang verschiedene Möglichkeiten aus, und testen Sie für sich selbst, welche Ihren inneren Bedürfnissen am stärksten entgegenkommen, welche Ihnen den größten Spaß machen und welche sich am besten mit Ihrem Alltag vereinbaren lassen. Die folgenden Vorschläge sind unter dem Gesichtspunkt ausgewählt worden, daß sie sich im allgemeinen leicht realisieren und finanzieren lassen. Wenn es für Sie erschwinglich ist, können Sie bei Ihrem persönlichen Schnupperkurs natürlich auch aufwendigere, teurere, exklusivere oder exotischere Sportarten ausprobieren. Warum nicht mal eine Reitstunde nehmen? Warum sich nicht in die Grundkenntnisse des Jollensegelns einführen lassen? Warum nicht mal eine Proberunde auf einem Golfplatz drehen? Überlegen Sie, was Sie reizt, und testen Sie, was möglich ist. Ihrer Phantasie sind keine Grenzen gesetzt. Sie sollten nur darauf achten, daß in Ihrem Wochenprogramm verschiedene Bewegungsarten vorkommen, in denen mal das expressive Körpergefühl die Hauptrolle spielt, mal die meditative Konzentration vorkommt, mal der Gesichtspunkt des Ausdauertrainings im Vordergrund steht.

Wichtig ist, daß Sie sich für diese Woche ein festes Programm vornehmen und Termine und Uhrzeiten dafür festlegen und verabreden. Jedes erste Mal kostet nämlich Überwindung, und es gibt immer einen Grund, weshalb es «gerade heute» nicht paßt. Lassen Sie diese Ausreden für eine Woche nicht gelten, weder Schnupfen noch die Arbeit, die eigentlich noch zu erledigen ist, noch die Fernsehsendung, die man nicht verpassen will. Halten Sie diese Woche durch! Und mischen Sie Ihre Termine so, daß sich aufwendige und einfache ablösen.

 Schnupperkurs Bewegung

MONTAG

Beginnen Sie mit einem Paukenschlag, und verabreden Sie eine Probestunde im Fitneßstudio. Es gibt davon inzwischen sechstausend in Deutschland, und Sie werden sicherlich eines in Ihrer Nähe finden. Alle guten Studios bieten kostenlose oder preiswerte Probestunden an und verfügen über Trainer, mit denen Sie Ihre Ziele und Interessen besprechen können.

Das Fitneßstudio eignet sich besonders, um Kraft und Ausdauer zu trainieren, aber Sie können dort auch an Haltungsschäden, an den Folgen einseitiger Beanspruchung im Beruf (Rückenleiden!), dem Abbau von Streß und nicht zuletzt an Ihrer Schönheit arbeiten.

Ein guter Trainer wird sich nach Ihren Ernährungs-, Rauch- und Trinkgewohnheiten erkundigen und Ihnen einen Eingangstest vorschlagen. Erst dann wird er Ihnen ein individuelles Trainingsprogramm empfehlen, das verschiedene Kraft- und Ausdauerübungen kombiniert. Es sollte immer mit einer Aufwärmphase beginnen und mit einem «Cool down» ausklingen. Ideal ist es, wenn Sie danach noch Zeit und Gelegenheit zur Entspannung haben, zum Beispiel in der Sauna.

Das Fitneßstudio erfordert Zeit. Achten Sie darauf, wie lange Ihr Probebesuch dauert. Sprechen Sie auch mit dem Coach darüber, wie oft pro Woche Sie zum Training kommen müssen, damit es Sinn macht. Können Sie diese Zeit aufbringen? Besprechen Sie auch die Alternativen: Welche Effekte lassen sich bei reduzierteren Trainingszeiten erzielen?

Noch eine wichtige Frage sollten Sie klären: die Kosten. Gute Studios kosten oft 100 bis 250 Mark pro Monat, und sie bestehen nicht selten auf einem Jahresvertrag. Mit dem Abschluß eines Vertrags sollten Sie auf jeden Fall warten, bis Ihre Sportwoche vorbei ist. Denken Sie auch darüber nach, ob die Trainingszeiten sich mit Ihren familiären oder partnerschaftlichen Verpflichtungen vereinbaren lassen. Vielleicht besteht ja die Möglichkeit zu gemeinsamen Studiobesuchen.

DIENSTAG

Auch heute stehen Kraft- und Ausdauertraining auf dem Programm, aber nachdem Sie gestern einen aufwendigen Termin mit dem Coach und verschiedenen Geräten hatten, ist heute eine einfache und individuelle Variante dran. Sie haben die Wahl zwischen Fahrradfahren, Joggen, Schwimmen oder Gehen. Im Sommer können Sie, wenn Sie die Möglichkeit dazu haben, auch rudern, im Winter eislaufen.

Alle diese Sportarten sind gut für das Training von Kraft, Ausdauer, Koordination und – bis auf Radfahren – Gelenkigkeit. Sie wirken sich positiv auf Herz und Kreislauf aus. Dazu allerdings muß es wirklich Sport sein und nicht bloß ein Spaziergang oder eine Spazierfahrt bis zum nächsten Briefkasten. Beim Joggen beispielsweise läuft der Fettstoffwechsel erst nach einer halben Stunde an. Deshalb ist es wichtig, daß Sie sich auch bei diesen individuell gestalteten Trainingseinheiten Vorgaben setzen und versuchen, sie einzuhalten.

Der am einfachsten zu organisierende Sport mit hervorragendem gesundheitlichem Nutzen ist Schwimmen. Frei- und Hallenbäder gibt es überall, die Eintrittspreise sind moderat, und Sie brauchen nichts außer Badebekleidung und – empfehlenswert –

einer Schwimmbrille. Zum Fahrradfahren benötigen Sie natürlich ein Fahrrad und zum Joggen wie zum Gehen geeignete Sportschuhe, die kaum unter 200 Mark zu haben sind.

Nehmen Sie sich, wenn Sie wieder zu Hause sind, Zeit für ein paar Notizen. Wie haben Sie sich gestern abend nach dem Training gefühlt? Wie fühlen Sie sich heute? Mochten Sie es, unter Anleitung mit anderen in einem Studio zu trainieren, oder war Ihnen die individuelle Variante des heutigen Tages lieber?

MITTWOCH

Diesen Abend müssen Sie gut vorbereiten. Denn heute steht eine Sportart auf dem Programm, die Sie nur gemeinsam mit anderen ausüben können. Die Möglichkeiten sind vielfältig. Sie können Tennis spielen oder Tischtennis; Sie können sich aber auch zu einer Probestunde in einem Verein oder bei einer Schule anmelden, die Kampf- oder Verteidigungssportarten wie Aikido, Judo, Jiu-Jitsu, Karate oder Taekwondo trainieren. Sie eignen sich für Frauen ebenso wie für Männer, fördern besonders die Gelenkigkeit und Schnelligkeit und führen zu entspannter Konzentration.

Schauen Sie zunächst eine Weile beim Training der anderen zu. Lassen Sie sich die Unterschiede der einzelnen Kampfsportarten erklären und ihre jeweiligen Effekte erläutern. Und probieren Sie dann aus, was Ihnen am meisten zusagt.

Auch hier müssen Sie fragen, wieviel Zeit ein effektives Training beansprucht. Der finanzielle Aufwand für diese Sportarten ist meist gering.

Vergessen Sie nicht, auch heute abend wieder ein kleines Stichwortprotokoll Ihres Befindens niederzuschreiben.

DONNERSTAG

Am heutigen Trainingstag liegt der Akzent auf meditativer Konzentration. Yoga, Tai Chi oder Qi Gong sind die Körperübungen der Wahl. Yoga ist eine Meditationsmethode aus Indien, in der spezielle Körperhaltungen, Atmung und Konzentration trainiert werden. Die Übungen sollen Körper, Geist und Seele harmonisieren, ausgeglichener und selbstbewußter machen. Sie dauern etwa eine Viertelstunde und sollten am besten täglich absolviert werden.

Tai Chi ist eine Art des chinesischen Schattenboxens und eine Kombination von Kampfkunst und Meditation. Die Übungen bestehen aus langsam fließenden Bewegungen, mit denen das Nervensystem stimuliert, Organfunktionen angeregt und Konzentrationsstörungen beseitigt werden sollen.

Qi Gong ist eine chinesische Atemgymnastik, die in über zweitausend möglichen Übungen Haltung, Atmung und Konzentration trainiert. Sie wird auch bei Gelenkerkrankungen, chronischen Rückenschmerzen und zur Schmerztherapie eingesetzt.

Für alle drei Techniken gibt es Anleitungsbücher und Videokassetten, aber empfehlenswerter ist immer ein Lehrer oder eine Lehrerin, die neben den Techniken auch ein Gefühl für die mentale Bedeutung und den Gewinn der Übungen – Kraft, Beweglichkeit und Körpergefühl – vermitteln können.

Man findet solche Lehrer leicht über die Gelben Seiten oder Inserate in den Stadtmagazinen. Probestunden sind immer möglich.

Der einfachste meditative Sport ist Drachen steigen lassen. Der teuerste: Golf.

Vergessen Sie auch heute abend nicht, in Ihrem Innern das Gefühl abzufragen, das diese meditative Trainingsstunde ausgelöst hat, und es mit ein paar Stichworten festzuhalten.

FREITAG

Gestern war es leise. Heute wird es laut. Auch das sollten Sie auf jeden Fall einmal ausprobieren: Mannschaftssport. Welcher Ihnen am meisten liegt, müssen Sie natürlich selbst entscheiden. Ist es eher Fußball oder Hockey? Volley-, Wasser- oder Handball? Sie können zwischen einer großen Zahl von Angeboten wählen.

Für den Einsteiger ohne besondere Vorkenntnisse und guten

Trainingsstand ist Volleyball besonders empfehlenswert, der in vielen Sportvereinen gespielt wird. Informationen finden Sie in den Gelben Seiten. Die Teilnahme am Training ist unproblematisch, die erforderliche Ausrüstung billig.

Wie hat es Ihnen gefallen, gemeinsam mit anderen um einen Ball und Punkte in einem Match zu kämpfen? Schreiben Sie es sich auf!

SONNABEND

Die Woche klingt tänzerisch aus. Rhythmische Bewegungen zu Musik können vielfältige Formen haben. Sie können Tango oder Flamenco tanzen, klassischen Walzer, Bauchtanz oder Breakdance, sich aber auch für gymnastischen Jazz Dance oder Aerobic entscheiden – alle Tänze trainieren Koordination, Körpergefühl, Ausdauer und Gelenkigkeit.

Sie können sich zu Hause allein vor Ihrem Fernseher zu einer Aerobic-Videokassette bewegen oder sich bei einer Tanzschule zu einer Probestunde in klassischem Gesellschaftstanz anmelden – das Angebot ist riesig, der Aufwand klein. Auch hier bieten die Gelben Seiten und die Stadtmagazine viele Informationen.

Vergessen Sie nicht, sich nach dem Tanzen wieder Ihre Notizen zu machen.

Und nehmen Sie dann am Sonntag die Aufzeichnungen der ganzen Woche zur Hand, und lassen Sie Ihre Erlebnisse, Körpereindrücke und Gefühle noch einmal Revue passieren. In welcher Situation haben Sie sich am wohlsten gefühlt? Was hat Spaß, was hat fit gemacht? Mögen Sie es lieber, allein zu trainieren, oder gefällt Ihnen das «Working out» mit anderen besser? Was läßt sich am leichtesten in den Wochenalltag integrieren?

Wenn Sie dafür ein Gefühl bekommen haben, dann können Sie in dem Bereich, der Sie interessiert, auch noch einmal die Modeneuheiten der Clubs und Fitneßschulen studieren. Da werden heute jedes halbe Jahr neue Kombinationen angeboten, Mischun-

gen aus Kraftsport, Krankengymnastik und Yoga (Pilates Training), aus Kraftübungen und Stretching (Flexible Strength), aus
Qi Gong und Bewegungstanz (Qigong-Dancing) oder aus Meditation und Krafttraining (Power Yoga).

Vielleicht wollen Sie aber am allerliebsten mit ein paar netten
Leuten Volleyball spielen. Dann tun Sie es!

Und legen Sie einen oder zwei Sporttermine pro Woche für die
Zukunft fest. Ihr Körper, Ihr Immunsystem, Ihre Seele werden es
Ihnen danken.

Erholung

Erholung ist neben Ernährung und Bewegung der dritte Basisfak-
tor der physischen Existenz. Die wichtigste Erholung ist der
Schlaf.

Im Schlaf regeneriert sich der gesamte Organismus und mit
ihm das Immunsystem. Seelische und körperliche Heilprozesse
laufen auf Hochtouren, Körperzellen, die im Abwehrkampf ver-
wundet wurden, werden repariert oder ersetzt. Regelmäßiger und
ausreichender Schlaf ist die beste Fitneßkur für das Immunsystem.

Umgekehrt bedrohen Schlafdefizite unmittelbar die Gesundheit. Eine Studie der University of California in San Diego hat herausgefunden, daß bei gesunden Menschen nach einer einzigen
schlaflosen Nacht die Zahl der Killerzellen, der Abwehrarmada
des Körpers gegen Krankheitserreger, um dreißig Prozent sinkt.
Nach drei durchwachten Nächten reagiert das Immunsystem, als
wäre der Körper von einem Virus befallen.

Doch der schlimmste Feind des Menschen ist bekanntlich der
Wecker. Wer kennt sie nicht, die Morgen, an denen man das Haus
mit einem Hangover verläßt und sich nichts sehnlicher herbei-
wünscht als den Abend. Solche Defizite bekommt man in der fol-

FRAGEBOGEN
ZUR
ERHOLUNGSQUALITÄT

Wie oft treffen folgende Aussagen auf Sie zu?	nie rot färben	selten rot färben	oft grün färben	sehr oft grün färben
Ich kann es genießen, zwischendurch mal entspannt aus dem Fenster zu schauen.				
Ich erlebe Freude bei Musik und Tanz.				
Beim Spielen kann ich alles um mich herum vergessen.				
Mir wird vor Freude warm ums Herz.				
Liebe ist für mich nicht nur ein Wort. Ich kann sie fühlen.				
Ich genieße das Zusammensein mit Freunden.				
Ich erlebe offene, vertrauensvolle Gespräche.				
Ich lache gern.				
Ich bin zugänglich für Humor.				
Ich genieße Erotik.				

Wie oft treffen folgende Aussagen auf Sie zu?	nie rot färben	selten rot färben	oft grün färben	sehr oft grün färben
Ich genieße nichtsexuellen Körperkontakt (Streicheln, Umarmungen, Berührungen).				
Ich gebe auch meinen kreativen und künstlerischen Neigungen nach.				
Ich nehme mir Zeit für mein Hobby.				
Ich gönne mir körperliche Genüsse wie Sauna, Bäder, Massagen.				
Ich habe Freude an körperlicher Bewegung.				
Ich kann ein gutes Essen ganz bewußt genießen.				
Ich kann Mußestunden schätzen, in denen ich spontan etwas tun oder lassen kann.				
Ich kann mich an der Schönheit der Natur ganz bewußt freuen.				
Ich würde jeden beneiden, der in meiner Haut steckt.				
Ich kann an meinen freien Tagen genußvoll alle viere von mir strecken.				

Die Kur

genden Nacht oder am Wochenende wieder in den Griff. Gefährlicher sind andere.

Die Erholungsqualität des Schlafes ist nämlich nicht nur von zu spätem Ins-Bett-Gehen und zu frühem Weckerklingeln bedroht, sondern auch von Belastungen, Anspannung und Streß, die man tagsüber nicht losgeworden ist. Wenn sie dann auch noch den Nachtschlaf unterminieren, beginnt der folgende Tag gleich wieder mit Anspannung und Streß, eine Spirale, die abwärts führt.

Wenn Sie sich morgens beim Verlassen der Wohnung schon kaputt fühlen, wenn Sie bei der Arbeit vorzeitig ermüden, wenn Sie am Abend den Frust und Streß des Tages schlecht loswerden, dann stimmen offensichtlich Ihre Erholungsstrategien nicht.

Mit dem kurzen Fragebogen auf Seite 129 f. können Sie sich einen Überblick verschaffen, wieviel «Genußfähigkeit» Sie sich erhalten haben. Nur wenn Sie über genug Energie verfügen, können Sie wirklich schöne Dinge und Erlebnisse genießen.

Vielleicht hat Ihnen die Woche mit dem Sportprogramm schon signalisiert, wie Sie die Strategien Ihrer Erholung verbessern können. Manche Menschen finden nämlich in Aktion und Bewegung am leichtesten Entspannung. Wenn Sie nach einem Trainingsabend endlich mal wieder ein Gefühl der Ausgeglichenheit und Entspannung hatten, dann sollten Sie versuchen, sich einen solchen entstressenden Bewegungspuffer an möglichst vielen Abenden der Woche zu organisieren.

Doch es gibt auch Menschen, die Entspannung nur im Rückzug, in der Ruhe und Meditation finden. Wenn Sie zu diesen Menschen gehören, sollten Sie versuchen, solche Ruheinseln vermehrt in Ihren Alltag einzubauen. Auch dafür ist es gut, sich eine Woche lang ein Programm mit verschiedenen Varianten vorzunehmen und am Ende der Woche zu bilanzieren, welche Ihnen am meisten geholfen haben, mit Streß besser fertig zu werden. Der folgende Wochenplan macht Ihnen dazu Vorschläge.

Wochenprogramm Erholung

MONTAG

Viele Menschen geraten schon deswegen unter Druck, weil sie ihre Zeitabläufe zu knapp kalkulieren – vor allem am Morgen. Anspannung aber, mit der ein Tag beginnt, bleibt einem oft bis zum Abend erhalten. Stellen Sie sich heute den Wecker einmal eine halbe Stunde früher, genießen Sie einen Morgen ohne Hetze und mit einem ruhigen Frühstück. Vielleicht verzichten Sie sogar auf das übliche Morgenprogramm aus dem Radio und wählen eine besondere Musik, die Sie positiv stimuliert.

Variante: Sie machen die gewohnte Morgenroutine zu Hause, gönnen sich aber den Break vor Arbeitsbeginn – in einem Café, auf einer Parkbank, bei einem Spaziergang. Sie werden feststellen, wieviel ruhiger sich Ihr Arbeitsbeginn gestaltet.

Versuchen Sie herauszufinden, welcher morgendliche Ablauf Sie am gelassensten, am ausgeruhtesten, am belastbarsten an Ihrem Arbeitsplatz ankommen läßt.

Der Montag ist für viele Menschen der Horrortag der Woche. Alle Arbeit, aller Streß, alle Termine liegen noch vor einem. Am Montag ist auch der Verkehr besonders stark, und die Zahl der Unfälle liegt über dem Durchschnitt der anderen Tage. Gehören auch Sie zu den Menschen mit Montagspanik? Dann sollten Sie überlegen, ob Sie nicht an jedem Montag einen Anlaß organisieren könnten, der Ihnen Entspannung und Freude beschert, zum Beispiel ein «Solidaritätsmittagessen» mit angenehmen Kollegen, die denken und fühlen wie Sie – vielleicht nicht in der Kantine, sondern in einem besonderen Restaurant, wo von jetzt an immer montags für Sie ein Tisch reserviert ist.

Sie werden feststellen: Nicht nur diese Solidaritätsinsel selbst, sondern schon das Wissen, daß Sie sie bald wieder besuchen werden, läßt Sie den Tagesstreß gelassener ertragen.

DIENSTAG

Die meisten Menschen, die ich kenne, haben Schwierigkeiten, nach einem harten Arbeitstag ab- und auf Familie, Erholung, Privatleben umzuschalten. Viele sind wie aufgezogene Spielzeugautos, die erst noch von einer Ecke in die andere schießen müssen, bis ihre Antriebsenergie endlich aufgebraucht ist. Bis dahin haben sie aber oft ihre Partner schon schwer genervt und sich selbst die Möglichkeiten zur abendlichen Regeneration stark beschnitten.

Wenn auch Sie zu diesem Typus gehören, dann sollten Sie unbedingt neue Wege ausprobieren, dieses Problem besser in den Griff zu bekommen.

Manchmal hilft buchstäblich ein Weg. Bewegung baut Adrenalin im Körper ab, Streß klingt aus. Fahren Sie nach Arbeitsende nicht direkt nach Hause, sondern schieben Sie einen Spaziergang ein – einen, der nicht unter Einkaufs- oder Erledigungsgesichtspunkten steht, sondern dem Ausklingen dient, dem Verarbeiten und Loslassen der Tagesereignisse.

Sie können sich aber auch zu Hause einen solchen Ruhepuffer organisieren. Schaffen Sie sich einen besonderen Entspannungsplatz in Ihrer Wohnung – einen Ort, der auch Ihrer Familie signalisiert, daß Sie dort ungestört sein wollen –, und nutzen Sie ihn für ein abendliches Ruheritual Ihrer Wahl, indem Sie zum Beispiel ein Kapitel des Romans lesen, den Sie sonst erst im nächsten Urlaub wieder in die Hand nehmen würden, oder eine Pfeife rauchen. Oder die Gedanken des Tages in einem Tagebuch notieren. Oder Musik hören und ein Kännchen mit besonderem (Entspannungs-) Tee trinken. Oder ein Bad nehmen.

Es gibt viele Möglichkeiten. Finden Sie die heraus, die für Sie am geeignetsten ist, und praktizieren Sie sie. Wenn es ein zeitlich begrenztes und überschaubares Ritual ist, wird Ihre Familie Sie verstehen und unterstützen, ja Ihnen vielleicht sogar dankbar sein.

MITTWOCH

Heute probieren Sie eine Methode der aktiven Entspannung aus, die für viele Menschen der wichtigste Beistand gegen Streß und Alltagsbelastung ist: autogenes Training, die bekannteste unter allen Entspannungstechniken. Sie verlangt von Ihnen, sich in eine meditative Stimmung zu versetzen, in der Sie schließlich von der Außenwelt und ihren Belastungen abgeschottet sind.

Die Technik dieses autogenen Trainings ist eine Art Autosuggestion. Sie bekommen eine Reihe von formelhaften Sätzen, die Sie innerlich wiederholen. Daraufhin setzen körperliche Reaktionen ein: Ihre Hände werden warm, Ihr Herz schlägt ruhiger und kräftiger; schließlich geraten Sie in eine tiefe Entspannung.

Um diese Methode zu erlernen, können Sie Kurse besuchen, die Ihnen von Krankenkasse und Volkshochschulen genannt werden, aber auch Bücher oder Anleitungskassetten helfen Ihnen dabei weiter.

An einem Abend läßt sich das autogene Training allerdings nicht aneignen. Aber wenn Sie sich einen Abend lang damit beschäftigen, können Sie herausfinden, ob sich für Sie lohnt, es zu lernen.

Inzwischen gibt es neben der klassischen autogenen Tiefenentspannung Varianten, die mit ähnlichen Ansätzen, aber anderen Konzepten arbeiten. In der «Körperreise» von Karin Albrecht beispielsweise – ebenfalls auf Kassette und CD erhältlich – werden die Körpergefühle nicht vorgegeben, sondern abgefragt. «Wie fühlen sich Ihre Arme an?» etc. Hier soll das Offenwerden für die eigenen Empfindungen zur Entspannung führen.

DONNERSTAG

Heute probieren Sie eine Art der aktiven Entspannung aus, das «progressive Muskelentspannungsverfahren» (nach Jacobsen). Es ist besonders geeignet für Menschen, die Schwierigkeiten damit haben, durch bloße Konzentration zur Ruhe zu kommen, und besteht darin, nach Anleitung bestimmte Muskeln und Muskelgruppen in einer festgelegten Reihenfolge anzuspannen und wieder zu entspannen. Der Effekt der körperlichen Entspannung, der damit erzielt wird, überträgt sich auf Gedanken und Empfindungen und führt schließlich zu einer umfassenden Entspannung – auch der Seele.

Die Anleitungen für diese einfach nachzuvollziehende Entspannungstechnik gibt es ebenfalls als Bücher, Kassetten und CDs.

Wenn Sie zu dem Typus Mensch gehören, dem abendliche Entspannung meist nur oberflächlich gelingt, der sich zwar von einer Unterhaltung oder einem Fernsehkrimi gefangennehmen läßt, aber bei jeder Gesprächspause oder Werbeunterbrechung sofort wieder die Probleme des vergangenen und nächsten Tages im Kopf hat, dann sollten Sie eine dieser aktiven Entspannungstechniken – die, bei der Sie sich wohler fühlen – ein paar Tage lang systematisch anwenden. Sie werden feststellen: Sie hilft.

FREITAG

Der heutige Erholungsvorschlag schadet niemandem, nützt aber besonders jenen Menschen, die auf den Erledigungslisten, die ihr Leben begleiten, oben zwei Positionen durchstreichen und unten vier neue hinzufügen; die nie Ruhe finden, weil sie immer noch etwas zu tun haben, die auch um Mitternacht noch mit dem Unerledigten kämpfen und den Roman, in dem sie schon seit Monaten schmökern wollen, ungelesen mit ins Grab nehmen werden. Heute gehen Sie mit Ihrem favorisierten Roman zu Bett, und zwar zwei Stunden vor Ihrer üblichen Zeit. Sie dürfen auch Magazine mitnehmen oder sentimentale Liebesgeschichten, Erzählungen von Sturm und Schiffbruch oder die Biographie des Reißverschlußerfinders – nur nichts, was Sie lesen müssen, und schon gar nicht Akten. Zusätzliche Kissen sind gestattet, leise Musik, Rotwein oder ein guter alter Malt-Whisky – aber keine Zettel, kein Kugelschreiber ist in Bettnähe erlaubt, nichts, womit oder worauf Sie etwas notieren könnten, das noch zu erledigen ist. Vergessen Sie all das einfach für diesen Abend. Und achten Sie am nächsten Morgen darauf, wie Sie sich fühlen. Großartig – oder?

SONNABEND

Lachen wirkt befreiend. Lachen ist positiv. Lachen ist Erholung für Körper und Seele. Deswegen organisieren Sie sich heute einen Lachtag.

Überlegen Sie sich, mit welchen Freunden Sie bei welchen Anlässen den meisten Spaß hatten. Kinobesuch mit anschließendem Umtrunk? Ein gemeinsames Abendessen? Schafskopf oder ein anderes Spiel? Ein Ausflug und eine kuriose Nacht in einem Dorfgasthaus? Ein Spiel-, Tobe-, Kitzelnachmittag mit den Kindern? Schrecken Sie auch vor der kalauerreichsten Seifenoper im Fernsehen nicht zurück – wenn Sie darüber herzhaft lachen können.

Es gibt viele Untersuchungen, die belegen, daß Lachen – am besten lauthals – das Streßhormon Cortisol abbaut und auf das Immunsystem wie ein Erfrischungsbad wirkt.

Und wenn Ihnen eigentlich gar nicht nach Lachen zumute ist? Wenn Ihnen niemand einfällt, mit dem Sie in ein lautes Gelächter ausbrechen können?

Dann machen Sie es trotzdem und gehen es so systematisch an wie Ihre Sportwoche.

Gehen Sie in die Videothek, und schauen Sie sich die Comicfilm- und Komödienangebote an. Studieren Sie das Kino- und Veranstaltungsprogramm – irgendwo gibt es sicher einen Clown, einen Kabarettisten, einen Schauspieler, der Sie zum Lachen bringen kann. Finden Sie ihn!

Gerade dann, wenn Ihnen das Lebensgefühl der optimistischen Heiterkeit und unbekümmerten Fröhlichkeit ganz fremd geworden ist, sollten Sie – so paradox das auch klingt – daran arbeiten, es für sich zurückzuerobern.

Um diese Schnupperveranstaltungen zu organisieren, bedarf es zum Teil eines erheblichen Aufwandes, falls sie überhaupt am Ort möglich oder mit Ihrer speziellen Lebenssituation vereinbar sind. Aber schon die innere Bereitschaft, sich mit diesem Thema aktiv auseinanderzusetzen, wird Ihnen wieder Kraft zufließen lassen, und Sie werden sicher einen guten Kompromiß für sich finden, der sich auch in Ihrer persönlichen Lage realisieren läßt.

Was erreiche ich durch

Gymnastik?	Beweglichkeit Kraft Körpergefühl
Yoga, Tai Chi?	Mentales Training Körpergefühl Beweglichkeit Kraft
dynamische Tätigkeiten mit mittlerem, gleichmäßigem Kraftaufwand (zum Beispiel Joggen, Gehen, Schwimmen, Radfahren, Tanzen, Reiten, Rudern)?	Herz-Kreislauf-Training Dauerkraftleistung
Fitneßstudio?	Maximale Kraftleistung Ausdauerkraft
dynamische Tätigkeiten mit wechselndem Kraftaufwand (zum Beispiel Tennis, Fußball, Squash und andere Sportspiele)?	Ausdauerkraft Reaktionsschnelligkeit

2. Arbeit und Beruf

 In Hollywoodfilmen gibt es sie häufig, diese coolen Kerle, denen selbst der grimmigste Streß nichts ausmacht, die aufreibende Aufgaben mit leichter Hand erledigen und sich dann gelassen ihren Frauen, Geliebten oder Kindern zuwenden. In der Wirklichkeit treffe ich solche Menschen selten.

Kein Wunder. Der Beruf ist heute für viele das, was für unsere Vorfahren die Wildnis war: der Bereich, in dem man jagt, sammelt, Beute macht und für das Überleben seiner Angehörigen sorgt, in dem man aber auch umgeben ist von tausend Gefahren, mächtigen Gegnern und knallharten Konkurrenten. Die Arena, in der man kämpfen und sich behaupten muß, Siege erleben kann, aber auch von Niederlagen bedroht ist. Eine Welt mächtiger physischer und psychischer Anstrengung und häufig extremer Anforderungen. Doch da sie so alltäglich sind, wird die Intensität, die dieser Lebensbereich fordert, selten wahrgenommen – oder nur in Ausnahmesituationen. Zum Beispiel im Urlaub, wenn man anfangs herumläuft «wie aufgezogen» und es partout nicht gelingen will, vom Anspannungspegel herunter- und zur Ruhe zu kommen. Weil die Belastungen des beruflichen Alltags nicht richtig bewußt werden, begreift man dann schon gar nicht ihre Vernetzung mit anderen Lebensbereichen. Man steht plötzlich vor einem Haufen Probleme, versteht aber ihren Zusammenhang nicht und ist deswegen ratlos, wo man ansetzen soll, um sie zu lösen.

Ein klassisches Beispiel dafür war Susanne, die mir eines Tages in einem Café an der Alster gegenübersaß. Wir hatten uns vor langer Zeit beim Abendessen im Haus gemeinsamer Freunde kennengelernt, und ich hatte einige Mühe, meine Erinnerungen zu sortieren, als sie mich anrief und um ein Gespräch bat. Sie hatte es unbedingt vermeiden wollen, in die Klinik zu kommen.

SUSANNE oder:
Wenn der Bogen überspannt wird

 Das erste, was mir an Susanne auffiel, war der Duft, der sie umgab. Ein solches Parfum hatte ich schon lange nicht mehr gerochen. Veilchen gaben in diesem altmodischen Duft den Ton an; er wirkte wie ein Ausdruck der Sehnsucht nach einer blühenden Sommerwiese.

Dann wurde ich auf eine bestimmte Bewegung ihres Kinns aufmerksam. Unvermittelt schob sie es mit zusammengepreßten Lippen nach vorn, so daß sich ihr Hals einen Moment lang streckte und anspannte. Es war nur eine kurze, kaum merkliche Bewegung, aber sie sah aus wie das körperliche Ventil einer inneren Anspannung.

Susanne machte diese Bewegung und sagte: «Danke, daß wir uns hier treffen. Ich wollte nicht in die Klinik kommen, ich bin nämlich nicht verrückt.»

«Ich weiß», sagte ich.

Schweigend rührten wir in unseren Teetassen und betrachteten die grauen Wolken, die sich über den Jungfernstieg wälzten.

«Es ist wegen meines Sohnes. Des älteren. Er ist jetzt dreizehn. Ich habe Angst, daß er mir entgleitet.» Sie trank einen Schluck Tee und schaute auf das Wasser. «Und manchmal habe ich Angst, daß ich mir selbst entgleite.» Dann fing sie an zu erzählen.

Ihr Leben, begann sie, sehe genau so aus, wie sie es sich gewünscht habe. Susanne war verheiratet, liebte ihren Mann, hatte zwei Söhne, beides Wunschkinder, und hatte es dennoch geschafft, berufstätig zu bleiben und ihre Eigenständigkeit zu bewahren. Die

Familie lebte in Norderstedt am Rande von Hamburg in einem
Einfamilienhaus mit Garten und Carport.

Bis vor anderthalb Jahren hatte Susanne dort die örtliche Filiale
einer großen Bank geleitet. Nach deren Schließung war sie in die
Hauptverwaltung der Bank in der Innenstadt versetzt und, wie sie
sagte, mit «sehr interessanten Aufgaben» betraut worden. Ihr Arbeitsweg hatte sich allerdings erheblich verlängert, und ihr Zeitbudget war knapper geworden, auch wegen einer Fortbildung, die
Susanne jetzt einmal pro Woche besuchen mußte.

Früher hatte sie an diesem Tag gleich nach Bankschluß ihre Söhne
vom Tennisunterricht abgeholt und war dann mit ihnen Eis essen
gegangen, ein kleines Ritual, das sie und die Kinder sehr geliebt
hatten. Beim Eis waren nämlich auch die Neuigkeiten aus Schule
und Freundeskreis zur Sprache gekommen, die Nöte und Erfolge
der Kinder, ihre Hoffnungen und Ängste.

Jetzt gingen sie, wenn die Tennisstunde vorüber war, allein nach
Hause. Susannes Mann konnte nicht als Ersatz für diesen Termin
einspringen. Er arbeitete auf der anderen Seite der Elbe bei Airbus,
hatte lange Arbeitswege und oft bis in die Nacht zu tun. Dafür –
die Geschäfte der Firma gingen gut – gab es Sonderzulagen, die die
Familie dringend brauchte. Das Haus war nicht abbezahlt, und die
Söhne besuchten eine teure Privatschule. Gute Ausbildung, darin
war sich Susanne mit ihrem Mann einig, ist das Wichtigste, was
man seinen Kindern mit auf den Lebensweg geben kann.

Deswegen war Susanne besonders schockiert, als der Dreizehn-
jährige plötzlich in der Schule zu versagen begann. Er bereitete
sich nicht vor, erhielt schlechte Noten und war patzig zu seinen
Lehrern. Als die Mutter ihn zur Rede stellte, begann er zu weinen
und wurde dann wütend. Susanne standen Tränen in den Augen,
als sie mir von seiner Reaktion erzählte. «Du interessierst dich
doch gar nicht für uns», hatte er gebrüllt. «Was willst du denn
überhaupt von mir?» Sie hatte versucht, ihn zu beruhigen und zu
trösten, aber es war ihr nicht gelungen.

Seit diesem Vorfall litt Susanne unter Schlafstörungen. Sie entwickelte eine diffuse Angst davor, der älteste Sohn könnte weglaufen oder irgendeine Dummheit machen; sie horchte ständig nach ihm und kam aus der inneren Anspannung gar nicht mehr heraus. Todmüde fiel sie abends ins Bett, aber häufig schreckte sie schon ein paar Stunden später wieder hoch und wälzte sich dann schlaflos hin und her.

Neben dem Sohn machte ihr auch der Zustand ihrer Mutter zu schaffen. Die lebte in Glückstadt, siebzig Kilometer nördlich von Hamburg, und war dort kürzlich in ein Pflegeheim gekommen. Einen Abend pro Woche fuhr Susanne zu ihr und kehrte jedesmal mit Schuldgefühlen von der gebrechlichen alten Frau, die sich an ihre einzige Tochter klammerte, zurück.

Susanne war zweiundvierzig, Fahrerin eines kleinen BMW, eine attraktive, energische, dynamische Frau, die es gewohnt war, Probleme selbständig anzupacken, die ihre eigene Karriere gemacht und ihrem Mann gegenüber niemals eine Versorgungsmentalität entwickelt hatte. Auch jetzt ließ sie ihn mit ihren Problemen in Ruhe. Er stand wegen enger Terminarbeiten gerade unter besonderem Druck, und den wollte sie nicht noch erhöhen.

Als praktisch orientierte Frau ging sie zu ihrem Hausarzt und ließ sich ein «mildes» Durchschlafmittel verschreiben. Hinsichtlich ihres dreizehnjährigen Sohnes beruhigte sie der Arzt: Das sei die Pubertät, völlig normal, das gebe sich.

Doch mit dem Instinkt der Mutter glaubte sie zu spüren, wie ihr der Sohn weiter entglitt. Zwar hatte sie sein Leistungsproblem in der Schule dank straffer Kontrolle wieder im Griff, aber die Fremdheit zwischen ihnen wuchs. Lag es an ihm – oder an ihr? Deswegen wollte sie mich sprechen.

Ich fragte sie, warum sie sich nicht mit ihrem Mann darüber beraten habe. Der kenne sie beide schließlich besser als ich.

Nach einigem Zögern sagte sie, sie habe versucht, mit ihm darüber zu reden, gerade jetzt. Aber er habe nur abgewehrt und abgewiegelt und sei fern und unerreichbar für sie gewesen. Dann brach es aus ihr heraus: Sie hatte sich plötzlich gefragt, wann sie sich zum letztenmal wirklich nahe gewesen waren, und konnte die Frage nicht beantworten. Alles in ihrer Ehe hatte sich in Richtung Funktionieren und Funktionsteilung entwickelt. Lag es wirklich nur am Job, am Streß? Wann hatten sie sich das letzte Mal hingebungsvoll in den Armen gelegen? Wann wenigstens gegen eine frostige Winternacht und die Kälte des Lebens gemeinsam unter einer Decke gekuschelt? Lebte ihr Mann überhaupt noch ein gemeinsames Leben mit ihr – über die Abzahlungsverpflichtungen hinaus? Oder hatte sie ihn schon verloren, so wie sie jetzt im Begriff war, ihren Sohn zu verlieren?

Ich hatte das bestimmte Gefühl, daß ich der erste Mensch war, mit dem sie über diese Probleme sprach, und wunderte mich. Jede Frau hat eine Freundin, mit der sie solche Fragen bespricht. Sie hatte keine. Die alten Freundschaftsbeziehungen hatte sie in den letzten Jahren aus Zeitmangel so vernachlässigt, daß es ihr jetzt, da sie in Not war, peinlich vorkam, eine von ihnen zu reaktivieren. Ich fragte sie nach ihrem körperlichen Empfinden, und es ergab sich das Bild einer erschöpften Frau. Zwar wachte Susanne dank des Schlafmittels jetzt nicht mehr vorzeitig auf, aber sie war auch nicht wirklich erholt, wenn sie morgens aufstand. Alles fiel ihr schwer: der Job; die Morgenstunden, bis die Kinder in der Schule waren; die Fortbildung; die Besuche bei der Mutter; die Wochenenden mit Supereinkäufen, Hausputz, großer Wäsche und Gartenarbeit. Häufig hatte sie Kopfschmerzen, Rückenverspannungen und das Gefühl, sie würde am liebsten in ein Krankenhausbett fallen.

Es war Januar. Die Dämmerung kam schnell, und die Lichter der City spiegelten sich glitzernd im stillen Wasser der Alster. Susanne sah auf ihre Uhr und wurde unruhig.

Ich fragte sie, ob ihr eigentlich klar sei, daß jede Stunde mit hoher emotionaler Anspannung nach mindestens einer halben Stunde

Leerlauf verlange, um die heruntergefahrenen Batterien wieder aufzuladen, und ob es diese vielen halben Stunden in ihrem Leben gebe. Sie antwortete mit einem bestechenden Vortrag über Unverzichtbarkeiten: die Schule, die beiden Autos, die langen Arbeitswege, die Fortbildung – alles unverzichtbar. Nur blieb keine Zeit übrig für das «Verzichtbare»: für Kinder, Ehe, ein neues Buch, Sport und für sie selbst.

Ich konnte ihr immerhin klarmachen, daß die Probleme, die sie hatte, nicht beiläufig bei einer Tasse Tee zu lösen waren. Sie war dann sogar bereit, zum nächsten Gespräch in die Klinik zu kommen.

Ich ließ sie zunächst den Persönlichkeitstest machen. Als sie die Ergebnisse sah, staunte sie. Daß ihr Erfolgswille stark ausgeprägt war, hatte sie erwartet. Auch daß sie ein großes Harmoniebedürfnis hatte, wunderte sie nicht. Man konnte es ja gewissermaßen riechen – an ihrem altmodischen Veilchenparfum.

Überraschend aber war für sie, daß sich ihre Kontaktfreude als sehr schwach entwickelt erwies.

«Bedeutet das, ich kann keinen Kontakt zu anderen Menschen finden?» fragte sie leicht empört. «Natürlich finden Sie», erklärte ich ihr. «Aber es fällt Ihnen schwerer als anderen. Es strengt Sie an.» Sie dachte nach. Dann erzählte sie, daß sie es früher als Filialleiterin immer mit denselben Mitarbeitern zu tun gehabt hatte. Jetzt, in der Zentrale der Bank, hatte sie sich um immer neue wichtige Kunden zu kümmern – und auf dem Kontakt, den sie zu ihnen knüpfen mußte, lag hoher Erwartungsdruck. Ohne daß sie sich dessen bewußt war, hatte sich allein dadurch der Streßfaktor ihres Berufes erheblich erhöht.

Susanne ging es wie den meisten Menschen in ihrer Lage: Sie hatte das deutliche Gefühl, überlastet zu sein und in dieser dumpfen Niedergeschlagenheit, die ihren Alltag wie Mehltau überzog, nicht mehr lange durchhalten zu können. Doch worin die Belastungen eigentlich bestanden und woher sie kamen, war für sie undurchschaubar. Deswegen fühlte sie sich hilflos und wußte nicht, wo sie ansetzen sollte, um ihr Leben zu verändern.

Ich erläuterte Susanne das Balancemodell der vier Lebensbereiche und fragte, in welchem sie sich gegenwärtig am stärksten belastet fühle.

Trotz der Schwierigkeiten mit ihrem ältesten Sohn sagte sie spontan: «Im Beruf.» Dann fügte sie sofort trotzig hinzu: «Aber er macht mir auch Spaß.»

«Okay», sagte ich, «Sie sind Bankerin. Was macht ein guter Banker, bevor er eine Strategie entwickelt? Eine Analyse. Das machen wir jetzt auch.»

Ich händigte Susanne einen von mir entwickelten zweiteiligen Fragebogen aus, der ihr als Anleitung für eine Selbstbeobachtung dienen sollte, und sagte: «In einer Woche sehen wir uns wieder.»

Als wir uns das nächste Mal gegenübersaßen, genügte ein Blick auf die Fragebögen, um zu erkennen, daß Susannes berufliches Leben erheblich aus der Balance zwischen Befriedigung und Belastung geraten war. Auch ihr selbst war das klargeworden. Es lag nicht nur am längeren Arbeitsweg und dem höheren Erwartungsdruck seitens des Vorgesetzten, sondern vor allem an der Art der Arbeit: dem Umgang mit immer neuen Menschen, die sie gewinnen und für sich und die Bank einnehmen mußte. Es zeigte sich ganz deutlich, daß die Tage mit hoher Kundenfrequenz extrem strapaziös für Susanne waren.

Dennoch wollte sie darüber mit ihrem Chef nicht sprechen, und schon gar nicht wollte sie sich um eine andere Position in der Bank bemühen. Sie wollte die Aufgabe, die ihr gestellt war, bewältigen und vor der Herausforderung nicht kneifen. Gleichzeitig wünschte sie sich dringend, sich in ihrem Job wohler zu fühlen und den beruflichen Alltag nicht mehr wie eine Zentnerlast zu empfinden.

«Dann kommen wir zur Strategie», sagte ich und erklärte Susanne die vier Möglichkeiten, den beruflichen Lebensbereich befriedigender zu gestalten: Man kann seine Arbeitsstrukturen ändern, man kann seine kognitiven Einstellungen zu Belastungen ändern, man kann sein soziales Umfeld am Arbeitsplatz verbessern, man kann Streß vermeiden.

Susanne war ein schwieriger Fall. Mit den Arbeitsstrukturen war sie im wesentlichen einverstanden. Sie fühlte sich nicht schlecht bezahlt und weder unter- noch überfordert. Mit Kollegen und Vorgesetzten kam sie gut zurecht. Die Belastungen Susannes ergaben sich zum einen aus den objektiven Gegebenheiten ihrer Arbeit und ihres Arbeitsplatzes, den langen Wegen, der intensiven Anspannung in den Kundengesprächen, zum anderen aber auch aus ihrer eigenen Persönlichkeitsstruktur und ihrer Einstellung zu den Aufgaben, die sie zu bewältigen hatte.

Wir gingen die Möglichkeiten durch, daran etwas zu ändern, und ich empfahl Susanne für die nächste Woche ein paar Versuche. Sie sollte häufiger kleine Pausen einlegen, kurze Spaziergänge machen und sich so selbst zu innerer Distanz und größerer Gelassenheit verhelfen; sie sollte ihren Schreibtisch organisieren, um zu verhindern, daß er sie mit einem Gebirge unerledigter Arbeit bedrängte; und sie sollte ihre Arbeitstage so gestalten, daß sie sich auf bestimmte Punkte freuen konnte, die ihr Spaß machten und ihr Gelegenheit gaben, ihre Fähigkeiten zu demonstrieren und zu genießen.

Susanne probierte diese Rezepte aus und stellte fest, daß ihr einige davon guttaten. Aber das genügte ihr nicht.

Als sie mir von ihren Erfahrungen berichtete, fiel mir die Begeisterung auf, mit der sie erzählte. Ich fragte sie, ob es außer mir irgend jemanden gebe, mit dem sie ihre Probleme und Erfahrungen besprechen könne. Sie schüttelte den Kopf. «Was ist mit Ihrem Mann?» fragte ich. «Der kommt sehr spät nach Hause und ist dann fix und fertig», antwortete sie. «Er muß sich einen Abend freinehmen», sagte ich. «Mindestens einen Abend pro Woche.»

Susanne bat ihn darum – und es funktionierte. An ihrem ersten freien Abend sorgte sie für Kinderbetreuung, machte mit ihrem

Mann einen langen Spaziergang und lud ihn dann in ein Restaurant ein, mit dem sie beide viele Erinnerungen verbanden, weil sie dort, bevor sie die Kinder bekommen hatten, häufig Gäste gewesen waren. Dort erzählte sie ihm alles, was ihr auf der Seele lag.

Der Mann war Techniker und hatte die Neigung, Probleme pragmatisch anzugehen. Da er, ganz anders als Susanne, gern mit Menschen plauderte, war er mit der Frau eines Nachbarn ins Gespräch gekommen, und jetzt fiel ihm ein, daß diese in der Nähe von Susannes Bank arbeitete.

Er organisierte ein Treffen, und es ergab sich die Möglichkeit einer Fahrgemeinschaft, die Susanne nach kurzen Anlaufschwierigkeiten sehr genoß. Der Streß der Arbeitswege halbierte sich, Susanne kam morgens an ihrem Arbeitsplatz und nachmittags zu Hause entspannter an und konnte ihren Arbeitstag – auch dank der Kniffe, die sie von mir gelernt hatte – besser bewältigen. Außerdem freundete sie sich mit der Nachbarin rasch an und fand in ihr auf den gemeinsamen Autofahrten eine anteilnehmende Zuhörerin für viele Probleme. Auch das half ihr, mit dem Berufsstreß besser fertig zu werden.

Dann überredete die Nachbarin sie, zu einem Frauensaunaabend mitzukommen, den sie regelmäßig besuchte. Susanne spürte, wie gut ihr dieser Abend tat und wie sehr sie ihren Körper in den letzten Jahren vernachlässigt hatte. «Es war, als ob in der Sauna ein Eispanzer von mir abschmilzt», erzählte sie mir.

Ihr verbessertes Körpergefühl und der gemeinsame Abend, den sie und ihr Mann jetzt einmal pro Woche verbrachten, führten zu einer Renaissance ihrer Partnerschaft. Sie sprachen jetzt wieder miteinander über alles, was sie freute und bedrückte. Susanne war nicht mehr allein mit ihren Gefühlen. Sie redeten auch über die Kinder und die Schwierigkeiten des ältesten Sohnes und beschlossen, ein Experiment durchzuführen. Künftig nahm Susanne zu den Pflichtbesuchen bei ihrer Mutter abwechselnd eines der Kinder mit, das dafür das Restaurant auswählen durfte, wo es hinterher mit seiner Mutter essen ging. Es wurde ein voller Erfolg. Die Großmutter freute sich über den Enkel, für Susanne war der Besuch bei ihr weniger belastend, und die Söhne genossen das exklusive Zusammensein mit ihrer Mutter und erzählten dabei viel von dem, was sie beschäftigte. Allmählich schwand Susannes unbestimmte Angst vor dem Verlust der Kinder, und schließlich verließ sie auch das Gefühl, sie könne sich selber verlorengehen.

Vier Monate nach unserem ersten Gespräch saß ich ihr wieder in dem Café an der Alster gegenüber. Das Wasser strahlte blau in der hellen Frühlingssonne. Susannes Wochenplan war voller als bei unserer ersten Begegnung, aber er enthielt jetzt auch Termine wie den gemeinsamen Abend mit ihrem Mann und die Frauensauna, die ihr Spaß machte und Energie gab. Der Dominoeffekt, der vom gewachsenen Druck in ihrer Arbeit ausgegangen war und dann schleichend einen Lebensbereich nach dem anderen in Mitleidenschaft gezogen und sie krank gemacht hatte, war gestoppt und in einen Gesundungsprozeß umgewandelt worden. Ohne daß sich an diesem beruflichen Druck etwas Wesentliches geändert hatte, wurde Susanne jetzt viel besser mit ihm fertig. Ihre Erschöpfung war weg, ihre Niedergeschlagenheit abgeklungen, ihr Schlafmittel hatte sie abgesetzt.

Was tun?

Belastungen, die man reduzieren kann, sollte man reduzieren. Sind die Streßfaktoren in Ihrem beruflichen Bereich alle unvermeidbar? Auch Susanne konnte einige ihrer Belastungen abbauen. Bei der systematischen Beschäftigung mit ihnen hatte sie aber vor allem deren Hierarchie erkannt und die Möglichkeiten für erste Veränderungen begriffen, und darauf kommt es an, denn das ist der entscheidende Schritt aus der Hilflosigkeit. Dazu kann der erste Teil des Fragebogens, den Susanne nach unserem zweiten Treffen ausgefüllt hat, wichtige Einsichten vermitteln (Seite 149).

Die globale Einschätzung Ihrer Arbeitssituation ist das eine, doch die berufliche Realität sieht manchmal ganz anders aus. Prüfen Sie diese in der folgenden Woche einmal ganz konkret anhand des zweiten Teils des Fragebogens (Seite 150 f.).

Schauen Sie sich am Ende der Woche an, wie sich Ihre Bewertungen verteilen. Waren alle Tage gleich? Gab es Tage, die besonders belastend oder befriedigend waren? Was war an diesen Tagen los? Gibt es eine Dauerbelastung, die sich über alle Tage erstreckt? Woraus ziehen Sie die stärkste Befriedigung?

Und: Stimmt die Selbsteinschätzung Ihrer Arbeitssituation, zu der Sie vorab gekommen sind, mit der konkreten Wochenbeobachtung überein? Wenn nein, was haben Sie falsch eingeschätzt, und woran könnte das liegen?

 **FRAGEBOGEN ZUR
ARBEITSSITUATION**

Wie beurteilen Sie Ihre Lage? Bitte beantworten Sie die folgenden
Fragen mit einer Bewertung wie bei Schulnoten – sehr gut, gut, befriedigend, ausreichend, mangelhaft, ungenügend –, und kreuzen
Sie die jeweilige Punktzahl, 1 bis 3 mit einem grünen, 4 bis 6 mit
einem roten Stift, in der rechten Spalte an.

Das Verhältnis zu meinem Vorgesetzten ist ...	1	2	3	4	5	6
Das Verhältnis zu meinen Kollegen ist ...	1	2	3	4	5	6
Meine Möglichkeit, eigenständige Entscheidungen zu treffen, ist ...	1	2	3	4	5	6
Das Verständnis, das mein Vorgesetzter privaten Problemen entgegenbringt, ist ...	1	2	3	4	5	6
Das Verhältnis zwischen meinen Leistungen und meiner Bezahlung ist ...	1	2	3	4	5	6
Meine Motivation, die mir gestellten Aufgaben zu lösen, ist ...	1	2	3	4	5	6
Die Nachvollziehbarkeit meiner Aufgabe ist ...	1	2	3	4	5	6
Die Möglichkeit, stressigem Konkurrenzdruck auszuweichen, ist ...	1	2	3	4	5	6
Die Anerkennung, die ich von Kunden oder Auftraggebern erhalte, ist ...	1	2	3	4	5	6
Die Möglichkeit, Streß und Überforderung am Arbeitsplatz zu vermeiden, ist ...	1	2	3	4	5	6
Die Möglichkeit, bei meiner Arbeit Hektik und großen Zeitdruck zu vermeiden, ist ...	1	2	3	4	5	6
Das Ausmaß an Selbstwertgefühl, das mir mein Job gibt, ist ...	1	2	3	4	5	6

Bitte überprüfen Sie jetzt, wie viele Kreuze Sie mit Rot und wie
viele Sie mit Grün gemacht haben. Überwiegt Rot oder Grün, oder
ist das Verhältnis ausgeglichen?

WOCHENCHECK
ARBEITSSITUATION

Bewertung: Kreuzen Sie die entsprechende Zahl an,
1 bis 3 mit grünem, 4 bis 6 mit rotem Stift.

	Mo	Di	Mi	Do	Fr	Sa	So
Meine Laune auf dem Arbeitsweg heute morgen war ...	1 2 3 4 5 6	1 2 3 4 5 6	1 2 3 4 5 6	1 2 3 4 5 6	1 2 3 4 5 6	1 2 3 4 5 6	1 2 3 4 5 6
Die Gespräche, die ich heute morgen mit meinen Kollegen geführt habe, waren ...	1 2 3 4 5 6	1 2 3 4 5 6	1 2 3 4 5 6	1 2 3 4 5 6	1 2 3 4 5 6	1 2 3 4 5 6	1 2 3 4 5 6
Der Kontakt zu meinem Vorgesetzten war heute ...	1 2 3 4 5 6	1 2 3 4 5 6	1 2 3 4 5 6	1 2 3 4 5 6	1 2 3 4 5 6	1 2 3 4 5 6	1 2 3 4 5 6
Die Freude an meinen Aufgaben war heute ...	1 2 3 4 5 6	1 2 3 4 5 6	1 2 3 4 5 6	1 2 3 4 5 6	1 2 3 4 5 6	1 2 3 4 5 6	1 2 3 4 5 6
Meine Möglichkeit, Streß zu vermeiden, war heute ...	1 2 3 4 5 6	1 2 3 4 5 6	1 2 3 4 5 6	1 2 3 4 5 6	1 2 3 4 5 6	1 2 3 4 5 6	1 2 3 4 5 6
Die Nachvollziehbarkeit meiner Aufgaben war heute ...	1 2 3 4 5 6	1 2 3 4 5 6	1 2 3 4 5 6	1 2 3 4 5 6	1 2 3 4 5 6	1 2 3 4 5 6	1 2 3 4 5 6

	Mo	Di	Mi	Do	Fr	Sa	So
Die Möglichkeit, stressigem Konkurrenzdruck auszuweichen, war heute ...	1 2 3 4 5 6	1 2 3 4 5 6	1 2 3 4 5 6	1 2 3 4 5 6	1 2 3 4 5 6	1 2 3 4 5 6	1 2 3 4 5 6
Die Anerkennung, die ich von Kunden oder Auftraggebern erhalten habe, war heute ...	1 2 3 4 5 6	1 2 3 4 5 6	1 2 3 4 5 6	1 2 3 4 5 6	1 2 3 4 5 6	1 2 3 4 5 6	1 2 3 4 5 6
Die Möglichkeit, meine Aufgaben in Ruhe zu erledigen, war heute ...	1 2 3 4 5 6	1 2 3 4 5 6	1 2 3 4 5 6	1 2 3 4 5 6	1 2 3 4 5 6	1 2 3 4 5 6	1 2 3 4 5 6
Meine Zufriedenheit auf dem Heimweg von der Arbeit war heute ...	1 2 3 4 5 6	1 2 3 4 5 6	1 2 3 4 5 6	1 2 3 4 5 6	1 2 3 4 5 6	1 2 3 4 5 6	1 2 3 4 5 6

Kurprogramm Arbeit

Es gibt vier Ansatzpunkte für Veränderungen in Ihrem Arbeitsbereich: die Arbeitsstrukturen, Ihre eigenen Einstellungen, Ihr soziales Umfeld am Arbeitsplatz und die Vermeidung von Streß.

Arbeitsstrukturen

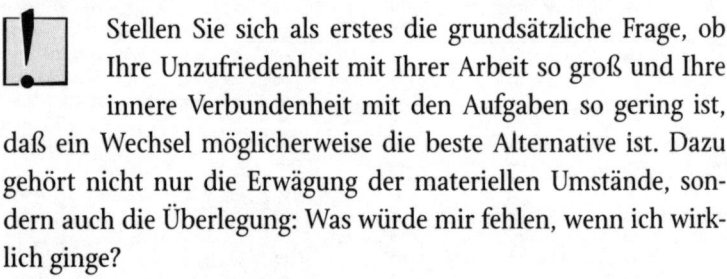 Stellen Sie sich als erstes die grundsätzliche Frage, ob Ihre Unzufriedenheit mit Ihrer Arbeit so groß und Ihre innere Verbundenheit mit den Aufgaben so gering ist, daß ein Wechsel möglicherweise die beste Alternative ist. Dazu gehört nicht nur die Erwägung der materiellen Umstände, sondern auch die Überlegung: Was würde mir fehlen, wenn ich wirklich ginge?

Die häufigsten Gründe für strukturell begründete Unzufriedenheit am Arbeitsplatz sind:
+ das Gefühl, einer falschen Arbeitsorganisation unterworfen zu sein,
+ das Gefühl, von der Arbeit ständig überfordert zu werden,
+ das Gefühl, von den Aufgaben unterfordert zu sein oder zuwenig Entscheidungsspielraum zu haben,
+ das Gefühl, unterbezahlt zu sein.

Prüfen Sie anhand Ihrer Wochenbeobachtung, ob eines dieser Gefühle für Sie zutrifft und welchen Störfaktor dies für Ihr gesamtes Leben und Wohlbefinden bedeutet. Ist dieser erheblich, sollten Sie überlegen, ob Sie ihn beseitigen können.
+ Machen Sie sich ein Konzept.
+ Bereiten Sie sich auf das Gespräch mit Ihrem Vorgesetzten vor.

◆ Sammeln Sie inhaltliche Gründe für Ihre Unzufriedenheit, denken Sie über die Veränderungsvorschläge nach, die Sie ihm unterbreiten wollen.

◆ Üben Sie dieses Gespräch mit einer vertrauten Person.

Wie können Sie Ihre Einstellung zur Belastung am Arbeitsplatz ändern?

Wenn sich an den strukturellen und materiellen Bedingungen Ihres Arbeitsplatzes nichts ändern läßt, dann können Sie Ihre innere Einstellung überprüfen. Der Grad des Leidens an einer bestimmten Situation ist auch davon abhängig, inwieweit man sie an sich heranläßt und welche Kompensationsmöglichkeiten bestehen.

Ihre Arbeit ist für Sie vielleicht sehr wichtig, aber sie ist nicht Ihr Leben. Es gibt andere Bereiche, die von mindestens ebenso großer Bedeutung sind. Sie gilt es wiederzuentdecken.

In dem Moment, in dem Belastungen in einem Bereich sehr stark werden, bekommt dieser ein negatives Übergewicht. Es ist nun an der Zeit, eine gesunde Gegensteuerung einzuleiten. Die Stärke und neue Energie gebenden Erfahrungen in den anderen Lebensbereichen müssen wieder aktiviert werden.

Es kann auch helfen, wenn Sie Ihre eigene Berufschronik aufschreiben. Notieren Sie alle Jobs, die Sie jemals gemacht haben. Fügen Sie stichwortartig die jeweiligen Vor- und Nachteile hinzu. Vielleicht erscheinen Ihnen dann die Belastungen Ihrer derzeitigen Arbeit in neuem Licht.

Suchen Sie sich jemanden, zum Beispiel eine Freundin, einen Nachbarn oder Sportkollegen, mit einem völlig anderen Job, und befragen Sie ihn detailliert nach seinem Beruf, seiner Arbeitszeit, der Bezahlung, seinen Belastungen etc. Vergleichen Sie seine/ihre Schilderungen mit Ihren eigenen Arbeitsbedingungen.

Wenn Sie die Möglichkeit dazu haben, schaffen Sie sich inneren Abstand, indem Sie Ihre Gedanken ablenken:

Stellen Sie ein Bild des Partners, der Familie, vom nächsten Urlaubsort oder ein anderes Foto, das Ihnen Kraft gibt, am Arbeitsplatz auf.

Wenn Sie ein Büro haben, bringen Sie frische Blumen oder eine Topfpflanze mit.

Ihre Firma ist kein monolithischer Block. Auch wenn Sie morgens das Gefühl haben, mit zusammengebissenen Zähnen in eine Atmosphäre von Streß oder Mobbing einzutreten, wird es auch andere Mitarbeiter geben, die ähnlich empfinden wie Sie. Suchen Sie sie, sprechen Sie sie an, schaffen Sie sich Solidaritätsinseln. Machen Sie mit ihnen gemeinsame Kaffeepausen, gehen Sie mit ihnen zum Mittagessen, verabreden Sie sich zu Gesprächen nach der Arbeit.

Es mag sich anfühlen, als laste Ihre Arbeit wie ein Zentnersack auf Ihnen, doch vielleicht gibt es in Ihrem Berufsalltag auch einige Personen und Tätigkeiten, die Ihnen ein wenig positive Rückmeldung gewähren, Aktivitäten, die Ihnen Spaß machen, die Ihnen Ihre Fähigkeiten deutlich werden lassen, Arbeitsabläufe, die Ihnen leicht von der Hand gehen. Inseln im dumpfen Trott, auf die Sie Ihre Aufmerksamkeit richten können.

(Beispiel Susanne: Wie ein Berg stehen jeden Morgen die Kundengespräche vor ihr. Aber nachmittags analysiert sie die Börsenentwicklung des Tages, eine Aufgabe, die ihr Spaß macht und die genau ihren Fähigkeiten entspricht. Die Konzentration darauf, die «Vorfreude», erleichtert ihr es, die stressigeren Arbeitsschritte zu überstehen.)

Leiden Sie unter Kritik? Fühlen Sie sich nicht ausreichend anerkannt?

Unterwerfen Sie sich nicht den negativen Urteilen anderer ohne eigene Gegenkontrolle.

Denken Sie immer an das, was ich – nur zum persönlichen Gebrauch – das Neumeier-Syndrom genannt habe. Neumeier war ein

Fernsehredakteur, für den ich in meiner Studentenzeit gelegentlich Beiträge verfaßt habe. Einmal erschien er im Schneideraum und stampfte den gerade fertiggestellten Film in Grund und Boden. Doch seine Kritik war so widersprüchlich, daß ich beschloß, gar nichts zu ändern. Nach zwei Tagen erschien Neumeier abermals, sah sich den unveränderten Beitrag an, strahlte und sagte: «Warum nicht gleich so?»

Im übrigen gilt: Ihr Chef ist nicht Ihr Vater. Er muß Sie nicht lieben. Ein neutrales Verhältnis ist normal.

Soziales Umfeld am Arbeitsplatz

Wenn Sie sich isoliert, geschnitten, gemobbt, einsam an Ihrem Arbeitsplatz fühlen, muß das nicht schicksalhaft ertragen werden. Sie können bestimmt etwas ändern, zum Beispiel

✦ indem Sie altgediente Kollegen ansprechen, nach deren Erfahrungen fragen und sie um Rat bitten;

✦ indem Sie mit neuen Kollegen Kontakt aufnehmen, ihnen Hilfe anbieten, Informationen über Besonderheiten der Firma geben, Tips für Restaurants, Einkaufsmöglichkeiten etc.;

✦ indem Sie Arbeitsabläufe und Aufgaben mit Kollegen offen diskutieren;

✦ indem Sie sich bewußt vornehmen, freundlich zu sein.

Streß am Arbeitsplatz

Negativer Streß entsteht vor allem dann, wenn die gestellten Aufgaben und die eigenen Fähigkeiten nicht zueinander passen, wenn man sich Anforderungen hilflos ausgeliefert fühlt. Deshalb leiden selbst Topmanager mit vierzehnstündigen Arbeitstagen selten unter Streß, solange sie Arbeitsabläufe und -einsätze unter Kontrolle haben. Hilflosigkeit und das Gefühl, den Überblick zu verlieren, erzeugen die größte Belastung.

Prüfen Sie, auf was und in welchem Maße Sie Einfluß nehmen können. Werden Sie aktiv, versuchen Sie aus der «Opferrolle» herauszukommen.

Wieder gilt: Lernen Sie zu unterscheiden, welchen Streß Ihre Arbeitssituation mit sich bringt und welchen Sie sich selber machen.

Prüfen Sie die Rahmenbedingungen:

+ Kommen Sie vielleicht schon gestreßt am Arbeitsplatz an, weil Sie sich durch den morgendlichen Berufsverkehr quälen? Gibt es Transportalternativen?
+ Läßt sich der Arbeitsplatz und vielleicht auch seine Umgebung angenehmer gestalten?
+ Haben Sie genug Pausen?
+ Sind Getränke und Essen im Tagesablauf leicht erreichbar?

Prüfen Sie anhand Ihrer Wochenbeobachtung, welche Faktoren Sie unter Streß setzen und ob diese sich reduzieren lassen.

+ Sind es bestimmte Situationen, Konferenzen, Arbeitsgespräche, Aufgabenverteilungen? Lassen sie sich vermeiden, oder können Sie sich besser darauf vorbereiten?
+ Müssen alle Aufgaben tatsächlich heute erledigt werden? Welchen Anteil am Streß hat Ihr Perfektionsdrang?
+ Können Sie sich vor Überlastung schützen? Können Sie überhaupt «nein» sagen?
+ Können Sie Abläufe planen, ohne daß Sie durch andere Anforderungen – Telefonate, Kollegen – plötzlich gestört und unterbrochen werden?

KURPLAN
BEREICH ARBEIT

	Vorschlag	Ihr persönliches Programm
Montag	Rahmenbedingungen verändern: Wählen Sie einen anderen Weg zum Arbeitsplatz.	
Dienstag	Rahmenbedingungen verändern: Gestalten Sie Ihren Arbeitsplatz «gemütlicher».	
Mittwoch	Effektiver arbeiten (morgens sind Sie leistungsfähiger): Verschieben Sie Aufgaben, die Nachdenken/Kreativität erfordern, auf den Vormittag, Routineaufgaben auf den Nachmittag.	

Die Kur

	Vorschlag	Ihr persönliches Programm
Donnerstag	Streß abbauen: Machen Sie sich einen Arbeitsablaufplan mit Pausen für Freitag.	
Freitag	Soziales Umfeld verbessern: Sprechen Sie eine neue Kollegin/einen neuen Kollegen an, und laden Sie sie/ihn zur Kaffeepause/ zum Mittagessen ein.	
Samstag	Überprüfen Sie mit dem Partner/mit Freunden die Vor- und Nachteile sowie Veränderungsmöglichkeiten in Ihrem Beruf.	
Sonntag	Überprüfen Sie im Gespräch mit dem Partner/mit Freunden Ihren Perfektionsdruck beziehungsweise Ihre innere Einstellung zu Ihrer Arbeit.	

Probieren Sie in der kommenden Woche das Kurprogramm auf Seite 157 f aus. In der linken Spalte stehen Anregungen, die Sie in Ihr persönliches Programm in der rechten Spalte übernehmen können, oder Sie setzen dort Ihre eigenen Ideen ein. Aber bitte starten Sie nicht in die Woche, ohne den Plan komplett ausgearbeitet zu haben.

Belastet kann der Lebensbereich Beruf und Arbeit auch – und gerade dann – sein, wenn man nicht unter Vorgesetzten zu leiden und jede Freiheit bei der Einteilung seiner Arbeit hat, weil man freiberuflich tätig oder selbständig ist. Viele erleben nämlich ihre scheinbare Freiheit als schlimme Abhängigkeit – von Kunden, von Auftraggebern, von den Terminen und Zahlungen anderer. Die Existenzangst ist häufig größer, die Planbarkeit von Arbeit, Freizeit und Urlaub oft geringer als die von Angestellten – und das Arbeitspensum nicht selten eine klare Überlastung.

Menschen in dieser Lage müssen sich besonders eindringlich befragen, ob das Verhältnis zwischen Befriedigung und Belastung in ihrer beruflichen Tätigkeit noch stimmt. An dieser Befragung sollten sie unbedingt den Partner oder einen anderen vertrauten Menschen beteiligen, der ihre Veränderungen in der Vergangenheit verfolgt hat und beurteilen kann. Gerade für Freiberufler und Selbständige ist die Gefahr groß, daß aus einem Treiber ein Getriebener wird.

Die dramatischste Belastung eines Lebensbereiches besteht natürlich darin, daß er vollständig wegbricht. Das kann in der Partnerschaft durch Tod oder Scheidung geschehen, im Berufsleben durch plötzliche Arbeitslosigkeit.

Bei einem meiner Patienten steigerten sich diese Belastungsgefühle, die durch seinen Sturz in die Arbeitslosigkeit verursacht waren, bis zu Suizidgedanken. Daran trägt auch die verbreitete Neigung Schuld, einen Arbeitslosen für sein Schicksal selbst verantwortlich zu machen und ihn dann als wertloses Mitglied der Gesellschaft zu betrachten.

Beides war im Fall von Werner vollkommen unangemessen. Zeitlebens war er ein pflichtbewußter, steuerehrlicher Bürger und zwanzig Jahre lang im gleichen Betrieb tätig gewesen, zuletzt als Prokurist. Daß er das alles von einem Tag auf den anderen nicht mehr sein durfte, lag nicht an ihm, sondern an seinem Chef, der die mittelständische Baufirma nach der Wiedervereinigung mit Spekulationen im Osten in die Pleite manövriert hatte. Dennoch ging es diesem Chef danach besser als Werner.

WERNER oder:
Der steinerne Gast

 Werner traf an dem Konkurs nicht die geringste Schuld, aber er fühlte sich schuldig. Beim Arbeitsamt sagten sie ihm, er sei mit achtundvierzig praktisch nicht mehr vermittelbar. Jetzt erhielt er Geld vom Staat und kam sich vor wie ein Schmarotzer. Wie einer, der nicht mehr dazugehörte. Die anderen standen morgens auf und fuhren zur Arbeit, er blieb sitzen. Die Firma war sein Kind gewesen, um alles hatte er sich gekümmert; jetzt fühlte er sich nutzlos, wertlos, überflüssig.

Seine Frau hielt zu ihm, verstand ihn, versuchte, ihn aufzumuntern und zu stützen. Er ließ sie aber kaum noch an sich heran.

Natürlich wurde das Geld knapper. Deswegen kehrte seine Frau halbtags in ihren alten Beruf als Arzthelferin zurück. Ein Schock für ihn, ein Fiasko für sein angeschlagenes Selbstwertgefühl. Seine Frau verdiente das Geld, er saß untätig herum. Er weinte manchmal.

Einmal bekam es seine Frau mit. Auch sie begann zu weinen. Sie versuchte, mit ihm zu sprechen – vergeblich. Er verstummte. Richtete Mauern um sich auf. Saß als steinerner Gast bei Tisch.

Seine Frau begann Beruhigungstabletten zu nehmen. Seine vierzehnjährige Tochter ließ sich zu Haus kaum noch blicken. Sie hatte ihren ersten Freund und verbrachte soviel Zeit wie möglich bei ihm und seinen Eltern.

Ihretwegen gab Werner schließlich dem Drängen seiner Frau nach und verabredete einen Termin mit mir. Er war in Gefahr, den Kontakt zu seiner Tochter komplett zu verlieren.

Doch auch bei mir schwieg er. Erst die Ergebnisse des Persönlichkeitstests machten ihn etwas zugänglicher. Werner war der Typus, der sich stark an bestehende Normen klammert, überaus gewissenhaft ist, dazu grüblerisch, sensibel, nicht besonders offen und phantasievoll. Als Prokurist war er eine Traumbesetzung, als Arbeitsloser eine Katastrophe. Es gab keine Normen mehr für ihn, und mit seiner freien Zeit konnte er nichts anfangen.

Kein Zweifel – Werner steckte in einer schwierigen Situation. Ein neuer Job für ihn war nicht in Sicht, und seine Persönlichkeit führte zu einem Verhalten, das es seiner wohlmeinenden Familie unmöglich machte, das riesige Leck auszugleichen, welches durch die Arbeitslosigkeit in sein Leben gerissen worden war.

Werner hörte aufmerksam zu, als ich ihm diese Zusammenhänge erklärte. Er schien sie zu begreifen. Das war gut, denn das Verstehen der eigenen Situation ist immer der erste Schritt zu ihrer Veränderung.

Der zweite Schritt mußte bei Werner darin bestehen, ihn aus seiner Erstarrung herauszuführen, seine Lebensbereiche wieder zu öffnen und seine Fähigkeiten zu neuer Produktivität zu regenerieren. Er verstand die Theorie. Praktisch aber fiel ihm nichts ein. Er blieb die Statue, in die er sich verwandelt hatte.

Ich beschloß, Gespräche mit seiner Frau und seiner Tochter zu führen. Dabei ergab sich eine Idee. Die Tochter und ihr Freund waren in einer kirchlichen Gruppe, die es sich zum Ziel gesetzt hatte, zwei Räume des Gemeindehauses zu einem Jugendtreffpunkt mit Discoausstattung umzubauen. Es gab die Absicht, aber noch keine konkreten Pläne, sie in die Tat umzusetzen. Ich fragte die Tochter, ob sie nicht ihren Vater bitten wolle, dieses Projekt für die Gruppe in die Hand zu nehmen. Sie zögerte, die Kommunikation zwischen ihr und Werner war praktisch zum Erliegen gekommen. Aber dann erklärte sie sich doch bereit, noch diesen einen Versuch zu wagen.

Auch Werner zögerte zunächst. Aber auf heftiges Drängen seiner Frau nahm er sich schließlich der Sache an. Er machte Pläne, stellte Bauanträge, besorgte Genehmigungen und Handwerker. Natürlich mußte er auch mit der Jugendgruppe sprechen, um zu erfahren, wie ihre Disco aussehen sollte. Auf diesem Umweg kam er wieder mit seiner eigenen Tochter ins Gespräch.

Der Elektriker, der die neuen Leitungen verlegte, gehörte zur Kirchengemeinde und war selber arbeitslos. Als Werner mit ihm sprach, konnte er dem Schicksalsgefährten zum erstenmal etwas von den Stimmungen, Gedanken und Gefühlen erzählen, die ihn die letzten Monate geplagt hatten. Vieles davon kannte der Elektriker, er hatte es genauso erlebt. Am Tag nach seinem Gespräch mit Werner rief mich dessen Frau an, um mir zu sagen, daß sie zum erstenmal wieder Hoffnung habe. Ihr Mann habe ihr ganz ausführlich von diesem Arbeitslosen erzählt – das erste Gespräch seit Monaten. Er habe ihr genau geschildert, wie es dem Mann gehe, was ihm widerfahren, mit welchen Schwierigkeiten, Ängsten und Gefühlen er konfrontiert sei. Und jeder Satz, den er geäußert habe, sei ein Satz über sich selbst gewesen. «Ich glaube», sagte sie, «der Panzer schmilzt.»

Werner schaffte es. Er nahm den Kontakt zu seiner Tochter wieder auf, riß die Mauern ein, hinter die er sich vor seiner Frau zurückgezogen hatte, und konnte das Familienleben zum erstenmal seit langem so leben und genießen wie in den Zeiten, als er noch einen Beruf hatte. Einen Job fand Werner zwar nicht wieder. Aber er fand zurück ins Leben. Er hatte gelernt. Je weniger Lebensbereiche man hat, desto pfleglicher muß man mit ihnen umgehen.

! Wenn Sie in eine Lage wie die Werners geraten oder geraten sind, dann lassen Sie sich nicht von bleierner Apathie überwältigen. Versuchen Sie auf jeden Fall aktiv zu bleiben. Starren Sie auch nicht nur auf Ihren verlorenen Job. Fragen Sie sich, was Sie sonst noch alles können. Machen Sie eine genaue Inventur Ihrer Kompetenzen. Schreiben Sie als erstes Ihre beruflichen Qualifikationen auf:

✦ Ausbildung
✦ Berufserfahrung
✦ bisherige Aufgaben
✦ Erfolge
✦ Projekte
✦ Spezialkenntnisse

Notieren Sie dann Ihre außerberuflichen Fähigkeiten:

✦ Sprachkenntnisse
✦ Engagements im sozialen Bereich, vom Elternbeirat bis zur freiwilligen Feuerwehr
✦ Engagements im politischen oder gewerkschaftlichen Bereich
✦ handwerkliche Begabungen
✦ pädagogische Fähigkeiten
✦ technische Kompetenzen
✦ künstlerisch-musische Talente
✦ sportliches Können
✦ Hobbys

Schreiben Sie als drittes schließlich Ihre alten Träume, Visionen, Leidenschaften, Absichten auf, zum Beispiel:

✦ Flugschein machen
✦ die SPD aufmischen
✦ Japanisch lernen
✦ Goethes italienische Reise nachfahren

Gehen Sie dann Punkt für Punkt die ganze Liste durch, und prüfen Sie, welche Fähigkeiten sich beruflich einsetzen oder sonstwie anbieten oder verkaufen lassen und welche alten Träume Sie sich erfüllen können. Sie werden merken, daß schon diese Beschäftigung Sie von der Apathie befreit.

3. Familie und Partnerschaft

 Unter den Wünschen, nach denen die Deutschen alle Jahre wieder zu Silvester gefragt werden, hält stets die Sehnsucht nach guter Partnerschaft und einer glücklichen Familie eine Spitzenposition. Kein Wunder. Für die meisten Menschen sind Familie und Partnerschaft der wichtigste Bereich ihres Lebens. Es ist der Bereich, in dem man Geborgenheit findet, seine Sexualität auslebt und Liebe erfährt. Es ist der Bereich, der enorm viele Belastungen in anderen Lebensbereichen ausgleichen kann.

Allerdings stellt er auch ganz besondere Anforderungen. Viele Faktoren können dabei eine Rolle spielen, und häufig führen auch Schwierigkeiten zu Problemen in der Partnerschaft, die eigentlich gar keine Partnerschaftsprobleme sind, zum Beispiel beruflicher Streß oder finanzieller Druck.

Auch im familiären oder partnerschaftlichen Zusammenleben müssen sich Belastungen und Befriedigungen langfristig die Waage halten. Daß dies immer häufiger nicht gelingt, lehrt jeder Blick in die Scheidungsstatistik.

Natürlich gibt es oft gute Gründe für eine Trennung, aber bevor man sich die Frage «Gehen oder bleiben?» stellt, sollte man sich Klarheit darüber verschaffen, was man wirklich hinter sich lassen will: Den Partner? Oder Mißstimmungen, Probleme und Plagen, für deren Ursache man ihn hält?

Immer wieder erlebe ich Menschen, deren Partnerschaft in einer schweren Krise steckt, obwohl ihre Substanz unbeschädigt erscheint. Weder sind sie in schwere Konflikte geraten, noch haben sie eine neue Beziehung. Es ist nur so, als sei ihnen hinterrücks die Idee ihrer Partnerschaft abhanden gekommen. «Warum sind wir zusammen?» Beide können es nicht mehr sagen. Sie stecken mittendrin in etwas, das ihnen wie ein unaufhaltsamer Erosionsprozeß vorkommt. Aber dieser Eindruck ist falsch. Man kann einen solchen Prozeß aufhalten und umkehren. Nicht immer, aber meistens. Oft genügt schon eine gewissenhafte Inventur. Rühren die Probleme wirklich von der Partnerschaft her – oder entstehen sie außerhalb der Partnerschaft und infizieren sie?

Manchmal reicht nämlich schon materieller Dauerdruck, um ein Paar oder eine Familie zu zermürben, insbesondere dann, wenn Kinder unvermeidliche Kosten verursachen, von denen die Eltern nicht wissen, wie sie sie bezahlen sollen. Aber auch bei bester materieller Ausstattung kann der Außendruck auf eine Partnerschaft so groß werden, daß sie daran zu zerbrechen droht – wie ich es bei meinen Freunden Kathrin und Johannes erlebt habe.

KATHRIN und JOHANNES oder:
Die Kunst des Mißverstehens

 Johannes war ein Studienfreund von mir, den sein Berufsleben aus der Bahn getragen hatte. Zum Glück für ihn steil nach oben. Statt sich in einer Erziehungsberatungsstelle oder einer psychologischen Praxis für bescheidene Honorare mit seelischen Alltagsproblemen herumzuschlagen, hatte er den Weg in die Unternehmensberatung gefunden. Wenn es bei einer großen Firma knirschte, weil die Entwicklungsabteilung nicht verstand, was die Marketingabteilung wollte, oder wenn nach der Übernahme einer Firma durch eine andere die beiden Belegschaften nicht zur Kooperation zu bewegen waren, dann wurde Johannes gerufen. Er studierte und analysierte die Probleme und löste sie dann mit den Betroffenen in zwei- oder dreitägigen Crash-Kursen. Ein paar spektakuläre Erfolge hatten sich herumgesprochen und seine Karriere rasch befördert. Er steckte in einer Erfolgsspirale, aus der er nicht mehr aussteigen konnte und wollte.

Seine Frau Kathrin kannte er schon seit unseren gemeinsamen Studientagen. Damals waren wir oft zu dritt über einen großen Topf selbstgekochter Spaghetti hergefallen und hatten uns halbe Nächte lang die Welt erklärt. Jetzt sah ich Johannes nur noch selten.

Er arbeitete sechzig bis achtzig Stunden pro Woche und saß öfter im Flugzeug als zu Hause vor dem Fernseher. Darunter litt er allerdings überhaupt nicht. Er war ein Mensch, der seine Arbeit liebte und den Erfolg genoß.

Das einzige, was er vermißte, war Zeit für seine Kinder. Er vergötterte die dreijährige Inga und den fünfjährigen David und überhäufte sie mit Spielzeug. In seiner knappen Zeit beschäftigte er sich hingebungsvoll mit ihnen und verzichtete für sie sogar auf seine geliebten alten Hobbys. Das Motorrad verstaubte in der Garage, die Tennisschläger blieben in der Tasche. Aber im großen und ganzen war Johannes mit seinem Leben zufrieden. Die Kinder liebten ihn, das Haus war schön, und sie hatten eine idyllische Datscha im Grünen, die sie allerdings selten nutzten.

Natürlich fehlte es Johannes und Kathrin an Zeit füreinander. Aber deswegen gab es keinen Zwist. Sie waren jetzt fast vierzig und seit zwanzig Jahren zusammen. Da mußte man sich nicht mehr jeden Abend in den Armen liegen, fanden sie. Kathrin war Lehrerin und hatte den kometenhaften Aufstieg ihres Mannes mitgetragen und ermöglicht. Darüber gab es keinen Dissens zwischen ihnen.

Eines Tages aber setzten bei Kathrin Krankheitssymptome ein, die nicht wieder abklangen. Sie litt an Allergien und einer chronischen Bronchitis. Johannes ließ das ganze Haus untersuchen und alles Verdächtige entfernen. Teppichböden und Zwischenwände aus Kunststoff wurden herausgerissen, Farben abgewaschen; das Haus verwandelte sich in ein Ökoheim. Dennoch besserten sich Kathrins körperliche Beschwerden nicht.

Eines Abends saßen wir nach dem Essen mit den Kindern zu zweit am Küchentisch – Johannes war wieder unterwegs – und plauderten. Als Kathrin mir von der Hartnäckigkeit ihrer Heimsuchungen erzählte, fragte ich sie, ob sie vielleicht überlastet sei. Sie wehrte ab. Natürlich sei der Beruf nicht immer ganz einfach, aber er mache ihr auch Spaß und bedeute ihr viel. Und daß sie Freude an ihren Kindern habe, das könne ich schließlich selbst feststellen. Keine Frage: Sie war nicht nur eine engagierte, sondern auch eine glückliche Mutter.

Aber irgend etwas hatte sich verändert an ihr. Sie wirkte angespannter als früher, unruhiger, unzufriedener. Als ich nachfragte, erzählte sie, daß es in letzter Zeit häufig zu kleineren Reibereien zwischen ihr und Johannes gekommen sei.

Obwohl er so häufig auf Geschäftsreise war und seine eigenen vier Wände wie ein Hotel benutzte, bestand er darauf, in allen häuslichen Angelegenheiten das letzte Wort zu behalten. «Er meckert, wenn plötzlich das Spülmittel alle ist, schimpft, wenn er auf einem Bilderrahmen Staub entdeckt, findet die Anschaffung einer neuen Tischdecke überflüssig und die neuen Anoraks für die Kinder zu teuer. Er benimmt sich, als lebten wir noch in einer Studentenbude von einem Stipendienbudget und hätten gleich verteilte Rollen.»

Was sie sagte, klang eher genervt als wütend. Die beiläufige Mitteilung von Alltagsverdruß. Und ich begriff nicht, daß die Partnerschaft meiner alten Freunde in dieser Zeit für Kathrin die Balance zwischen Belastung und Befriedigung zu verlieren begann.

Äußere Umstände verhinderten nach diesem Abend für einige Zeit ein Wiedersehen. Als ich Kathrin das nächste Mal traf, ging es ihr deutlich schlechter. Sie klagte über Migräneanfälle und schlug sich mit einer hartnäckigen Blasenentzündung herum. Sie selbst glaubte, daß ihr schlechter Zustand mit Veränderungen in ihrer Schule zusammenhing. Kathrin war Klassenlehrerin geworden und mußte erheblich mehr Zeit für ihren Beruf aufbringen. Auch zu nachmittäglichen Konferenzen und Elternabenden mußte sie jetzt in der Schule sein und ihre eigenen Kinder in diesen Zeiten betreuen lassen. Johannes war natürlich, wie immer, unterwegs. Zusätzlich zu ihrer gestiegenen zeitlichen Belastung stand Kathrin auch emotional unter Druck. Sie war in einen schweren Konflikt mit einem Elternpaar geraten, das sich sogar schon beim Schulleiter über sie beschwert hatte. Obwohl der ihr in der Sache recht gab, war ihm die Angelegenheit unangenehm, und er versuchte mit sanftem Druck, Kathrin zum Einlenken zu bewegen. Die widerstand. Aber sie hätte sich gern mal angelehnt und von irgend jemandem in den Arm nehmen lassen, von ihrem Mann beispielsweise. Doch der war nicht da. Und als er endlich kam und sie ihm ihre Probleme anvertraute, kam es zu einem Desaster. Statt Zuhörbereitschaft und Verständnis für ihre Sorgen zu finden, gab es für Kathrin zusätzlichen Druck.

«Warum machst du diesen Quatsch auch? Ich verdiene doch genug. Die Rolle der Klassenlehrerin überfordert dich, und du läßt unsere Kinder viel zuviel allein. Hör auf damit, das schaffst du nicht!» Kathrin stiegen Tränen in die Augen, als sie mir von diesem Gespräch erzählte. «Ich war danach fix und fertig.»

Wenn Kathrin einen ihrer Migräneanfälle hatte, wäre sie die Kinder gern mal für zwei oder drei Stunden losgeworden. Aber wie? Es gab keine Großmutter in der Nähe, Kindermädchen standen nicht auf Abruf bereit, und ihr Mann saß in irgendeinem fernen Konferenzraum und brachte irgendwelchen Leuten bei, miteinander zu kooperieren. Nur mit Kathrin kooperierte keiner.

Selbst die Kinder wurden widerspenstig. Sie litten unter den häufigen Krankheitsattacken ihrer Mutter, während deren sie zur Ruhe, Rücksichtnahme und leisem Spielen verdonnert wurden. Papa, daraus machten sie keinen Hehl, war für sie der bessere Unterhalter.

Wenn er nach kurzen «Heimspielen» wieder wegfuhr, trauerten die Kinder ihm nach und mußten dann von Kathrin ganz besonders umsorgt werden: Sie kochte ihr Lieblingsessen, spielte mit ihnen das Schäfchenspiel so lange, bis beide mindestens einmal gewonnen hatten, und las zwei Bücher zum Einschlafen vor. Zu ihren eigenen Arbeiten kam sie dann erst entsprechend spät, und zum entspannten Abhängen vor dem Fernseher hatte sie kaum noch Zeit. Die Nächte wurden kürzer. Die Morgenmüdigkeit nahm zu. Die Migräneanfälle verschlimmerten sich.

Dabei war Kathrin inzwischen sogar froh, wenn ihr Mann wieder auf eine seiner Reisen ging. Solange er da war, herrschte eine gereizte Stimmung im Haus. Neben ihren körperlichen Beschwerden hatte Kathrin dann nämlich auch noch den grollenden Frust von Johannes zu ertragen, der wenig Verständnis dafür aufbrachte, daß die Blasenreizungen und die Migräneattacken ihr sexuelles Verlangen auf Null brachten.

Diese Details erfuhr ich von ihr erst, nachdem sie einen kleinen Zusammenbruch erlitten hatte. Eines Morgens lag sie mit rasenden Kopfschmerzen im Bett und fühlte sich unfähig aufzustehen. «Er hat ja recht», dachte sie da, «ich schaffe es wirklich nicht. Ich bin fertig. Ich muß die Klasse abgeben. Am besten den Beruf an den Nagel hängen.» Dann dachte sie über diese Perspektive nach und fing an, furchtbar zu heulen.

Es war seltsam. Sie hatte zwei Wunschkinder, die gesund waren, ein schönes Haus, keine materiellen Sorgen, sie führte das Leben, das sie führen wollte; nur Kleinigkeiten hatten sich daran verändert, aber irgendwie war hinter ihrem Rücken alles anders geworden.

Sie kam dann zu mir, um sich ein wirksames Medikament gegen die Migräne und ein starkes Beruhigungsmittel verschreiben zu lassen. Sie wollte in der Lage sein, ihre schulischen Angelegenheiten in Ruhe zu regeln. Das hieß für sie: den Dienst quittieren.

«Bevor du das tust und bevor ich dir ein Medikament gebe, möchte ich, daß wir erst einmal eine saubere Analyse machen», sagte ich zu ihr. Sie war einverstanden und füllte den Persönlichkeitstest aus, dessen Ergebnis mich nicht besonders überraschte. Kathrin dagegen war erschrocken, als sie erkannte, in welchem Ausmaß sie nicht nur fürsorglich und harmoniebedürftig, sondern auch konfliktscheu war. Es lag auf der Hand, wie sehr die Auseinandersetzung mit dem kritischen Elternpaar in ihrer Klasse an Kathrins Kräften zehren mußte. Über die Heftigkeit ihrer Migräneanfälle brauchte man sich nicht zu wundern.

Deshalb war es besonders interessant, wie Kathrins Test für den Lebensbereich Beruf und Arbeit ausfiel. Aus ihm ergab sich deutlich, daß sie ihre Arbeit brauchte. Aus ihrem Beruf bezog sie ein hohes Selbstwertgefühl, die Bezahlung fand sie akzeptabel, die Belastung war zwar gestiegen, aber die Befriedigung immer noch gleichwertig.

Als wir über diese Testergebnisse sprachen, erwähnte sie ein Detail. Vor ein paar Wochen hatte sie versucht, mit Johannes über ihre Elternarbeit zu sprechen – die Schwierigkeiten, die sie ihr bereitete, und ihre Freude, als es ihr gelungen war, einem Elternpaar einen Erziehungsfehler klarzumachen –, aber Johannes hatte gar nicht verstanden, was sie ihm mitteilen wollte, sondern nur das Stichwort «Schwierigkeiten» aufgegriffen und sich in einem endlosen Monolog über die schlechte Lehrerausbildung, die daraus resultierenden Kommunikationsmängel und die richtigen Rezepte für den Umgang mit Eltern ausgelassen. Schließlich war er der Spezialist für Kommunikation. Auf Kathrin aber wirkte sein Verhalten abstoßend. «Er war borniert und gönnerhaft», sagte sie. «Ich hatte mich daran gewöhnt, meine Probleme allein zu lösen. Aber plötzlich wurde mir klar, daß ich auch meine Freude mit niemandem mehr teilen konnte.»

Ein paar Tage später war es dann zu einem weiteren Vorfall gekommen, der Kathrins Stimmung gänzlich auf den Nullpunkt brachte. Sie hatte sich von ihrem Friseur zu einem Experiment überreden lassen und war mit einer komplett neuen Frisur nach Hause gekommen. Statt lang und dunkel kurz und blond. Johannes hatte es einfach übersehen. «Kein Wort hat er gesagt», empörte sich Kathrin mir gegenüber noch nach Wochen. «Kein einziges Wort!» – «Und was hast du getan?» fragte ich. «Ich habe geheult», sagte sie. «Und hast damit versucht, bei Johannes Schuldgefühle zu wecken», erklärte ich ihr. «Die Frau in der ewigen Opferrolle. Wie waren eure vergangenen Wochen?» – «Einsilbig», antwortete sie. «Johannes hat sich abgeschottet. Mit den Kindern spielt er wie immer, aber von mir hat er sich völlig zurückgezogen.»

«Kathrin», sagte ich, «du gehst einen falschen Weg, wenn du an deinem Job etwas ändern willst. Du bist nicht beruflich in der Krise, sondern mit deiner Partnerschaft. Da stimmt die Bilanz für dich nicht mehr, und so empfindet es, wie es aussieht, inzwischen auch Johannes. Für euch beide scheint die Belastung zu hoch zu sein und Befriedigung kaum noch stattzufinden.»

Kathrin wurde noch blasser, als sie ohnehin schon war. Sie sah angegriffen und bemitleidenswert aus. «Ich glaube, du hast recht», sagte sie schließlich. «Unsere Ehe ist am Ende.»

«Das glaube ich nicht», widersprach ich. «Eine Krise ist nicht das Ende. Sie zeigt nur, daß es so nicht weitergehen kann. Wie es statt dessen weitergehen könnte, kann man aber erst feststellen, wenn man seine Probleme und Gefühle sortiert und analysiert hat. Und das machen wir jetzt.»

Dann gab ich Kathrin den Fragebogen für einen Check-up ihrer Partnerschaft. Sie finden ihn auf Seite 173 ff.

Kathrin war verzweifelt, als sie das Ergebnis betrachtete. Rot, rot, rot. Rot war auf ihrem Fragebogen eindeutig die dominierende Farbe. «Ich habe es doch gesagt», seufzte sie. «Da ist nichts mehr zu machen.»

Zum zweitenmal widersprach ich ihr. «Erstens bedeutet Rot nicht Hoffnungslosigkeit, sondern zeigt die Richtung der notwendigen Veränderung. Und zweitens taucht bei dir an zwei entscheidenden Punkten Grün auf. Schau dir mal die letzten beiden Fragen und deine Antworten an!»

CHECK-UP
FÜR DIE PARTNERSCHAFT

Bitte kreuzen Sie in der rechten Spalte jeweils eine Ziffer an, 1 bis
3 mit einem grünen, 4 bis 6 mit einem roten Stift.

	sehr gut			*sehr schlecht*		
Meine generelle Zufriedenheit mit dem, was ich meiner Partnerschaft gebe, ist ...	1	2	3	4	5	6
Meine generelle Zufriedenheit mit dem, was ich in meiner Partnerschaft bekomme, ist ...	1	2	3	4	5	6
Die Verteilung der gemeinsamen Pflichten ist ...	1	2	3	4	5	6
Meine sexuelle Befriedigung in der Partnerschaft ist ...	1	2	3	4	5	6
Die erotische Anziehungskraft meines Partners auf mich ist ...	1	2	3	4	5	6
Das erotische Verlangen meines Partners nach mir ist ...	1	2	3	4	5	6
Das Maß an Zärtlichkeit in unserer Partnerschaft ist ...	1	2	3	4	5	6
Mein Gefühl von Vertrauen und Geborgenheit in der Partnerschaft ist ...	1	2	3	4	5	6
Gespräch, Unterhaltung und gedanklicher Austausch in unserer Partnerschaft sind ...	1	2	3	4	5	6

	sehr gut			sehr schlecht		
Die materiellen Bedingungen in unserer Partnerschaft sind ...	1	2	3	4	5	6
Die Art, wie mein Partner mich in Gesellschaft anderer behandelt, ist ...	1	2	3	4	5	6
Die alltäglichen Aufmerksamkeiten meines Partners für mich sind ...	1	2	3	4	5	6
Mein Gefühl der Gleichberechtigung in unserer Partnerschaft ist						
in sexueller Hinsicht ...	1	2	3	4	5	6
in finanzieller Hinsicht ...	1	2	3	4	5	6
bei Entscheidungen der Lebensführung (Haushalt, Urlaub, Freizeitplanung, Anschaffungen) ...	1	2	3	4	5	6
bei Entscheidungen über die Kinder ...	1	2	3	4	5	6
bei Entscheidungen über Lebensveränderungen (Umzug, Wohnort-, Jobwechsel) ...	1	2	3	4	5	6
Die Möglichkeit, über Dinge zu reden, die *mir* wichtig sind, ist ...	1	2	3	4	5	6
Die Möglichkeit, die mir mein Partner für Eigenständigkeit läßt, ist ...	1	2	3	4	5	6
Wenn Sie Ihren Partner heute mit dem vergleichen, der er zu Beginn Ihrer Partnerschaft war, wie schneidet er ab?	1	2	3	4	5	6

	sehr gut			*sehr schlecht*		
Die Zeit, die mein Partner für die Partnerschaft aufbringt, ist ...	1	2	3	4	5	6
Die Zeit, die ich für unsere Partnerschaft aufbringe, ist ...	1	2	3	4	5	6
Die Gemeinsamkeiten, auf denen unsere Partnerschaft basiert (zum Beispiel Kinder, Berufe, Hobbys, politisches oder religiöses Engagement), sind ...	1	2	3	4	5	6
Die Übereinstimmung in unseren Werten (Konsumorientierung, Moral, Erziehungsprinzipien) ist ...	1	2	3	4	5	6
Die Übereinstimmung in unseren Visionen und Träumen (berufliche Ziele, Karriere, Familienplanung, Eigenheim, Reisen, Abenteuer) ist ...	1	2	3	4	5	6
Meine Bereitschaft, dem Partner alles anzuvertrauen, was in mir vorgeht (auch kritische Gedanken zur Partnerschaft), ist ...	1	2	3	4	5	6
Die Bereitschaft meines Partners, mir alles anzuvertrauen, was in ihm vorgeht (auch kritische Gedanken zur Partnerschaft), ist ...	1	2	3	4	5	6
Meine Bereitschaft, mehr als bisher in die Partnerschaft zu investieren, ist ...	1	2	3	4	5	6
Sehnen Sie sich nach Ihrem Partner, wenn Sie längere Zeit von ihm getrennt sind?	Ja .... Nein					

Kathrin hatte eine hohe Bereitschaft, mehr als bisher in die Partnerschaft zu investieren. Und sie hatte immer noch Sehnsucht nach Johannes, wenn sie längere Zeit getrennt waren.

«Es gibt da ein merkwürdiges Phänomen», sagte ich. «Man nennt es Liebe.»

«Was ist daran merkwürdig?» fragte Kathrin.

«Sie ist paradox. Denk daran, was das Neue Testament über die Liebe sagt, die Berge versetzen kann: ‹Sie verträgt alles, sie glaubt alles, sie hofft alles, sie duldet alles.› Und noch ein Paradox: Die Liebe ist ein Gut, das sich bei Verschwendung vermehrt. Du glaubst, daß dein Mann ein teilnahmsloses Ekel ist – aber du liebst ihn. Und das ist gut.»

Häufig stehe in Wirklichkeit die Substanz einer Partnerschaft gar nicht in Frage, erklärte ich ihr. Diese sei aber erodiert, versprödet, gefährdet durch die Last des Alltags.

Oft wird die «Infektion» aus anderen Bereichen eingeschleppt. Der Ärger im Büro führt dazu, daß dem Partner am Abend ein griesgrämiges Gesicht präsentiert und er in den inneren Rückzug getrieben wird. Statt als Spender neuer Kraft zu wirken, versagt die Partnerschaft und versiegt als Energiequelle. Dadurch nehmen die Belastungen weiter zu, erscheinen Probleme noch bedrohlicher. Unter ihrem Druck bekommen die Partner den «Tunnelblick»: Sie sehen nur noch Segmente der Wirklichkeit und ihres Gegenübers, vor allem das Negative. Wenn sie jetzt eine Bilanz ihrer Partnerschaft ziehen sollten, würde sie vernichtend sein. Sie müssen raus aus dem Tunnel! Wieder das Gesamtbild sehen, die ganze Welt und den ganzen Menschen. Und dann feststellen, wo die Verschleißprobleme ihrer Partnerschaft wirklich liegen.

Ich verordnete Kathrin deswegen eine einwöchige Erkundung ihrer Ehe nach der Anleitung auf den Seiten 178–181.

Die erste Spalte enthält Fragen, die zu einer neuen und genauen Beobachtung der Partnerschaft anregen. Daneben befinden sich Spalten für jeden Wochentag, die je nach Ergebnis der Fragen grün (für «ja») oder rot (für «nein») markiert werden. Auf der linken Seite finden Sie den Test: «Was hat mein Partner gemacht?», auf der rechten füllen Sie aus: «Was habe ich gemacht?»

Es dauerte zwei Wochen, bis ich Kathrin wiedersah. Die vielen Reisen von Johannes verzögerten den Check-up. Als wir uns dann sein Ergebnis ansahen, wurde mir schnell klar, daß die Ehe vermutlich nur wegen dieser vielen Trennungsphasen noch Bestand hatte. Die Symptome waren deutlich: Vergeßlichkeit gegenüber dem Partner, sexuelles Desinteresse; Erschöpfung; mangelnde Bereitschaft, Gedanken und Gefühle mitzuteilen; Dialoge, die nach dem Muster «Das verstehst du ja doch nicht» verliefen; wechselseitiger Entzug von Vertrauen und Anerkennung.

«Wenn ihr mehr zusammen wäret, würdet ihr euch wahrscheinlich dauernd in den Haaren liegen», sagte ich Kathrin. «Ihr lebt in einem Zustand totaler gegenseitiger Abschottung.»

Kathrin gab zu, daß sie sich innerlich völlig zurückgezogen und nur wegen der Kinder noch keine Konsequenzen daraus gezogen hatte. Dann sagte sie: «Johannes ist nicht mehr der Mann, den ich geheiratet habe.»

«Das kann gut sein», antwortete ich. «Menschen verändern sich in zwanzig Jahren. Aber es kann auch sein, daß dein Tunnelblick verhindert, diese Veränderungen richtig wahrzunehmen. Bist du denn immer noch bereit, in eure Partnerschaft zu investieren?»

«Wenn ich die Hoffnung haben kann, daß sich etwas verändert.»

«Dann gilt eine generelle Devise: Warte nicht, bis du angelächelt wirst! Lächle zuerst!»

DAS VERHALTEN MEINES PARTNERS

	Mo		Di		Mi		Do		Fr		Sa		So	
Wurden Sie freundlich begrüßt, angelächelt, geküßt?	ja	nein	ja	nein	ja	nein	ja	nein	ja	nein	ja	nein	ja	nein
Wurde Ihnen ein guter Tag gewünscht?	ja	nein	ja	nein	ja	nein	ja	nein	ja	nein	ja	nein	ja	nein
Wurde Sie gefragt, wie Sie geschlafen haben?	ja	nein	ja	nein	ja	nein	ja	nein	ja	nein	ja	nein	ja	nein
Wurde auf Ihr Bedürfnis, zu reden oder zu schweigen, eingegangen?	ja	nein	ja	nein	ja	nein	ja	nein	ja	nein	ja	nein	ja	nein
Hatten Sie einen Menschen beim Frühstück als Gegenüber oder eine Zeitung?	ja	nein	ja	nein	ja	nein	ja	nein	ja	nein	ja	nein	ja	nein
Wenn Sie sich nicht sehen konnten während des Tages, wurden Sie angerufen?	ja	nein	ja	nein	ja	nein	ja	nein	ja	nein	ja	nein	ja	nein
Wurde Sie gefragt, wie es Ihnen geht?	ja	nein	ja	nein	ja	nein	ja	nein	ja	nein	ja	nein	ja	nein
Hatten Sie die Möglichkeit, ein Problem loszuwerden?	ja	nein	ja	nein	ja	nein	ja	nein	ja	nein	ja	nein	ja	nein
Hat Ihr Partner heute seine verabredeten Pflichten erfüllt?	ja	nein	ja	nein	ja	nein	ja	nein	ja	nein	ja	nein	ja	nein
Haben Sie sich beim Wiedersehen gefreut?	ja	nein	ja	nein	ja	nein	ja	nein	ja	nein	ja	nein	ja	nein
Wurden Sie freundlich begrüßt?	ja	nein	ja	nein	ja	nein	ja	nein	ja	nein	ja	nein	ja	nein

Benotung: Kreuzen Sie den entsprechenden Begriff an: ja = grün, nein = rot.

MEIN VERHALTEN

	Mo		Di		Mi		Do		Fr		Sa		So	
Haben Sie Ihren Partner freundlich begrüßt?	ja	nein	ja	nein	ja	nein	ja	nein	ja	nein	ja	nein	ja	nein
Haben Sie zusammen gegessen?	ja	nein	ja	nein	ja	nein	ja	nein	ja	nein	ja	nein	ja	nein
Haben Sie ein Kompliment wegen des Essens gemacht?	ja	nein	ja	nein	ja	nein	ja	nein	ja	nein	ja	nein	ja	nein
Haben Sie Ihrem Partner Anerkennung ausgedrückt über das, was er heute geleistet hat?	ja	nein	ja	nein	ja	nein	ja	nein	ja	nein	ja	nein	ja	nein
Haben Sie ihm Gelegenheit gegeben, über das zu reden, was ihm wichtig war?	ja	nein	ja	nein	ja	nein	ja	nein	ja	nein	ja	nein	ja	nein
Haben Sie Fürsorglichkeit gezeigt?	ja	nein	ja	nein	ja	nein	ja	nein	ja	nein	ja	nein	ja	nein
Haben Sie darauf verzichtet, Ihrem Partner gegenüber einen Machtanspruch durchzusetzen?	ja	nein	ja	nein	ja	nein	ja	nein	ja	nein	ja	nein	ja	nein
Haben Sie das Bedürfnis Ihres Partners nach gemeinsamer Freizeitaktivität gestillt?	ja	nein	ja	nein	ja	nein	ja	nein	ja	nein	ja	nein	ja	nein
Haben Sie das Bedürfnis Ihres Partners nach Zärtlichkeit befriedigt?	ja	nein	ja	nein	ja	nein	ja	nein	ja	nein	ja	nein	ja	nein
Haben Sie heute das Bedürfnis Ihres Partners nach Sexualität/Erotik erfüllen können?	ja	nein	ja	nein	ja	nein	ja	nein	ja	nein	ja	nein	ja	nein
Hätte Ihnen etwas gefehlt, wenn Ihr Partner heute nicht da gewesen wäre?	ja	nein	ja	nein	ja	nein	ja	nein	ja	nein	ja	nein	ja	nein

Benotung: Kreuzen Sie den entsprechenden Begriff an: ja = grün, nein = rot.

Die Kur

DAS VERHALTEN MEINES PARTNERS

	Mo	Di	Mi	Do	Fr	Sa	So
Haben Sie zusammen gegessen?	ja nein	ja nein	ja nein	ja nein	ja nein	ja nein	ja nein
Haben Sie ein Kompliment für das Essen bekommen?	ja nein	ja nein	ja nein	ja nein	ja nein	ja nein	ja nein
Wurde anerkannt, was Sie heute geleistet haben?	ja nein	ja nein	ja nein	ja nein	ja nein	ja nein	ja nein
Konnten Sie über das reden, was Ihnen wichtig war?	ja nein	ja nein	ja nein	ja nein	ja nein	ja nein	ja nein
Haben Sie Fürsorge gespürt?	ja nein	ja nein	ja nein	ja nein	ja nein	ja nein	ja nein
Hat Ihr Partner darauf verzichtet, Ihnen gegenüber einen Machtanspruch durchzusetzen?	ja nein	ja nein	ja nein	ja nein	ja nein	ja nein	ja nein
Konnten Sie Ihr Bedürfnis nach gemeinsamer Freizeitaktivität befriedigen?	ja nein	ja nein	ja nein	ja nein	ja nein	ja nein	ja nein
Konnten Sie Ihr Bedürfnis nach Zärtlichkeit befriedigen?	ja nein	ja nein	ja nein	ja nein	ja nein	ja nein	ja nein
Haben Sie heute Ihr Bedürfnis nach Sexualität/Erotik erfüllen können?	ja nein	ja nein	ja nein	ja nein	ja nein	ja nein	ja nein
Hätte Ihrem Partner etwas gefehlt, wenn Sie heute nicht da gewesen wären?	ja nein	ja nein	ja nein	ja nein	ja nein	ja nein	ja nein

Benotung: Kreuzen Sie den entsprechenden Begriff an: ja = grün, nein = rot.

MEIN VERHALTEN

	Mo	Di	Mi	Do	Fr	Sa	So
Haben Sie Ihren Partner freundlich begrüßt, angelächelt, geküßt?	ja nein	ja nein	ja nein	ja nein	ja nein	ja nein	ja nein
Haben Sie Ihrem Partner einen guten Tag gewünscht?	ja nein	ja nein	ja nein	ja nein	ja nein	ja nein	ja nein
Haben Sie gefragt, wie Ihr Partner geschlafen hat?	ja nein	ja nein	ja nein	ja nein	ja nein	ja nein	ja nein
Sind Sie auf das Bedürfnis Ihres Partners, zu reden oder zu schweigen, eingegangen?	ja nein	ja nein	ja nein	ja nein	ja nein	ja nein	ja nein
Haben Sie sich beim Frühstück hinter einer Zeitung verschanzt?	ja nein	ja nein	ja nein	ja nein	ja nein	ja nein	ja nein
Wenn Sie sich nicht sehen konnten während des Tages, haben Sie Ihren Partner angerufen?	ja nein	ja nein	ja nein	ja nein	ja nein	ja nein	ja nein
Haben Sie Ihren Partner gefragt, wie es ihm geht?	ja nein	ja nein	ja nein	ja nein	ja nein	ja nein	ja nein
Haben Sie Ihrem Partner die Möglichkeit gegeben, ein Problem loszuwerden?	ja nein	ja nein	ja nein	ja nein	ja nein	ja nein	ja nein
Haben Sie heute die mit Ihrem Partner verabredeten Pflichten erfüllt?	ja nein	ja nein	ja nein	ja nein	ja nein	ja nein	ja nein
Haben Sie sich beim Wiedersehen gefreut?	ja nein	ja nein	ja nein	ja nein	ja nein	ja nein	ja nein

Benotung: Kreuzen Sie den entsprechenden Begriff an: ja = grün, nein = rot.

Kleine Veränderungen – große Wirkung

Partnerschaftskrisen ergeben sich oft aus Kleinigkeiten, die sich summieren. Zuwenig Anlächeln, zuwenig Alltagszärtlichkeit, zuwenig Anerkennung, zuwenig Austausch. Enttäuschung setzt dann ein, Frust macht sich breit, innere Mauern werden errichtet, und irgendwann lebt das Paar im kalten Krieg. Und so wie im kalten Krieg warten dann beide Parteien darauf, daß die andere den ersten Schritt zur Abrüstung unternimmt.

Betrachten Sie noch einmal Ihre Wochenbeobachtung und die Bereiche, in denen die Farbe Rot überwiegt. Sind Sie auf dem Weg in die wechselseitige Abschottung? Dann tun Sie den ersten Schritt, die Mauer einzureißen. Schenken Sie Ihrem Partner ein Lächeln, wenn er nach Hause kommt. Und schenken Sie ihm dann zehn Gutscheine, jeweils für eine halbe Stunde, in der Sie ihm zuhören.

 Eine Summierung von Kleinigkeiten kann Partnerschaften in die Krise bringen – aber auch wieder aus ihr herausführen. Solche Kleinigkeiten mit großer Bedeutung können sein:

✦ anlächeln;
✦ bewußt und aufmerksam zuhören;
✦ Alltagszärtlichkeit zeigen;
✦ Wünsche und Kritik angemessen und konkret äußern – sagen Sie nicht: «Du machst immer ...», «Du hast schon wieder ...», «Ewig muß man dir sagen ...», «Nie bekomme ich ...»; statt dessen spüren Sie in sich hinein, wie es Ihnen mit Ihrem Partner in dieser Situation geht, und teilen Sie ihm dies mit, zum Beispiel: «Da war ich enttäuscht darüber, daß ...», «Ich bin verletzt, weil ...»;
✦ kleine Geschenke machen;
✦ Veränderungen bemerken: Gehen Sie darauf ein, wenn der Part-

ner eine neue Frisur oder Bluse hat, wenn er die Spinnweben von den Decken entfernt oder frische Blumen auf den Tisch gestellt hat oder mal früher von der Arbeit kommt und Zeit für die Partnerschaft mitbringt;

+ Anerkennung äußern;
+ Fürsorglichkeit zeigen und Hilfe anbieten;
+ Prinzipien aufbrechen, eingefahrene Muster verlassen; nachgeben, um gemeinsam weiterzukommen: «Okay, wir waren zwei Jahre hintereinander im Urlaub am Meer, wo *ich* hinwollte, dieses Jahr geht es nach *deinem* Wunsch»;
+ akzeptieren, daß der Partner zeitweise in einer Lage sein kann, in der er wenig in die Partnerschaft investieren kann, aber viel von ihr profitieren will; und dieses Ungleichgewicht aussprechen: «Ich verstehe deine Situation ...»

Mit solchen Veränderungen können Sie noch heute anfangen, allein und ohne Abstimmung mit Ihrem Partner.

Aber auf lange Sicht muß man natürlich das Gefühl haben, von seinem Partner ungefähr so viel zu bekommen, wie man ihm gibt. Deshalb empfehle ich Ihnen, sich mit ihm gemeinsam ein Wochenprogramm als Fitneßkur für Ihre Partnerschaft nach folgendem Muster, zu dem ich auch Kathrin und Johannes riet, vorzunehmen:

KURPROGRAMM
FAMILIE

Vorschlag	Ihr persönliches Programm
Mo Innerer Rollenwechsel: Setzen Sie sich selbst beim Frühstück in Gedanken Ihnen gegenüber. Wie kommen Sie rüber? Versuchen Sie einen Tag lang, sich mit den Augen des Partners zu sehen. Tauschen Sie sich darüber abends aus. Sprechen Sie auch über die typischen Kommunikationsschwierig-keiten, die es in jeder Partnerschaft gibt, zum Beispiel die Vermischung von Form (wie etwas gesagt wird) und Inhalt (was gesagt wird) oder das Ab-feuern von Breitseiten, bei dem der an-dere praktisch keine Chance mehr hat. Prüfen Sie, ob Ihre Beziehung auch unter Gedankenautomatismen leidet: Ihr Partner zieht beim Frühstück eine merkwürdige Miene. Sie schlußfolgern: «Das ist bestimmt der Ärger über meine gestrige Verspätung. Schon ge-stern fand ich seine Reaktion übertrie-ben, aber daß er heute immer noch eine Flappe zieht, geht wirklich zu weit. In mir brodelt es ...», überprüfen aber nicht, ob der von Ihnen konstruierte Zusammenhang wirklich zutrifft oder ob der abweisende Gesichtsausdruck eher Verschlafenheit oder innere Abwe-senheit oder einen ganz anderen Ge-danken widerspiegelt.	

Vorschlag	Ihr persönliches Programm
Di Gehen Sie alle Prinzipien und alte Handlungsmuster durch, die Ihre Partnerschaft bestimmen, und fragen Sie sich, welche die Beziehung stützen, welche ihr schaden, welche den einen oder den anderen ständig zu kurz kommen lassen. Schreiben Sie Ihrem Partner einen Liebesbrief! Zwingen Sie sich, nachzudenken, was an ihm liebenswert ist, und das «Aber» auszublenden: Kein Gedanke an die Barthaare im Waschbecken, die saure Milch im Kühlschrank, den vollen Mülleimer, das ewige Zuspätkommen. Vergegenwärtigen Sie sich mit radikaler Einseitigkeit, was an Ihrem Partner charmant, schön, unterhaltsam, intelligent, freundlich, fürsorglich ist. Schreiben Sie es auf, und loben Sie ihn dafür. Dabei werden Sie diese Seiten Ihres Partners selbst wiederentdecken. Dann schicken Sie diesen Brief ab. Um die Partnerschaft von Tagesbelastungen aus dem Arbeitsbereich freizuhalten, vereinbaren Sie einen festen Zeitraum, in dem über Arbeit, berufliche Erlebnisse, Belastungen etc. geredet werden darf.	
Mi Überraschungsoffensive: Knobeln Sie vorher aus, wer sie plant; zum Beispiel ein Essen in einem außergewöhnlichen Restaurant, einen Abendspaziergang an einem romantischen Ort, ein Kino- oder Theaterbesuch oder ein Überraschungsgeschenk.	

Vorschlag	*Ihr persönliches Programm*
Do Schenken Sie Ihrem Partner eine Ihrer «heiligen» Marotten: die schlabberige Jogginghose am Sonntag, das Durchstoßen des ausgelöffelten Frühstückseies, das «Erwürgen» der Zahnpastatube. Nehmen Sie sich für den Abend Spiele vor, Schummellieschen, Mensch-ärgere-dich-nicht, Schach, Videospiele.	
Fr Ermöglichen Sie Ihrem Partner einen Abend ganz für sich. Installieren Sie eine Pinnwand für die ganze Familie, an der Kinderbriefe, Klagelieder und Botschaften Platz haben. Außerdem kann dort von jedem Familienmitglied ein Stimmungsbarometer hängen, auf dem es seine aktuelle Grundstimmung deutlich macht, zum Beispiel «Heute ganz schlechte Laune ⇨ Lieber nicht ansprechen» oder «Heute prima drauf ⇨ Bin zu allen Schandtaten bereit».	
Sa Ein Wochenende mal ganz anders: Entwickeln Sie probeweise für ein Wochenende eine Vision. Spielen Sie zum Beispiel Touristenführer in Ihrer eigenen Stadt/Umgebung. Wechseln Sie sich dabei wochenweise ab.	
So Nehmen Sie sich vor, etwas gemeinsam zu erreichen und eingefahrene Muster zu ändern («Sonntags geht/macht er/sie doch immer ...»). Jetzt einmal einen ganz anderen Akzent setzen. Wenn er am liebsten angelt, sie am liebsten in die Opernmatinee geht, spazieren beide an diesem Sonntag ins Fußballstadion.	

Im Falle meiner Freunde Kathrin und Johannes scheiterte die Verwirklichung eines solchen Wochenprogramms allein schon daran, daß Johannes nicht da war. Kathrin ließ sich aber mit «Sachzwängen» nicht mehr abspeisen. Für sie hatte sich die Lage – eine, die sie krank machte – zu einem Wertekonflikt zugespitzt. «Er hat die Wahl: ich oder die Arbeit.» Für Johannes aber war das Ganze nach wie vor nur ein pragmatisches Problem. «Es wäre doch Wahnsinn, auf die Kohle zu verzichten, die ich verdienen kann», sagte er mir.

Ich führte ein langes, ernstes Telefongespräch mit ihm, aber er blieb stur. «Ich muß diese Jobs machen, solange ich gefragt bin. Wenn ich plötzlich nicht mehr zur Verfügung stehe, werde ich auch nicht mehr gefragt – und wie steht meine Familie dann da? Ich muß schließlich auch an die Kinder denken.»

«Willst du nicht auch mal an deine Frau denken?» hielt ich dagegen.

«Ich bin ja nicht zum Spaß weg», sagte er knapp. «In allen Seefahrernationen wurde so gelebt – der Mann war unterwegs, um Wale oder Piraten zu fangen, die Frauen mußten warten; so sind eben manchmal die ökonomischen Zwänge.» Er war vollkommen von sich und seinen Argumenten überzeugt. Der Leidensdruck seiner Frau, der nach Veränderung verlangte, war für ihn kein Argument. Er hatte schließlich keinen Leidensdruck.

Jedenfalls nicht bis zu einem Sonnabend etwa zwei Wochen nach unserem Telefongespräch. An diesem Tag kam Johannes von einem viertägigen Einsatz in Leverkusen zurück und fand sein Haus leer. Kathrin und die Kinder waren nicht da, es fehlten Koffer und Kleidung.

Zwanzig Minuten später stand er vor meiner Tür und klingelte Sturm. «Wo sind sie?» brüllte er, als ich öffnete. Er glaubte, er habe es mit einem abgekarteten Spiel zu tun und ich sei eingeweiht. Ich mußte passen – keine Ahnung, wo seine Familie steckte. Als er mir endlich glaubte, daß ich nicht sein Feind war, brach er zusammen.

Nie hatte er die Möglichkeit einer Trennung in Erwägung gezogen. «Aber du tust doch alles dafür, sie herbeizuführen», sagte ich ihm. Das war nicht sehr schonungsvoll, aber die Wahrheit. Jetzt hatte Johannes Leidensdruck. Und war plötzlich aufgeschlossen für die Probleme seiner Frau. Schlagartig war ihm nämlich bewußt geworden, daß es außer ihr und den Kindern nichts anderes mehr in seinem Leben gab als Arbeit. Alle Freunde, alle Hobbys, sein komplettes soziales Netz hatte er in den letzten Jahren vernachlässigt und schließlich verloren.

«Wenn mich meine Familie verläßt, bin ich ein Wrack», jammerte er. «Wie soll ich dann meine Arbeit noch schaffen?»

Was er da sagte, stimmte exakt. Er hatte seine Familie wie eine Tankstelle benutzt, sich bei ihr fit gemacht und mit frischer Energie versorgt, um dann wieder abzureisen und seiner Arbeit nachzugehen. Investiert hatte er aber nur noch in die Kinder, nicht mehr in seine Partnerschaft. Der Schock des drohenden Verlustes machte ihn einsichtig. «Aber ich stehe doch wirklich unter den Arbeitszwängen, sie sind doch nicht eingebildet», sagte er dann verzweifelt. «Was kann ich Kathrin denn anbieten?»

«Ihr müßt wieder Gemeinsamkeit entwickeln, zusammen einen Schritt in dieselbe Richtung gehen», erklärte ich ihm. «Laß dir was einfallen.»

Diese Nacht blieb Johannes bei mir. Er schlief schlecht und hatte Alpträume. Auch der Sonntag war die Hölle für ihn. Am Sonntagabend war Kathrin wieder da. Sie hatte das Wochenende bei einer Freundin in Berlin verbracht.

Johannes machte ihr keine Vorwürfe. Er versuchte sie anzulächeln und sagte ihr, er freue sich, daß er sie wiederhabe. Und dann gab es das erste richtige Gespräch zwischen Kathrin und Johannes seit vielen, zu vielen Monaten.

Er bot ihr an, sich zwei feste Abende pro Woche unter allen Umständen freizuhalten – einen, den sie für sich nutzen konnte, und einen, an dem sie etwas gemeinsam machten, zum Beispiel kochen. Sie hatten das früher oft getan: zusammen in der Küche stehen, Gemüse putzen, Kartoffeln schälen und eine Mahlzeit zubereiten, um sie dann zusammen mit Freunden zu verzehren. Johannes schlug vor, diese Abende wiederaufleben zu lassen und die abgerissenen Kontakte zu den alten Freunden neu zu knüpfen. Und er erinnerte Kathrin an die Gespräche, die sie früher in der Küche geführt hatten, über Schulprobleme, Kindererziehung, Politik und Wetter, freundliche Gespräche, die eingebettet waren in die Atmosphäre gemeinsamer Fürsorge für gute Freunde.

Kathrin hatte diese Abende schon beinahe vergessen, so lange waren sie her. Sie war skeptisch, ob die Renaissance gelinge, aber einverstanden.

Vierzehn Tage später erhielt ich eine Einladung zu einem Abendessen bei Kathrin und Johannes. Sie hatte eine frische Tomatensuppe mit Basilikum gekocht, er Lammfilet gebraten. Vorspeise und Hauptgericht harmonierten wunderbar. Es war ein schöner Abend. Und ich ging nach Hause mit dem sicheren Gefühl, daß die Ehe von Johannes und Kathrin auf dem Weg der Besserung war.

In den heutigen Familien trifft man immer seltener auf die klassische Vater-Mutter-Kind-Konstellation. Ein Elternteil, meistens der Vater, fehlt. Damit entfallen zwar in der Familie der Alleinerziehenden die Belastungen, die durch das Zusammenleben mit einem Partner oder einer Partnerin entstehen können, aber ebenso die Befriedigungs- und Unterstützungsmöglichkeiten, die es bietet, wenn es funktioniert. Deshalb muß gerade auch in einer solchen Familie langfristig das Verhältnis zwischen Geben und Nehmen, die Balance zwischen Belastung und Befriedigung stimmen, wenn die Familie nicht zum Energieleck werden soll.

Wie leicht so etwas geschieht, lehrte mich meine Patientin Antje.

ANTJE oder:
Das Gefühl, sich zu atomisieren

 Der Satz, mit dem Antje unsere erste Unterhaltung begann, lautete: «Ich habe immer das Beste gewollt, aber das Schlechteste erreicht.»

Sie war achtunddreißig, Mutter zweier Kinder und geschieden. Sie gab sich keine Schuld am Scheitern ihrer Ehe, hatte aber dennoch Schuldgefühle, besonders der Kinder wegen. Der Vater lebte jetzt mit einer anderen Frau zusammen, die ebenfalls Kinder hatte.

Antje hatte auf die Trennung mit verdoppelter Fürsorge für den kleinen Sohn und die größere Tochter reagiert, die zwei und vier gewesen waren, als ihr Vater das gemeinsame Leben verlassen hatte. Jetzt waren sie zehn und zwölf. Antje versuchte, ihnen Vater und Mutter zugleich zu sein, sie las ihnen vor und kuschelte, raufte und spielte Fußball mit ihnen.

Sie arbeitete halbtags an der Rezeption eines Hotels, und was sie damit verdiente, brachte sie zusammen mit dem väterlichen Unterhalt für die Kinder finanziell einigermaßen über die Runden. Ihr Zeitbudget allerdings war extrem knapp. Und sie hatte das Gefühl, daß die Kinder ihre Ansprüche von Tag zu Tag steigerten und sie mit immer größerer Anstrengung der Erfüllung ihrer Wünsche hinterherhechelte. Gemeinsamen Spaß erlebte sie nur noch selten mit ihnen.

Gleichzeitig konnte sie sich des Eindrucks nicht erwehren, daß die Umwelt, ganz besonders ihre eigene Mutter – die ihr sowieso schon die Schuld am Scheitern ihrer Ehe gegeben hatte –, sie mit wachsender Skepsis beobachtete. Nachdem es einmal zum Streit wegen der Erziehung der Kinder gekommen war, ging Antje ihrer Mutter nach Möglichkeit aus dem Weg. Energiegewinn, Entlastung, Befriedigung bezog sie jetzt weder aus der eigenen Kleinfamilie noch aus dem größeren Familienverband.

Manchmal hatte Antje selbst Zweifel, ob sie ihrer Aufgabe gewachsen sei. Es gab vor allem ein Problem, das sie überforderte:

ihren Kindern Grenzen zu setzen und sich selbst von ihnen abzugrenzen. Nach der Trennung hatten beide Kinder Angstanfälle und Alpträume gehabt, und Antje hatte alles getan, um ihnen das Gefühl von Schutz, Geborgenheit und Liebe zu geben. Sie hatte ihnen jeden Wunsch erfüllt, sie bei sich im Bett schlafen lassen, gekocht und gegessen, was Sohn und Tochter mochten, ihre Wochenenden nach deren Wünschen gestaltet – und dabei hatte sie irgendwie den Zeitpunkt für eine Kurskorrektur verpaßt.

Daß für sie selbst und ihre Bedürfnisse in diesem Leben gar kein Platz mehr war, nahm Antje zunächst nicht wahr und dann als gegeben hin. Hauptsache, den Kindern ging es gut und sie entwickelten sich. So glaubte sie.

Doch das war ein Irrglaube. Antje überforderte sich und die Kinder, die sie, ohne es zu merken, zu Ersatzpartnern zu machen versuchte. Distanz und Nähe waren in ihrer kleinen Familie vollkommen aus der Balance geraten. Es mußte irgendwann zu einem Crash und einer Krise kommen.

Die Krise nahm ihren Lauf, als die Tochter in ihren schulischen Leistungen plötzlich dramatisch nachließ. Antje reagierte in gewohnter liebevoll-fürsorglicher Art, versuchte, nach den Gründen zu forschen, stieß aber plötzlich auf präpubertären Trotz und Widerstand. Sie war vollkommen hilflos. Immer hatte sie ihren Kindern nachgegeben, jetzt wußte sie nicht, wie sie plötzlich Regeln durchsetzen und Aufgaben stellen sollte. Sie schmeichelte, schrie dann, tobte und brach zusammen. Der Crash.

Ihr ganzes Leben war auf einen einzigen Bereich verengt. Ihr Beruf war nicht mehr als ein Job, für die Pflege von Freundschaften fehlte ihr die Zeit, Hobbys hatte sie aufgegeben, ihren Körper versorgte sie lustlos. Es gab nur eine Aufgabe für sie: die Aufopferung für ihre Kinder. Und an dieser Aufgabe scheiterte sie nun.

Mußte sie scheitern, wie ich ihr klarzumachen versuchte. Nicht, weil ihr Einsatz zu gering oder ihre pädagogischen Fähigkeiten unterentwickelt waren, sondern weil sie aufgehört hatte, als eigenständiger Mensch zu existieren. «Wie atomisiert» habe sie sich in letzter Zeit gefühlt, charakterisierte sie sich selbst, «so als ob man mich durch ein Haarsieb passieren könnte».

Sie sagte es im Laufe eines langen Gespräches, an dessen Anfang die Frage nach der Ursache des rätselhaften Verhaltens ihrer Tochter und nach einem Rat für den Umgang mit ihr stand. Es war typisch für Antje: Sie glaubte, nicht gut genug gewesen zu sein, und wollte sich noch mehr anstrengen und ein Rezept dafür, wie sie alles noch besser machen könnte als bisher.

Aber nichts wäre verkehrter gewesen, als mit ihr Erziehungsfragen zu erörtern, Fehler, die sie womöglich begangen hatte, und Methoden, sie in Zukunft zu korrigieren. All das hätte dazu geführt, ihr extrem an den Kräften zehrendes Leben noch weiter zu belasten. Der nächste Schritt konnte für sie nur darin bestehen, ihr Leben wieder in Richtung Balance zu bringen, was bedeutete, die abgestorbenen Bereiche ihres Daseins nach und nach zu revitalisieren – und das hieß: zuallererst sich selbst und die eigenen Bedürfnisse wiederzuentdecken.

Das war nicht nur ihretwegen notwendig, sondern auch wegen der Kinder. Nur eine Mutter, die sich in ihrer Rolle und ihrem Leben wohl fühlt, kann dieses positive Grundgefühl auf ihre Kinder übertragen, während ihnen eine überlastete und deprimierte Mutter eher diese schlechten Stimmungen vermittelt.

«Haben Sie eigentlich ein eigenes Glas?» fragte ich sie. Sie sah mich verständnislos an. «Wenn Sie mal mit sich selbst anstoßen wollen, einen schönen Fruchtcocktail oder ein Glas Wein trinken wollen – haben Sie dafür ein eigenes Glas?» Sie hatte keins. Sie trank aus den Apfelsaft- und Colagläsern der Kinder. «Damit fangen wir an», sagte ich. «Sie kaufen sich ein eigenes Glas und ein eigenes Stück Seife. Und Sie organisieren sich eine eigene Stunde pro Tag ganz für sich allein. Und Sie bekommen für einen Abend pro Woche Kinderverbot.»

Sie schüttelte den Kopf. «Ich kann mir keinen Babysitter leisten.»

«Dann finden wir einen anderen Weg», sagte ich.

Bevor wir weitermachten, bat ich sie, den Persönlichkeitstest auszufüllen. Das Ergebnis hatte ich erwartet. Antje war extrem hingabefähig, sie hatte die Neigung, mit anderen Menschen zu verschmelzen; aber sie war auch pflichtbewußt, gewissenhaft und orientiert an äußeren Normen. Wenn man ihr helfen wollte, ihr Leben zu verändern, mußte man dafür diese Seite ihrer Persönlichkeit nutzen.

Ich besprach mit ihr zwei Kleinanzeigen, die sie gleich am nächsten Tag aufgeben sollte, die eine mit dem Text «Alleinerziehende Mutter (Kinder zehn und zwölf) sucht Kontakt zu Frauen in der gleichen Situation», die andere mit einem Angebot, Nachhilfe in Französisch – das sie exzellent beherrschte – gegen stundenweise Kinderbetreuung zu geben. Sie versprach, sich um die Anzeigen zu kümmern, und ich wußte, daß auf sie in solchen Dingen Verlaß war.

Als wir uns wiedersahen, hatte sie auf beide Anzeigen Reaktionen bekommen. Sie hatte mit zwei Müttern telefoniert, die gleichaltrige Kinder hatten; die eine wohnte sogar ganz in ihrer Nähe. Mit beiden hatte sie ein Treffen für das kommende Wochenende verabredet. Und es hatte sich eine Gymnasiastin gemeldet, die ihre Kenntnisse in französischer Konversation vertiefen und dafür gern einen Abend pro Woche die Kinder betreuen wollte. Ich wartete noch ein paar Tage, bis all diese Kontakte fester geworden waren und sich die eine oder andere Perspektive aus ihnen ableiten ließ. Dann entwarf ich gemeinsam mit Antje einen konkreten Tag-für-Tag-Plan für die nächsten Wochen. Er führte unter anderem detailliert auf, was sie an ihren kinderfreien Abenden unternehmen wollte: Kino, Theater, Treffen mit einer Freundin, Sauna. Es war ein Aktionsplan für die Wiedereroberung des eigenen Lebens.

Gleichzeitig überlegten wir uns einen Weg, auch den Kindern eine Innovation zu verschaffen, aus der sie etwas lernen konnten. Antje erwähnte, beide hätten sich schon häufig ein Haustier gewünscht, doch sei sie immer dagegen gewesen, aus Angst, auch diese Arbeit bliebe dann noch an ihr hängen. Nun verabredeten wir, daß sie mit den Kindern folgendes Vorgehen beschließe: Sie durften sich im Tierheim jeder ein Haustier aussuchen, mußten sich aber in einem schriftlichen Vertrag mit ihrer Mutter dazu verpflichten, für es zu sorgen, ihm Futter zu beschaffen und es sauberzuhalten. Bei Vertragsverletzung konnte das Tier – so wurde es auch mit dem Tierheim vereinbart – von der Mutter zurückgebracht werden. Die Kinder waren begeistert, und drei Tage später war Antjes Hausstand um ein Katerbaby und ein Kaninchen bereichert. Der Sohn, aber auch die Tochter erfüllten ihre neuen Pflichten gewissenhaft, sie waren stolz auf ihre neue Verantwortung. Und auch das Verhältnis zu ihrer Mutter besserte sich in dem Maße, in dem sie wieder lernte, ein eigener Mensch mit eigenen Grenzen zu sein. Von diesem Menschen ließen sie sich auch selbst Grenzen setzen, akzeptierten sie Kritik und Forderungen.

Ihr Weg aus der Falle

 Wenn Sie in Gefahr sind, ein Verhalten wie Antje zu entwickeln, oder es schon entwickelt haben, dann sollten auch Sie sich jetzt einen konkreten Plan für die Rückeroberung Ihres Lebens machen. Überlegen Sie,

+ ob das Verhältnis zwischen Distanz und Nähe in der Beziehung zu Ihren Kindern stimmt;
+ ob Sie manchmal das Gefühl haben, in dieser Beziehung «unterzugehen»;
+ ob Sie häufig ein Gefühl von Überforderung haben;
+ ob Sie wenigstens eine Stunde pro Tag ganz für sich nutzen können;
+ ob Sie wenigstens einen Abend pro Woche «frei» haben, um machen zu können, was Sie wollen;
+ ob Sie außer zu Ihren Kindern noch andere intensive Beziehungen zu Menschen haben.

Und denken Sie dann darüber nach, ob Sie nicht ein paar Punkte – wenigstens probeweise – ändern und die eine oder andere Möglichkeit ausprobieren sollten, zum Beispiel:

+ einen festen Kontakt zu anderen Alleinerziehenden mit gleichaltrigen Kindern aufbauen;
+ einen festen Abend pro Woche für kinderlose Aktivitäten organisieren;
+ abgerissene Kontakte zu Freunden und Kollegen wiederbeleben; es muß ja nicht immer mit aufwendigen Einladungen verbunden sein; im Sommer kann man sich beispielsweise auch zu einem Picknick treffen, zu dem jeder etwas mitbringt.

Spätestens an dieser Stelle begegnet mir häufig harsche Kritik. Die lautet ungefähr so:

Alles schön und gut, Sie erzählen mir vom Krisenmanagement einer Papa-Mama-Kinder-Familie, vom Kurieren einer kranken Partnerschaft und von der Reparatur kaputter Beziehungen zwischen alleinerziehenden Müttern und ihren Kindern. Und was habe ich davon? Ich, der ich weder Kinder noch Partner habe, sondern wie Millionen andere ein Single bin und nach Ihrem tollen Modell ein Viertel meines Lebens mangels Masse gar nicht leben kann? Was haben Sie *mir* zu sagen, Herr Professor?

Solchen Singles sage ich zweierlei. Erstens leben sie sehr wohl in einer Partnerschaft, nämlich mit sich selbst. Richtig, jeder Mensch lebt in dieser Partnerschaft, aber es ist für Menschen unterschiedlich wichtig, sich ihrer bewußt zu werden. Wer ein Gegenüber hat, bei dem er Geborgenheit findet, dem er Fürsorge zukommen lassen kann, der ihm Bestätigung gibt, dessen Seele bekommt die Energie, die sie braucht. Wer ein solches Gegenüber nicht hat, muß sein eigenes Gegenüber werden. Er muß gezielt die Momente und Elemente in sein Leben integrieren, die Belastungen abbauen und Befriedigungen schaffen. Und auch da gilt der Satz: Warte nicht, bis dein Spiegelbild dich anlächelt, lächle zuerst! Der Single, der die Vorschläge für eine Verbesserung der Partnerschaft aufmerksam durchliest, wird darin auch für sich viele Anregungen für eine seelische Fitneßkur finden.

Das zweite, was ich sage: Natürlich ist der Mensch keine Monade, und nur Eremiten sind allein wirklich glücklich. Wenn es also im Lebensbereich Familie/Partnerschaft durch das Fehlen eines leibhaftigen Partners ein Defizit gibt, dann muß ein anderer Lebensbereich für Ausgleich sorgen. Konkret: Dann muß (und kann ja auch) viel Zeit und Energie in den Freundeskreis, das persönliche soziale Netz investiert werden, so daß man aus ihm besonders viel Befriedigung – und damit Energie – bezieht.

4. Freunde, Freizeit und soziales Netz

TOM oder:
Ein Sturz in die Einsamkeit

 «Ich bin Ton-Tom», sagte der Mann, der an einem strahlenden Herbstmorgen mein Sprechzimmer betrat und mir lebhaft die Hand schüttelte. «Ein alter Spitzname, an den ich mich inzwischen gewöhnt habe. Alle nennen mich so.» Ich sah auf den Brief des Hausarztes. «Thomas S.», stand da, «Verdacht auf depressive Verstimmung.»

«Siebenundfünfzig Jahre alt», verkündete der Mann, «Geschlecht männlich, verheiratet, ein Sohn.» Er strahlte mich an. Apathisch abgesackt kam er mir eigentlich nicht vor. Er trug ein modisches mausgraues Sakko, ein blaukariertes Hemd und eine blutrote Krawatte mit goldenen Streifen.

«Schöner Schlips», sagte ich.

«Boss», sagte er, «ich kaufe alles dort. Zweimal im Jahr ein Flug nach Stuttgart, halbe Stunde Autofahrt nach Metzingen und dann Großeinkauf. Fabrikverkauf, sagenhaft billig. Ich hab eine Vip-Karte von Boss, da kauft man in einem besonderen Bereich und muß nicht drängeln. Haben Sie auch Interesse?»

Ich schüttelte den Kopf.

«Die Vip-Karte habe ich bekommen, weil ich mal einen tollen Spot für Boss gemischt habe, vier Männer auf einer Rolltreppe in Gegenrichtung, markante Gesichter, klasse Anzüge, wirklich super ...»

Der Mann neigte zur Mitteilsamkeit. Ich unterbrach ihn. «Sie arbeiten bei einer Werbeagentur?»

Sein Gesicht verdunkelte sich. «Ich arbeite überhaupt nicht mehr.»

Er schwieg. Ich auch. Dann begann er, seine Geschichte zu erzählen. Er war Toningenieur beim Fernsehen gewesen. «Öffentlich-rechtlich», sagte er, «ein Schnarchverein.» Aber er galt dort als Crack, hatte ein ruhiges, aber buntes Leben und reichlich Gelegenheit, Geld nebenbei mit Jobs für Werbeagenturen zu verdienen. «Ein knallhartes Geschäft», sagte er bewundernd.

Er hatte offenbar einen kommunikativen Alltag gehabt, von morgens bis abends im Kontakt mit Schauspielern, Regisseuren, Moderatoren, Cutterinnen. «Viele Live-Sendungen», sagte er, «große Shows, super Events.» Die Leute bei den Agenturen hatte er mit Freikarten versorgt, und die hatten es ihm mit Vip-Connections, kleinen Geschenken und lukrativen Jobs gedankt. «Das Leben lief rund», sagte Ton-Tom.

Dann aber lief es ihm aus dem Ruder. Es begann damit, daß er bei der größten und aufwendigsten Live-Sendung, die einmal im Monat ausgestrahlt wurde, durch einen Jüngeren ersetzt werden sollte.

«Hatte es einen Zwischenfall gegeben? Hatten Sie mal versagt?»

«Niemals», erwiderte er, «ich war topfit. Aber haben Sie schon mal das Zauberwort ‹Generationswechsel› gehört? Klingt gut, nicht? Harmlos und solidarisch. Es ist aber ein Mordinstrument.» Ton-Tom widersetzte sich und wollte seinen Stuhl am Mischpult nicht räumen. «Ein Wort gab das andere. Dann habe ich hingeschmissen.»

Er verließ den Sender auf der Basis einer Siebenundfünfziger-Regelung, die ihm den größten Teil seines bisherigen Gehalts bis zum Erreichen des Rentenalters sicherte.

«Ich habe gedacht, das, was mir fehlt, verdiene ich spielend dazu. Bei meinen Verbindungen!»

Doch diese Verbindungen waren brüchiger, als er es sich vorgestellt hatte. Bei der einen Agentur war sein Freund und alter Fan weggegangen und der Nachfolger für ihn nicht zu sprechen; bei einer anderen Agentur erklärte man ihm, man bearbeite jetzt alles digital, weil man damit noch bessere Effekte heraushole, dafür aber sei er nicht mehr der richtige Mann. Bei der dritten Agentur sagte man ihm rundheraus, daß er zu alt sei. Ein knallhartes Geschäft eben.

Er war deprimiert. Saß zu Hause, und die Decke fiel ihm auf den Kopf. Er begann, die alten Kollegen anzurufen, Schauspieler, Cutterinnen; alle Gespräche verliefen nach dem gleichen Muster. «Mensch, Tom, wie geht's? Beneidenswert, nicht mehr in den Sender zu müssen. Wir sollten unbedingt mal zusammen essen. Ich komme auf dich zu.»

Tom sah mich an und lachte, aber es klang nicht lustig. «Das war's dann», sagte er. «Natürlich hätte ich selbst mal jemanden zum Essen einladen können, aber wovon? Da mir jetzt die Werbejobs durch die Lappen gingen, habe ich auch noch Geldprobleme bekommen.»

Tom lief in seiner Wohnung auf und ab wie ein Tiger im Käfig. «Anfangs glaubte ich, ich könnte mit meinem Sohn was machen, wenn er aus dem Gymnasium nach Hause kommt. Aber der war nur genervt.» Natürlich, ein Siebzehnjähriger lebt in seiner eigenen Welt, mit seinen Freundinnen und Freunden, seiner Musik, seinen schulischen Problemen und seinen Zukunftsträumen. Er findet es nicht besonders prickelnd, wenn er plötzlich die Nachmittage mit seinem arbeitslosen Vater verbringen soll.

Und auch Toms Frau war eher auf der Flucht vor ihm. Sie arbeitete als Sekretärin in einer Zeitungsredaktion, kam nach acht Stunden Turbulenz todmüde nach Hause, sehnte sich nach einem schlaffen Abend auf dem Sofa und hatte überhaupt keine Lust auf Touren durch die Passagen der Innenstadt, auf Kneipen, Kinobesuche oder endlose Gespräche mit einem Mann, der den ganzen Tag nichts erlebt hatte.

Tom, der Erfolgs- und Kontaktverwöhnte, vereinsamte und verzagte schließlich. Morgens verließ er die Wohnung, kaufte sich eine Zeitung und setzte sich bei gutem Wetter auf eine Parkbank, um sie zu lesen. Dabei kam er eines Vormittags mit einem Mann ins Gespräch, der auch Tag für Tag in den Park ging und dort sein altes Brot an die wilden Kaninchen verfütterte. «Ich fragte ihn, wie alt er sei», erzählte Tom. «Er war siebenundsiebzig. Da lief es mir eiskalt den Rücken runter. Sollten so meine nächsten zwanzig Jahre aussehen – morgens im Park die Bild-Zeitung lesen und alle Kaninchen mit ihrem Vornamen anreden?»

Tom fühlte sich plötzlich alt. Die nichts mehr von ihm wissen wollten, hatten vermutlich recht, er war verbraucht, ausgepowert, ein Auslaufmodell. Wenn er jetzt am Morgen aufstand, fühlte er sich häufig schwindelig. Auch kam es ihm so vor, als ob er Brustschmerzen habe und sein Herz stark klopfte. Wenn er abends im Bett lag und seine Frau neben ihm längst schlief, wurde das Herzklopfen manchmal so stark, daß ihm der Angstschweiß ausbrach und er wieder aufstehen mußte. Schließlich ging er zum Arzt. Der konnte organisch nichts feststellen und reagierte – glücklicherweise – zurückhaltend auf Toms Bitte um ein Beruhigungsmittel. «Sie bekommen eins», sagte er, «aber vorher gehen Sie noch zu einem Spezialisten.» So kam Tom zu mir.

Allein die Existenz eines Termins und die Aussicht auf ein langes Gespräch hatten Tom an diesem Herbstmorgen so aufgebaut, daß ich einige Zeit brauchte, bis ich hinter der glänzenden Fassade eines modebewußten, junggebliebenen Mittfünfzigers die von Angst und Selbstwertzweifeln zerfressene Realität Toms erkannte. Sein Persönlichkeitsprofil bestätigte den Eindruck, den er selbst vermittelte: Er war ein unternehmungslustiger, temperamentvoller und kontaktfreudiger Mensch, dem leider aber alle Möglichkeiten, diese vorherrschende Seite seiner Persönlichkeit auszuleben, genommen waren. Was Tom am dringendsten brauchte, war eine Chance, wieder das zu leben, was er war.

«Ich möchte gern, daß Sie einen kleinen Fragebogen ausfüllen», sagte ich und schob Tom den «Check-up für Freunde, Freizeit und soziales Netz» hin. Er las sich die Fragen aufmerksam durch und schüttelte dann den Kopf. «Vor einem halben Jahr hätte ich noch geglaubt, ein Dutzend Namen eintragen zu können. Aber heute ...» Er schluckte.

«Wenn sie heute nicht mehr für Sie zur Verfügung stehen, waren es die falschen», sagte ich. «Denken Sie einfach mal ein paar Jahre zurück. Fallen Ihnen dann andere Namen ein?»

Er dachte erneut nach und füllte den Fragebogen dann langsam aus. Viermal tauchte der Name «Kurt» auf, es schien ein besonders enger Freund gewesen zu sein. «Was ist aus Kurt geworden?» fragte ich.

Er zuckte die Achseln. «Ich habe den Kontakt abgebrochen. Es war während seiner Scheidung. Seine Frau hatte ihn verlassen, und Kurt kannte kein anderes Thema mehr. Er war völlig monomanisch. Wochenlang ging das so, Abend für Abend. Ich hatte damals viel zu tun und hab es irgendwann nicht mehr ausgehalten. Ich habe dann eine Reise vorgeschützt und mich danach nicht mehr gemeldet.»

«Dann tun Sie's jetzt», sagte ich.

Er schüttelte den Kopf. «Das wäre mir unangenehm. Als er im Dreck steckte, habe ich ihn hängenlassen, jetzt, wo ich im Dreck stecke, komme ich wieder angekrochen.»

Ich tippte auf die erste Frage: «Wen könnten Sie nachts um drei anrufen, wenn Sie vor Sorgen keinen Schlaf finden?» Er hatte «Kurt» hingeschrieben.

«Das war einmal», wehrte er ab.

«Aber Ihr Gefühl gilt doch noch», sagte ich. «Also zeigen Sie es ihm. Sie waren früher so beansprucht von beruflichen Aufgaben und den dazugehörigen sozialen Verpflichtungen, daß Sie keine Zeit für weitere Kontakte hatten, und auch keinen Bedarf. Mit dem Beruf sind Ihnen aber auch sämtliche sozialen Kontakte weggebrochen. Sie sind in einer ähnlichen Lage wie Ihr Freund Kurt damals, als er von seiner Frau verlassen wurde. Erzählen Sie ihm das.»

«Ich weiß nicht einmal mehr, wo er wohnt», erwiderte er schwach.

«Dann finden Sie es heraus! Zeit haben Sie doch genug.»

Ich wußte, daß schon diese Aufgabe ihm Auftrieb geben würde. Das war es, was er brauchte: Aufgaben und soziale Kontakte. Ich erklärte es ihm. Und erläuterte ihm den Fehler, den er begangen hatte und jetzt am liebsten wiederholen würde: Er hatte sein ganzes Leben auf einen einzigen Bereich verengt, den Beruf. An ihm hingen auch die – wie sich nun herausstellte – scheinbaren Freundschaften. Wirkliche Freundschaften daneben hatte er nicht. Und seine Familie funktionierte leidlich, konnte aber das riesige Defizit, das in seinem Leben entstanden war, nicht annähernd ausgleichen. Er schien zwar kaum starken Belastungen ausgesetzt zu sein, aber dieser Eindruck täuschte. Für ihn, den Unternehmungslustigen und Kontaktfreudigen, war ein Leben ohne Unternehmungen und Kontakte eine riesige Belastung, der zudem keinerlei Befriedigungen mehr gegenüberstanden. Jeder Energiezufluß in seinem Leben war versiegt. Kein Wunder, daß er krank geworden war. «Wenn Sie nichts essen, dann verhungern Sie», erklärte ich ihm, «wenn Sie sich nicht bewegen, verknöchern Sie; wenn Sie keine sozialen Kontakte haben, erstarren Sie. Bei Ihren alten Kollegen finden Sie die offenbar nicht mehr. Also müssen Sie sich ein neues soziales Netz knüpfen oder Ihr altes reparieren. Fangen Sie doch mit Kurt an!»

Er guckte zweifelnd, aber er versprach es.

Ich hörte nichts mehr von Ton-Tom. Das konnte ein gutes Zeichen sein, aber sicher war das nicht. Deswegen rief ich ihn nach zwei Wochen an und fragte, wie es ihm ginge. «Ganz gut», sagte er. Ja, er habe Kurt gefunden, sie hätten sich ausgesprochen und seien nun wieder in freundschaftlichem Kontakt. Es klang nicht so, als bestünde bei Tom noch Bedarf an ärztlichen Bemühungen. Ich wünschte ihm alles Gute und schloß meine Akte.

Im Januar des nächsten Jahres fand ich in meiner Post eine Einladung zu einem Rockkonzert. Ich wunderte mich und studierte den Absender; er sagte mir nichts. Dann fand ich einen hingekritzelten handschriftlichen Gruß mit der Unterschrift «Ton-Tom». Jetzt wurde ich doch neugierig und ging am angegebenen Tag zu der Gesamtschule, wo das Konzert stattfand. Ich bin kein Experte für Rock und fand die junge Band vor allem laut. Von Tom war nichts zu sehen.

Als der Auftritt der fünf Musiker zu Ende war und in eine Tanzparty überging, wandte ich mich leicht enttäuscht zum Gehen. Da trat plötzlich Tom auf mich zu. Er war für die technische Leitung des Abends zuständig gewesen und hatte sich deswegen nicht früher um mich kümmern können. Tom wirkte gelöst und glücklich. Wir zogen uns in eine einigermaßen ruhige Ecke zurück, und er erzählte, wie es zu diesem Abend gekommen war. Sein Freund Kurt hatte sich, nachdem die Scheidung endlich ausgestanden war, ein leidlich behagliches Singledasein eingerichtet, in dem neue Anregungen und Gesichter sehr willkommen waren. Deshalb freute er sich, als plötzlich Tom vor seiner Tür stand. Der kleine Groll, den er gegen ihn hegte, war schnell vergessen.

In Kurts Leben spielte seit den Erschütterungen seiner vergangenen Ehe Tai Chi eine große Rolle. Das Schattenboxen, diese merkwürdige Mischung aus Kampfkunst und Meditation, hatte ihm damals geholfen, mit den wütenden Aggressionen gegen seine Ex-Frau fertig zu werden, und gleichzeitig seine quälenden Schlafprobleme gelöst. Als Tom das hörte, wurde er neugierig, und er begleitete Kurt zum nächsten Tai-Chi-Abend. Was er dort sah, beeindruckte ihn, und er beschloß mitzumachen.

Nach dem Kurs saßen die Teilnehmer oft noch auf ein Bier zusammen. Einer von ihnen war Lehrer an einer Gesamtschule und erzählte, dort hätten Schüler eine Rockband gegründet, die aber mit großen technischen Schwierigkeiten kämpfe.

«Den Rest kennen Sie», sagte Tom. «Die Jungs sind wirklich gut.

In drei Wochen haben wir unseren ersten Fernsehauftritt, zwar nur im Nachmittagsprogramm, aber es ist ein Anfang. Ich wette, in ein paar Jahren sind sie in den Charts.»

Ich wünschte ihm und seinen Musikern viel Erfolg und wollte gehen. Er drückte mir die Hand. «Sie haben mir geholfen, Doktor», sagte er. «Jetzt helfe ich den Jungs. Ich habe ihnen übrigens klargemacht, daß alle Einnahmen in gleiche Anteile gesplittet werden. Ein Sechstel für mich.»

«Ein knallhartes Geschäft, was?» Ich mußte das Schmunzeln unterdrücken. «Besser, man lernt so was beizeiten», sagte Tom und lachte.

 **Was brauchen wir?**

Die positive Energie, die der Mensch zum Leben braucht, bezieht er aus vielen Bereichen. Essen und Trinken, Schlaf und Sex, Sport und Familie, beruflicher Anerkennung und Karriere-Erfolg. Und aus der freundschaftlichen Begegnung mit anderen Menschen.

Nicht jeder hat den gleichen Bedarf an sozialen Kontakten, aber jeder hat Bedarf. Wieviel Nähe anderer Menschen man benötigt – und erträgt –, hängt von der Persönlichkeit ab. Manche Menschen, wie Tom, brauchen viele Kontakte; andere wären davon überanstrengt. Aber ein Mindestmaß an Kontakten und Nähe benötigt jeder.

Wichtig ist, daß es sie auch außerhalb des familiären und beruflichen Bereichs gibt. Selbst eine gut funktionierende Familie kann strapaziert, ein Partner überfordert werden, wenn ihnen zuviel Ausgleich für Schwierigkeiten und Energieverluste in anderen Bereichen abverlangt wird. Und ein Berufsbereich kann – wie man an Toms Beispiel sieht – plötzlich wegbrechen, manchmal schneller, als man denkt.

Deswegen ist es wichtig, daß es einen Freundes- und Bekanntenkreis gibt, der nicht identisch ist mit dem der Kollegen und Verwandten. Denken Sie an das Beispiel des Energiefasses mit den vier Kammern. Ein Lebensbereich, der Beruf beispielsweise, kann schwer angeschlagen sein; viele Mißerfolge, wenig Bestätigung, wenig Energiegewinn. Häufig wird das Unglück dann nach Hause verschleppt, es infiziert die Familie oder Partnerschaft, auch dort kippt die Balance in Richtung Belastung. Das Energiefaß würde leerlaufen, das «Lebensschiff» antriebslos auf der nächsten Untiefe stranden, wenn es nicht noch weitere Kammern gäbe, die Energie beisteuern: gute Freunde beispielsweise, die auffangen, zuhören, unterstützen, helfen, Probleme zu bewältigen und Perspektiven zu klären.

Auch für diesen Bereich aber gilt das Gebot der Ausgewogenheit von Geben und Nehmen, der Balance von Befriedigung und Belastung. Man kann andere Menschen nicht nur für sich in Anspruch nehmen, man muß auch für sie dasein. Man muß in diesen Lebensbereich wie in die anderen investieren: Zeit und Kraft, Anteilnahme und Fürsorge.

Ich erlebe es immer wieder, daß an Investitionen in soziale Beziehungen und Aktivitäten zuerst gespart wird. Wer sich ohnehin schon überlastet fühlt, weil er Schwierigkeiten im Beruf und Probleme in der Ehe hat, wer morgens schwer hochkommt und abends erschöpft ins Bett fällt, neigt dazu, weitere Belastungen zu vermeiden. Als solche erscheinen ihm dann auch Verabredungen mit Freunden, Gespräche, Kinobesuche – alles, was ihn gerade neue Energie gewinnen lassen würde. Das persönliche soziale Netz bekommt immer größere Maschen und löst sich irgendwann auf. Und das fällt meistens erst dann auf, wenn man es dringend bräuchte.

Testen Sie, wie weit die Maschen Ihres persönlichen Netzes sind. Gibt es genügend Menschen in Ihrem Leben, die in wichtigen und kritischen Momenten für Sie da wären?

CHECK-UP
FÜR FREIZEIT UND
SOZIALES NETZ

Bitte mustern Sie Ihren Freundes- und Bekanntenkreis, und beantworten Sie die folgenden Fragen. Markieren Sie die von Ihnen genannten Namen grün und jedes «niemand» rot.

A	Wen könnten Sie nachts um drei anrufen, wenn Sie vor Sorgen keinen Schlaf finden?	Name/n................................ .... Niemanden
A	Mit wem könnten Sie über Schwierigkeiten in Ihrer Beziehung sprechen?	Name/n................................ .... Mit niemandem
B	Mit wem könnten Sie «Pferde stehlen» gehen?	Name/n................................ .... Mit niemandem
B	Mit wem könnten Sie eine Nacht durchtanzen?	Name/n................................ .... Mit niemandem
B	Mit wem könnten Sie es nach einem Schiffbruch auf einer einsamen Insel aushalten?	Name/n................................ .... Mit niemandem

B Mit wem könnten Sie in die Sauna gehen?

Name/n ....

....

Mit niemandem

B Mit wem könnten Sie einen schönen Sonnenuntergang genießen?

Name/n ....

....

Mit niemandem

A Wen könnten Sie um Begleitung bei einer Trauerfeier bitten?

Name/n ....

....

Niemanden

A Wen könnten Sie um Beistand oder Pflege bitten, wenn Sie krank werden?

Name/n ....

....

Niemanden

B Mit wem könnten Sie über dieselben Witze lachen?

Name/n ....

....

Mit niemandem

A Bei wem könnten Sie eine Notunterkunft finden, wenn Ihre Wohnung ausbrennt?

Name/n ....

....

Bei niemandem

C Wem haben Sie gesagt, daß Sie jederzeit für ihn/sie da sind?

Name/n ....

....

Niemandem

C	Wer dürfte sich bei Ihnen mal richtig ausheulen?	Name/n .... Niemand
C	Für wen würden Sie eine Woche Urlaub opfern, wenn er/sie in eine Lebenskrise gerät?	Name/n .... Für niemanden
C	Wen würden Sie in einem Notfall länger bei sich aufnehmen?	Name/n .... Niemanden
C	Für wen würden Sie ein großes Fest organisieren?	Name/n .... Für niemanden

Zusatzfrage:
Jemand organisiert eine Überraschungsparty für Sie. Schreiben Sie mit grünem Stift die Namen der Gäste auf, über deren Erscheinen Sie sich besonders freuen würden. Machen Sie einen roten Strich, wenn Ihnen keine Namen einfallen.

Schauen Sie sich nun das Ergebnis an. Die Fragen, die mit A gekennzeichnet sind, testen Ihre Kontakte zu Menschen, von denen Sie etwas bekommen; die B-Fragen Ihre Kontakte zu Menschen, mit denen Sie etwas teilen; und die C-Fragen Ihre Kontakte zu Menschen, denen Sie etwas geben.

Betrachten Sie die Verteilung, und beantworten Sie sich folgende Fragen:

+ Sind es dieselben oder verschiedene Menschen, mit denen Sie teilen, von denen Sie profitieren, denen Sie etwas abgeben können?
+ Sind es viele oder wenige?
+ Stehen Ihnen auch Menschen für krisenhafte Situationen zur Verfügung?
+ Sind darunter Menschen, die Sie schon lange kennen?
+ Sind es eher Familienangehörige oder Freunde, die Sie selbst gewonnen haben?
+ Sind es Menschen Ihres Geschlechts oder des anderen?
+ Sind darunter viele Menschen, die nicht an Ihrem Wohnort leben?
+ Sind darunter auch Menschen, die nicht aus Ihrem beruflichen Umfeld stammen?
+ Hat die Zahl der Menschen, die Ihnen beim Ausfüllen des Fragebogens eingefallen sind, in den vergangen Jahren eher zu- oder eher abgenommen? Woran liegt das?

Je mehr Menschen Sie in Ihrer Nähe und je mehr Berührungspunkte Sie mit ihnen haben, desto dichter und stabiler ist das soziale Netz, das einen bei Krisen in Beruf, Partnerschaft oder Krankheit auffangen kann. Ob Ihre sozialen Kontakte von schleichender Verkümmerung bedroht sind, können Sie auch anhand eines älteren Adreßbuches feststellen. Blättern Sie es durch, und fragen Sie sich, welche Verbindungen zu welchen Menschen abgerissen sind und warum. Lohnt es sich, sie wieder aufleben zu lassen?

Zu einem stabilen sozialen Netz gehören Menschen, die erreichbar sind – also nicht nur der gute alte Jugendfreund in der sechshundert Kilometer entfernten Stadt. Und es gehören für den Mann ein Freund und für die Frau eine Freundin dazu. Es gibt Themen, die man sehr viel leichter und besser mit einem Gesprächspartner des eigenen Geschlechts besprechen kann.

Bedenken Sie immer: Beziehungen leben dadurch, daß sie in Anspruch genommen werden. Man erhält nur das, was man gibt oder zu geben bereit ist.

Ihr soziales Netz kann seine Dichte und letztlich seine Tragfähigkeit verlieren, ohne daß Sie es bemerken. Menschen wie «Ton-Tom», deren Alltag umwoben ist von Gesprächen, Terminen, Reisen, Geschäftsessen etc., passiert so etwas leicht. Solche Kontakte gaukeln eine Vielfalt von menschlichen Beziehungen vor, sind aber in dem Augenblick verschwunden, in dem die Berufstätigkeit aussetzt. Und das kann schon aus Krankheitsgründen leicht geschehen.

Deswegen ist es wichtig, gerade auch dann die Beziehungen zu Menschen außerhalb der eigenen Arbeitswelt zu pflegen, wenn man schon von seinem Job stärker beansprucht wird, als einem lieb ist. Fehlt die Zeit für Treffen und ausführliche Gespräche, dann sollten wenigstens Telefonate stattfinden oder Briefe, Karten, Faxe, E-Mails ausgetauscht werden.

Allgemein gilt: Je vielfältiger die Kontakte, desto besser! Nur darf Vielfalt nicht mit Oberflächlichkeit verwechselt werden.

Sind Sie sich unsicher über die Güte Ihrer sozialen Kontakte und die Haltbarkeit Ihres persönlichen Netzes?

Dann sollten Sie, um Klarheit zu gewinnen, eine Woche der Selbstbeobachtung einlegen. Nehmen Sie sich einmal am Tag zehn Minuten Zeit, und beantworten Sie die Fragen auf Seite 212f., indem Sie die Antwortfelder mit einem roten oder grünen Stift markieren.

**WOCHENCHECK
SOZIALES NETZ**

Die Kur

Wenn Sie die Fragen mit «ja» beantworten können, färben Sie das Feld für den Tag grün ein, und geben Sie ihm bei einem Nein die rote Karte.

	Mo	Di	Mi	Do	Fr	Sa	So
Haben Sie heute an Ihrem Arbeitsplatz Gespräche über Privates geführt (falls Sie sie hätten führen können)?							
Haben Sie einen Plan für Feierabend und Freizeit gemacht?							
Sieht er Begegnungen mit anderen Menschen vor – Sport, Veranstaltungsbesuch, gemeinsames Essen, Verein etc.?							
Haben Sie sich am Feierabend spontan zu Telefonaten oder Begegnungen mit anderen entschlossen?							
Gibt es einen festen, wiederkehrenden Termin für Vereinsaktivitäten oder sonstige Treffen mit anderen?							
Waren Sie heute abend allein?							
Hätten Sie sich über eine Kontaktaufnahme anderer gefreut?							
Hatten Sie heute die Gelegenheit, Probleme, die Sie auf dem Herzen haben, mit jemandem zu besprechen?							

	Mo	Di	Mi	Do	Fr	Sa	So
War es der richtige Gesprächspartner?							
Haben Sie heute Kontaktangebote (Einladungen, Verabredungen) gehabt?							
Haben Sie heute Kontaktangebote gemacht?							
Wurden sie angenommen?							
Gibt es drei Menschen, denen Sie jetzt am Telefon den Vorschlag machen könnten, den morgigen Abend mit Ihnen zu verbringen?							

Auch hier zeigt Ihnen nach Beendigung des Tests wieder ein schneller Blick: Gibt es grüne Flecken in meiner Woche, oder ist alles rot?

Falls sich am Ende der Woche ein deutlicher Mangel an Menschen, die für Sie da sind, herausstellt; wenn Sie Einsamkeitsgefühle haben; wenn Sie kaum Kontaktangebote erhalten und selbst nicht wissen, wem Sie ein solches Angebot machen könnten; wenn Sie für Ihre Probleme keine Vertrauensperson und für Freizeitaktivitäten keinen Ansprechpartner wissen, dann hat Ihr soziales Netz viel zu weite Maschen, und es besteht die Gefahr, daß es Sie im Bedarfsfall nicht auffängt, sondern in den Abgrund fallen läßt.

Die erste Frage, die sich jetzt stellt, ist die nach der Ursache Ihres Verlustes an Menschen. Haben Sie Ihr soziales Netz komplett eingebüßt, beispielsweise durch einen Ortswechsel? Oder war es ein Prozeß des allmählichen Wegbröckelns von Beziehungen? Dann könnten Sie versuchen, die abgerissenen Kontakte wiederaufzunehmen und alte Freundschaften zu reaktivieren. Das macht aber nur Sinn, wenn Sie sich die Gründe für die Auszehrung klarmachen. Lag es – eine der häufigsten Ursachen – an Überlastung in anderen Bereichen? Besteht diese nach wie vor? Kann sie reduziert werden?

Fragen Sie sich: Welcher Einsatz (Telefonate, Treffen, Einladungen) ist nötig, um das Netz Ihrer privaten Kontakte zu reparieren, und welche Freiräume brauchen Sie dafür? Können Sie sich diese Freiräume schaffen? Erlauben es die Arbeit, die Familie, die Partnerschaft? Verfallen Sie aber nicht in Kontakt-Aktionismus. Nehmen Sie sich ein realisierbares Programm vor. Dort, wo vielleicht noch grüne Flecken sind, können Sie versuchen, diese auszuweiten.

Wenn Sie zu dem Schluß kommen, daß Ihnen Menschen fehlen, und Sie ganz neue Kontakte knüpfen wollen, dann gibt es ein paar Punkte, die Ihnen helfen können und die Sie beachten sollten.

Zuallererst Ihre eigenen Bedürfnisse. Welche haben Sie? Liegt Ihnen mehr an Einzel- oder an Gruppenkontakten? Suchen Sie eher gedanklichen Austausch oder gemeinsame Aktivitäten?

Sie können nur das für Sie Richtige finden, wenn Sie wissen, wonach Sie suchen.

Die Suche ist am einfachsten bei den Menschen, zu denen Sie schon Kontakt haben, weil Sie beispielsweise Ihre Arbeitskollegen sind. Werden Sie initiativ! Sprechen Sie Kollegen, die Ihnen sympathisch sind, gezielt an. Erkundigen Sie sich nach ihren Freizeitaktivitäten, zeigen Sie gegebenenfalls Ihr Interesse, und fragen Sie, ob Ihre Begleitung möglich und willkommen ist.

Sie können im übrigen davon ausgehen, daß sich überall dort, wo Veranstaltungen zu einem Ihrer Interessengebiete stattfinden, auch Menschen verwandten Geistes aufhalten. Solche Vortragsabende, Diskussionen, Tage der offenen Tür – was immer Sie wollen – werden überall angeboten, von Museen, Parteien, Volkshochschulen, Bürgerinitiativen, karitativen Organisationen, Kirchen, Buchhandlungen, Galerien, gemeinnützigen Vereinen, und all diese Institutionen freuen sich über Besuch und Resonanz. Sie haben den Vorteil, dort Menschen mit gleicher Interessenlage zu finden – und den zweiten Vorteil, sich bei solchen Anlässen sicher und souverän bewegen zu können.

Besonders willkommen sind Sie überall, wo Veranstaltungen ehrenamtlich organisiert werden, wenn Sie Zeit haben und Ihre Hilfe anbieten. Zeigen Sie Initiative. Fragen Sie nach den Verantwortlichen, sprechen Sie sie an, und sagen Sie ihnen, daß Sie Interesse haben, an der Vorbereitung der nächsten Veranstaltung mitzuwirken; fragen Sie, ob Bedarf für Ihre Hilfe besteht.

Es gibt viele andere Möglichkeiten, mit Leuten ins Gespräch zu kommen. Spielen Sie zum Beispiel Tourist in Ihrer eigenen Stadt. Sprechen Sie fremde Menschen an, und fragen Sie sie nach einer Sehenswürdigkeit, einer guten Boutique oder einem lauschigen Café. Lassen Sie sich von ihnen etwas zeigen.

Die Kur

Bleiben Sie bei Partys in der Küche, und nutzen Sie zum Beispiel eine Plauderei über das Essen als Einstieg, um jemanden kennenzulernen.

Wenn Sie mit jemandem ins Gespräch kommen, dann seien Sie dabei stets freundlich, aber nicht fordernd. Bei jeder Kontaktaufnahme ist es wichtig, den anderen nicht zu überrennen. Stopfen Sie ihn nicht mit zu vielen Informationen voll. Seien Sie am Anfang besonders mit privaten Mitteilungen zurückhaltend, sonst bringen Sie den anderen in eine insgeheime Abwehrposition. Die Intensität von Kontakten muß man behutsam steigern. Hören Sie zu. Zeigen Sie Interesse an dem, was Ihnen erzählt wird, gehen Sie darauf ein. Gut zuhören können ist genauso wichtig wie gut reden können.

DRITTER TEIL

Nach der Kur

Wie geht es weiter?

1. Kurfehler: Das Sisi-Syndrom

Manchmal versetzt mich eine träumerische Anwandlung in ein altmodisches holzgetäfeltes Sprechzimmer. Gehrock und Zylinder hängen am Garderobenständer, Petroleumlampen kämpfen mit dem grauen Zwielicht eines Wiener Wintermittags. Mir gegenüber sitzt eine Frau, die verschleiert in die Praxis gekommen ist. Jetzt, da sie den Schleier abgelegt hat, sieht man ein Gesicht, bei dem vielen Zeitgenossen der Atem stockt. Manche halten sie für die schönste Frau Europas.

Sie ist attraktiv. Sie ist jung. Sie ist wohlsituiert. Sie ist einflußreich. Und sie ist unglücklich. Sie heißt Elisabeth, wird Sisi genannt und ist Kaiserin von Österreich.

Immer wieder hat sich an ihrem traurigen Leben die Phantasie von Schriftstellern und Regisseuren entzündet. Doch auch Psychologen und Psychiater fühlen sich von ihrer Biographie herausgefordert. Warum gelang es Sisi nicht, glücklich zu sein? Was hat sie falsch gemacht? Hätte man ihr helfen können?

Ich stelle mir vor, wie sie mir irgendwann in den siebziger Jahren des 19. Jahrhunderts gegenübersitzt und von ihrem Leben erzählt.

Sie hatte eine unbeschwerte Kindheit in München und am Starnberger See, die herzoglichen Eltern führten mit ihren acht Kindern ein saloppes Leben, fern von jedem Hofzeremoniell. Als junges Mädchen lernt Elisabeth dann ihren Cousin, den jungen Kaiser Franz Joseph von Österreich, kennen. Als sie fünfzehn ist, verloben sie sich.

Die Heirat ist für die Zeitgenossen eine Traumhochzeit, für die zarte Sechzehnjährige eine Tortur. Eine noch größere Qual wird für sie die Einbindung in die strengen Reglements der Wiener Hofburg, in der ihre Schwiegermutter die heimliche Herrscherin ist. Sie reißt, als Sisi schwanger wird, die ganze Organisation der kaiserlichen Nachkommenschaft an sich, entscheidet über Kindermädchen und Kinderzimmer, weit entfernt von Sisis Räumen, nahe bei ihren eigenen.

Es ist dann auch noch ein trauriger Triumph für die Schwiegermutter, als Sisi 1857 darauf besteht, ihre zweijährige Tochter auf eine Reise nach Ungarn mitzunehmen, und das Kind unterwegs stirbt. Bei der Erziehung ihrer zweiten Tochter und ihres 1858 geborenen Sohnes Rudolf resigniert die junge Kaiserin gleich von vornherein. Alles, was mit ihnen geschieht, bestimmt die Großmutter.

Ihren Mann sieht die Kaiserin selten. Er ist von Hofpflichten und noch mehr von dem Krieg beansprucht, den Österreich in Italien führt. Irgendwann legt sich der Monarch auch noch eine Geliebte zu.

Elisabeth vereinsamt. Inmitten einer vielköpfigen Familie und einer Schar von Domestiken.

Sie erzählt mir von den Krankheiten, die sie seit langem verfolgen. Von hartnäckigem Husten, «Bleichsucht», also Blutarmut; überreizten Nerven und unstillbaren Weinkrämpfen. Ein Arzt löst den anderen ab. Sie diagnostizieren «Lungenaffektionen» und verordnen Aufenthalte in zuträglicherem Klima. Sisi reist nach Madeira. Die milde Luft dort, die Promenaden unter südlichem Himmel tun ihr gut. Ihr körperlicher Zustand verbessert sich. Aber immer wieder sperrt sie sich ganze Tage in ihrem Zimmer ein und weint.

Als sie ein halbes Jahr später nach Wien zurückkehrt, nehmen ihre Fieber- und Hustenanfälle bedrohliche Ausmaße an. Die Frage, ob daran die Wiederaufnahme des Repräsentations- und Ehelebens schuld ist, wird von niemandem gestellt. Wegen «Lungenschwindsucht» verläßt Sisi abermals den Wiener Hof und reist für weitere Monate nach Korfu.

Sie schwärmt mir von der griechischen Insel vor. Dem Licht dort, dem Blütenzauber des wilden Oleanders, dem Duftbukett der Orangenhaine. Sisis Monate auf Korfu sind eine Zeit der Genesung. Die ist mit einem Schlag dahin, als sie sich Wien wieder nähert. Der behandelnde Hofrat hält jetzt das «Lungenübel» für zweitrangig, sieht aber immer noch in der «Bleichsucht» eine bedrohliche Gefahr. Doch in der Umgebung der Kaiserin verdichtet sich der Verdacht, daß die Ärzte sie falsch behandelt haben. «Es ist viel für ihre Gesundheit geschehen», schreibt ihre Mutter nach einem Besuch bei der Tochter, «aber leider nie das Rechte, obgleich es so ungeheure Opfer gekostet hat.»

In dieser Situation, stelle ich mir vor, könnte die junge Kaiserin zu mir gekommen sein – wenn es mich und meinen Berufsstand schon gegeben hätte.

So kommen bis heute viele Patienten zu ihrem Psychiater: nach einer Odyssee durch die Praxen verschiedenster Ärzte, die alle möglichen Beschwerden diagnostiziert und behandelt haben, aber nie das zugrundeliegende seelische Leiden.

Das ist bei der Frau, die mir gegenübersitzt, leicht erkennbar. Ihre «Melancholie» spricht sie offen aus. «Wenn ich nur lieber eine Krankheit hätte, die mich schnell dahinraffte, dann könnte der Kaiser doch wieder heiraten und mit einer gesunden Frau glücklich werden.»

Doch in merkwürdigem Kontrast zu dieser Depressivität steht das gepflegte, körperbewußte Äußere der Kaiserin. Sie ist – ungewöhnlich für ihre Zeit – auch nach drei Geburten noch eine wunderschöne Frau, gertenschlank und mit schmaler Taille.

Depressive Menschen neigen dazu, apathisch abzusacken. Man sieht es schon ihren Gesichtern an. Die Wangen hängen, die Mimik ist müde, der Gesichtsausdruck leblos – Menschen hinter der Milchglasscheibe.

Keine Spur davon bei der Kaiserin. Auf Nachfrage bekennt sie sich sogar zu einem regelrechten Körperkult. Im Sommer steht sie morgens um fünf, im Winter um sechs Uhr auf, nimmt ein kaltes Bad und läßt sich massieren. Darauf folgen ausgiebiges Turnen und Gymnastik, dann ein karges Frühstück. Das anschließende Frisieren ihres knöchellangen Haares dauert Stunden. Erst danach läßt sie sich ankleiden, entweder in ein Fechtkostüm, wenn sie fechten will, oder in ein Reitkostüm, wenn es sie nach Training auf dem Pferderücken gelüstet. Ihr Mittagessen folgt strengen Diätregeln und besteht oft nur aus etwas Fleischsaft. Dem kargen Imbiß folgt ein mehrstündiger Spaziergang, diesem erneutes Umkleiden, worauf eine zweite Frisiersitzung auf der Tagesordnung steht. Nachdem am späten Nachmittag und am Abend die leidigen und so oft wie möglich vermiedenen Hof- und Familienpflichten erfüllt sind, gilt es, die aufwendigen Vorbereitungen für die Nacht zu treffen. Warme Olivenölbäder, Einwickeln in feuchte Tücher oberhalb der Hüften, Auflegen von Gesichtsmasken aus rohem Kalbfleisch oder Erdbeeren. Aus den Tagesabläufen der Kaiserin ergibt sich das Bild eines Menschen, der seine Schönheit anbetet, so ihre Nichte Marie, «wie ein Heide seinen Götzen».

Doch nicht eine Sekunde lang vermittelt diese wunderschöne, durchtrainierte, biegsame Sisi einen Eindruck von Glück, Selbstzufriedenheit oder Lebensfreude. Was steckt hinter diesem verbissenen Kampf um ein faltenloses Gesicht und einen makellosen Körper?

Ich stelle mir vor, dieses Buch hätte es damals schon gegeben und ich wäre mit Sisi ihre Lebensbereiche durchgegangen.

Arbeit? Fehlanzeige. Die Repräsentationsaufgaben belasten sie, rauben ihr jede Menge Energie, aber Aufgaben, aus denen sie Befriedigung ziehen könnte, gibt es nicht.

Partnerschaft? Sie besteht aus Zeremonien. Gefühle werden kleingeschrieben. Für ihren Mann ist Sisi eine schöne Trophäe, ein attraktives Aushängeschild der Monarchie. «Der Kaiser scheint in sie vernarrt zu sein», berichtet die preußische Kronprinzessin Viktoria vom Wiener Hof nach Berlin, «aber ich habe nicht den Eindruck, daß sie es in ihn wäre. Er scheint höchst unbedeutend, sehr schlicht und einfach und sieht, was man nach seinen Gemälden und Photographien nicht glauben würde, alt und runzelig aus, während sein rötlicher Schnurrbart und seine Cotelettes ihm sehr schlecht stehen.» Das klingt nicht nach einem Traumpartner. Und der Mann ist dann auch noch verwickelt in eine endlose Kette von Kriegen und Scharmützeln mit seinem preußischen Gegenspieler Bismarck und zusehends verschlissen vom drohenden Zerfall seines Vielvölkerreiches.

Auch die Familie ist keine Energiequelle für Elisabeth. Im Gegenteil. Die Pflichten des Gebärens werden ihr aufgebürdet, die Freuden eines Lebens mit den Kindern hingegen entzogen. Die Schwiegermutter und Kinderfrau nehmen deren Erziehung in die Hand. Die älteste Tochter stirbt, als sie zwei ist. Und die beiden Geschwister, Gisela und Rudolf, die sich herzlich lieben, werden mit sechs Jahren getrennt, damit der Kronprinz, ein sensibler, zarter und kränklicher Knabe, dem drakonischen Regiment eines soldatischen Erziehers unterworfen werden kann. Der bringt das Kind beinahe um mit seinen Methoden des Drills bis zur Erschöpfung und der körperlichen und seelischen «Abhärtung». Sisi verzehrt sich in Sorge um ihren Sohn. Als der dreißig ist, begeht er Selbstmord. Auch die Familie ist also ein Lebensbereich, aus dem der Kaiserin mehr Belastung als Befriedigung erwächst.

Nicht einmal Freunde, Passionen, ein eigenständiges soziales Netz hat Elisabeth. Die Hofdamen, die sie umgeben, sind ihr vorgeschrieben, und die Bälle, Soireen, Bankette und Galas, die sie besucht, sind gesellschaftliche Pflichtübungen. «Die Kaiserin singt weder, noch zeichnet sie oder spielt Klavier und redet kaum von den Kindern», berichtet die preußische Kronprinzessin.

Und selbst private Ungestörtheit ist ihr nicht gestattet. Wenn die Kaiserin ausreitet, im Garten promeniert oder sich sonstwie in

der Öffentlichkeit bewegt, ist sie von einem solchen Beobach-
tungs- und Bewachungssystem umgeben, daß sogar der Kaiser
von einer «Staatsgefangenenexistenz» spricht.

Sie rebelliert dagegen – vergeblich. Doch dann wächst ihr im
Jahr 1865, nach elf Jahren Ehe und drei Geburten, plötzlich eine
geheimnisvolle neue Kraft zu: Die Achtundzwanzigjährige schafft
es auf einmal, sich gegen ihre Schwiegermutter und ihren Mann
durchzusetzen, sie verlangt und erreicht die Ablösung des martia-
lischen Erziehers ihres Sohnes, sie fordert und setzt durch, daß sie
ihren Aufenthaltsort und ihre Umgebung künftig selbst bestimmen kann.

Es ist nicht uninteressant, zu betrachten, in welche Periode ihres Lebens diese plötzliche Kraft zum Aufbegehren fällt. Sie entfaltet sich in einer Zeit, in der die Kaiserin zum ersten und einzigen
Mal in ihrem Leben so etwas wie eine wirkliche Aufgabe und eigenständige soziale Kontakte hat. Die Biographen neigen sogar dazu,
ihr schwärmerische Verliebtheit zu unterstellen. Vielleicht war Sisis
Engagement für «die ungarische Sache», der sie sich Mitte der sech-
ziger Jahre verschrieb, tatsächlich mitbestimmt von der Leiden-
schaft für einen Ungarn, Gyula Andrássy, den führenden politischen Kopf der liberalen Reformer, einen gutaussehenden Grafen,
das genaue Gegenbild zum hölzernen Ehemann der Kaiserin.

Er ist ihr Mentor und Führer bei ihren Reisen durch das Land,
und mißvergnügt registriert der Wiener Hof, daß sie mit ihm
lange Gespräche auf ungarisch führt, eine Sprache, die sie eigens
erlernt hat und die niemand aus ihrer Entourage versteht.

Seine Sache macht sie zu ihrer. Die Kaiserin setzt sich für einen
neuen Ausgleich zwischen Österreich und Ungarn ein, das von
Wien wie eine österreichische Provinz regiert wird. Langsam zieht
sie den Kaiser auf ihre Seite. 1866 unternehmen beide eine mehr-
wöchige Ungarnreise, deren Höhepunkt eine Ansprache der Kaiserin an die ungarischen Reichsdeputierten ist, die sie in geschliffe-
nem Ungarisch hält.

Das Auditorium ist zu Tränen gerührt. Auch die Herzen des ungarischen Adels fliegen ihr zu; wo sie auftaucht, wird sie von begeisterten «Eljen»-Rufen empfangen. Zum erstenmal in ihrem Leben tut Elisabeth etwas, was sie erfüllt und ihr innere Befriedigung und äußere Anerkennung verschafft.

Doch so einhellig diese Anerkennung in Ungarn ist, so drastisch ist die Ablehnung, die Sisi jetzt in Wien zu spüren bekommt. Als die Kaiserin ihr politisches Ziel erreicht hat, die Liberalen gewonnen haben und die konstitutionelle Monarchie für Ungarn besiegelt ist, muß die schöne Kaiserin, die jetzt auch Königin von Ungarn ist, an einen Hof zurückkehren, den sie nur noch als «Kerkerburg» empfindet. Unverhüllte Feindseligkeit schlägt ihr und ihren politischen Idealen von seiten der konservativen Hofbeamten und Machtdirigenten entgegen. Wieder ist sie ohne Aufgabe, ohne Befriedigung, ohne Freunde, ohne irgend etwas, das ihrem Leben Sinn geben könnte.

Immer mehr versinkt sie in sich selbst. Gerät ins Grübeln und Philosophieren, wird menschenscheu, vermeidet alle sozialen und politischen Aktivitäten und bleibt sogar den gemeinsamen Mahlzeiten mit dem Kaiser und den Kindern fern. Das Familienleben erstirbt.

Aber immer noch kümmert sie sich mit großem Aufwand um ihr Äußeres. Es ist das einzige Reich, in dem sie noch Herrscherin ist, über das sie selbst verfügen kann, aus dem sie Anerkennung, Befriedigung, Energie bezieht: die Domäne ihres Körpers und ihrer Schönheit. Nur aus diesem Bereich erwächst ihr so etwas wie Selbstbewußtsein. Sie gewinnt es auf doppelte Weise. Zum einen läßt sie sich immer wieder auf extreme Herausforderungen ein – anstrengende Wanderungen, halsbrecherische Ausritte, drakonische Diäten, aufwendige Turnprogramme – und spürt eine Art von Triumph, wenn sie sie bestanden hat; zum anderen genießt sie die Bewunderung, die sie für das Ergebnis dieses rastlosen Trimmeinsatzes erntet. Immer wieder werden ihre eleganten Bewegungen, ihre schlanke Figur gerühmt, selbst als sie Ende Dreißig und schon Großmutter ist – und nach den Vorstellungen ihrer Zeit längst eine Matrone sein müßte.

Das Selbstbewußtsein, das sie sich auf diese Weise aneignet, ist aber nicht mehr als eine der kosmetischen Masken, die sie nachts trägt. Es resultiert nicht aus Selbstwertgefühl. Das besitzt sie sowenig wie die Balance zwischen den Belastungen und Befriedigungen in ihrem Leben. Ein einziger Lebensbereich, mag er noch so viele Befriedigungen bieten, kann nicht dramatische Defizite in allen anderen ausgleichen.

Und diese Befriedigungen sind ja zudem bedroht. Vom unabwendbaren Schicksal des Alterns beispielsweise, dem auch die strahlendste Schönheit nicht entgeht.

Sisi reagiert darauf mit noch strengeren Diäten, noch rabiateren Fitneßprogrammen. So gerät sie in eine Spirale sich immer stärker verselbständigender Rast- und Ruhelosigkeit, sie reist unentwegt, läßt sich einen Palast auf Korfu bauen, den sie dann nicht bewohnt, tritt Kuren an und bricht sie wieder ab, kämpft und kämpft und verliert doch.

Ihr Kampf ist heldenhaft und hat viele richtige Ansatzpunkte. Aktivismus ist bei depressiven Verstimmungen nicht nur Abwehrstrategie, sondern auch Selbsttherapie. Exzessiver Sport beispielsweise führt zur Produktion körpereigener Endorphine, die als natürliche Stimmungsaufheller wirken und ein Seelentief bekämpfen. Doch es gilt das Gesetz der Drogen: Die Dosierung muß sich steigern, das Leben wird rastloser, der Fitneßeinsatz zwanghafter, der Augenblick der Ruhe bedrohlicher, die Verstimmung schlimmer.

Die Sisi, die mir gegenübersitzt, hat das Lachen lange verlernt. Denn der immer schrägeren Schieflage, in die ihr Leben geraten ist, entspricht eine immer ausgeprägtere Störung des Stoffwechsels im Gehirn.

Dort, genauer gesagt in seinem «limbischen System», steuern

serotoninhaltige Nervenzellen die Stimmungsskala beim Menschen, Angst und Lust, Appetit und Schlaf, Impulsivität und Zwang. Für deren Ausbalanciertheit ist ein korrekter Informationsaustausch zwischen den Nervenzellen unerläßlich, und dabei spielt der Botenstoff (oder Neurotransmitter) Serotonin eine entscheidende Rolle. Serotoninmangel bringt das Stimmungsgefüge des Menschen aus dem Gleichgewicht. Die seelische Störung steht in einer Wechselwirkung mit einer biochemischen. Das bedeutet: Wenn sich negative, depressive Gefühle erst einmal für eine gewisse Zeit festgefressen haben, verändert sich die Biochemie des Gehirns so, daß Gefühle wie Freude, Glück, Zufriedenheit oder Lust nicht mehr empfunden werden können. Sisi lacht nicht mehr, weil sie die Fähigkeit zum Lachen verloren hat.

Es ist eine gefährliche Dynamik, die man sich klarmachen muß: Wer in einem Lebensbereich aus der Balance zwischen Befriedigung und Belastung gerät und nicht für ausreichenden Ausgleich in anderen Bereichen sorgt, läuft Gefahr, irgendwann die Balance in seinem ganzen Leben zu verlieren. Gerade in Situationen, in denen er nichts dringender bräuchte als unerschütterliche Zuversicht und nach vorn weisenden Optimismus, verliert er biochemisch auch noch die Fähigkeit, solche Empfindungen überhaupt zu haben.

Hätte ich Sisi helfen können? Was hätte ich ihr geraten, was verordnet, welche Regeln hätte ich ihr verschrieben?

Der Kaiserin hätten keine anderen Rezepte geholfen als Karl.

Der hatte auch schon eine längere Ärztetournee hinter sich, als er zu mir kam. Sein Problem klang einfach. Er hatte Durchschlafstörungen; wachte morgens um vier oder fünf auf, konnte nicht wieder einschlafen und wälzte sich dann ruhelos im Bett. Das war, so schien es, sein einziges Problem. Sorgen? «Nicht, daß ich wüßte», sagte er. Er hatte eine nette Frau, eine kleine Tochter, die ihn liebte, ein hübsches Haus, einen gut bezahlten Job und jetzt sogar noch die Aussicht auf einen Karrieresprung. «Na ja», räumte er ein, «das beschäftigt mich schon, das ist doch ein ziemlicher Challenge.»

Diese Busineßsprache war typisch für ihn. Karl war ein hochkarätiger Manager und hatte eine beeindruckende Karriere hinter sich. Ein Selfmademan. Banklehre, dann Fernstudium und Promotion neben dem Beruf: Es folgten die Position eines Vorstandsassistenten und eine Bewährungszeit auf diversen Posten des Unternehmens im In- und Ausland – alles hart erarbeitet, immer mit hohem Einsatz. Karl kam aus kleinen Verhältnissen, und es war eine besondere Herausforderung für ihn, daß er jetzt sogar in den Vorstand aufrücken sollte.

Natürlich achtete er auch auf seine Fitneß. «Sonst schafft man ein solches Pensum gar nicht», sagte er. Gerade deswegen waren ihm seine Schlafstörungen unerklärlich. «Ich jogge doch regelmäßig.» Ich stutzte. Regelmäßig? «Ja», sagte er, «jeden Abend.»

Ich bat ihn darum, auch mit seiner Frau sprechen zu dürfen, und er war einverstanden.

«Er hat mit zwanzig Minuten angefangen», erzählte sie, «jetzt ist er bei einer Stunde. Vor acht Uhr abends ist er fast nie zu Hause, dann läuft er, und danach duscht er, aber dann findet er immer noch keine Ruhe. Früher hat er mal ein Buch gelesen oder sich mit mir einen spannenden Krimi angeguckt. Jetzt hält er es höchstens noch zehn Minuten aus, dann springt er auf und fängt an, in irgendwelchen Unterlagen zu blättern.» – «Und das Kind?» fragte ich. Sie winkte ab. «Es macht ihn nervös. Er kann mit Katharina nicht mehr spielen. Er kann auch nicht mit uns spazierengehen. Er kann kein Essen mehr genießen und sich über keinen Blumenstrauß mehr freuen. Er ist nur noch im Streß.»

Unrast, Freudlosigkeit, Schlaflosigkeit, Grübeleien, die zu keinem Resultat führen: Karl, der erfolgreiche Manager, hatte deutliche Anzeichen einer «larvierten Depression», einer Seelenverstimmung, die sich hinter körperlichen Symptomen versteckt und sich manchmal mit rastloser Betriebsamkeit maskiert.

Die Gespräche mit ihm bestätigten meinen Verdacht. Auch Karl war ein Mensch, der im Grunde ein schwaches Selbstwertgefühl hatte. Wie Sisi hing er zeitlebens davon ab, daß äußere Faktoren sein inneres Wertesystem stabilisieren. Bei ihr war es die innere und äußere Anerkennung für ihre Schönheit, bei ihm die für seine Leistung. Und so wie bei ihr der Körperkult immer verbissener wurde, so bei ihm der Zwang, die Leistung zu steigern. Karl wurde zum Workaholic, dessen Sucht nach und nach alle anderen Bereiche zum Opfer fielen – erst die Freunde, dann die Familie. Und selbst seine Körperprogramme hatten längst nichts mehr mit «Wellness» zu tun, sondern waren dem Diktat der Leistungserfüllung und -steigerung unterworfen. Action ohne Satisfaction. Lebensfreude kam in seinem Leben nicht mehr vor.

Damit war Karl ein Opfer seiner eigenen Problembewältigungsstrategie geworden. Er hatte das, was ich etwas salopp gern als «Lochgefühl» bezeichne. Irgendein Ereignis oder eine Konstellation in seiner Kindheit hatte seine Identitätsbildung beeinträchtigt und sein Selbstwertgefühl beschädigt. Das so entstehende Lochgefühl muß dann lebenslang kompensiert werden. Durch Karriereerfolge beispielsweise, durch Gründung einer Familie mit einem allseits anerkannten Partner, durch Leistungen, die Lob, Anerkennung, Wertschätzung einbringen.

Gegen solche Kompensation ist nichts einzuwenden. Sisi und Karl aber hatten beide den gleichen Fehler begangen. Sie hatten die Kompensation in eine einzige Richtung forciert und ihr alles andere geopfert. Wenn das Leben aber insgesamt nicht in der Balance ist, weil von vier Lebensbereichen drei abgestorben sind, dann geht irgendwann auch die Balance in diesem letzten Bereich verloren.

Bei Sisi geschah das, als zunehmendes Alter ihren Kampf um die ewige Schönheit beendete, sie ihr Äußeres fortan hinter Schleiern und Fächern verbarg und ihr Inneres nur noch von Todessehnsucht erfüllt war.

Karl erreichte die Bruchstelle, als ihm mit der Berufung in den Vorstand noch eine Leistungssteigerung – das heißt eine weitere Belastung – abverlangt wurde, die sich in keinem Bereich mehr durch irgendeine Befriedigung ausbalancieren ließ. Deshalb lief sein Energietank jetzt endgültig leer. Der ausgepowerte Organismus reagierte mit Schlafstörungen und Depression.

Erschreckend viele Menschen, so ergab eine Untersuchung des Münchener Max-Planck-Instituts für Psychiatrie, kämpfen wie Sisi und Karl auch dann noch mit aktionistischen Strategien gegen Rast- und Freudlosigkeit, wenn sie längst in die Hände eines kompetenten Arztes gehörten. Ihr Kampfkonzept aber ist nicht nur wirkungslos, sondern auch riskant. Die Depression, die sie entwickeln, wird chronisch, kann das Leben bis zur Suizidgefahr verdunkeln und ist immer schwerer zu heilen.

Zur Heilung gehört in erster Linie natürlich die Veränderung des Lebens, die Wiedereroberung der Bereiche, aus denen sich Energie und Freude beziehen läßt. Wenn allerdings die Biochemie des Gehirns schon so aus der Balance geraten ist, daß diese Freude nicht mehr empfunden werden kann, dann kommt man ohne Medikamente nicht mehr aus.

Vor diesen Medikamenten muß man sich nicht fürchten. Sie haben nichts zu tun mit den Breitbanddämpfern vormaliger Antidepressiva. Sie machen nicht müde, und sie erzeugen keine Abhängigkeit. Diese Stoffe wirken auf die Gehirnchemie so ein, daß deren Botenstoffe dort wieder ausreichend zur Verfügung stehen, für korrekten Informationsaustausch zwischen den Nervenzellen sorgen und die biochemische Unordnung beseitigen.

Für den Patienten bedeutet das: Unruhe und Getriebenheit klingen ab, Ängste legen sich, die Stimmung wird aufgehellt, die Empfindungsfähigkeit für Ruhe und Freude kehrt zurück.

Als ich Karl aus meiner – auch medikamentösen – Behandlung entließ, sagte er zu mir: «Danke, daß ich wieder lachen kann.»

Kaiserin Sisi habe ich leider nicht kennengelernt ...

SISI-FRAGEBOGEN

Dieser Fragebogen gibt Ihnen einen Hinweis darauf, ob bei Ihnen Anzeichen für eine larvierte, also im Hintergrund wirkende Depression – das Sisi-Syndrom – vorliegen.

	ja	*nein*
Wenn ich an mir Leistungsschwächen erkenne, versuche ich sie mit verstärktem Einsatz wettzumachen.		
Trotz all meiner Aktivitäten empfinde ich eine gähnende innere Leere.		
Auch wenn ich hart erkämpfte Erfolge habe, spüre ich wenig Befriedigung.		
Ich stürze mich in anstrengende Aktivitäten, um nicht mit mir und meinen Problemen allein zu sein.		
Ich strample mich bis zur Erschöpfung ab, aber die fällige Zufriedenheit stellt sich nicht ein.		
Beim Sport verausgabe ich mich völlig, um wenigstens danach Entspannung zu empfinden.		
Bei sportlichen Abenteuern habe ich schon gedacht: Jetzt wäre der richtige Augenblick, um mit allem mutig Schluß zu machen.		
Intensive Körperpflege, Fitneßtraining und Sport helfen mir, mit meinem Gefühl innerer Leere fertig zu werden.		
Ich ziehe es vor, mich in Aktionen oder Aufregungen zu stürzen, statt mich mit meinen unbehaglichen Gefühlen zu befassen.		
Ich fühle mich wie ein Hamster im Laufrad, der rennt und rennt und nicht vorwärts kommt.		
Ruhe und Muße machen mich kribbelig.		

	ja	*nein*
Ich habe den Verdacht, daß irgend etwas mit mir nicht stimmt: Ich leiste so viel und kann mich über so wenig freuen.		
Wenn Hektik und Streß bei mir nachlassen, setzt ein unerklärliches Grübeln ein.		
Mir geht es am besten, wenn ich durch Aktivität, Arbeit und Streß von mir und meinen Problemen abgelenkt bin.		
Andere sagen oder signalisieren mir, daß ich mich ständig überfordere.		
Ich gestatte es mir nicht, mich hängenzulassen, und drehe statt dessen lieber auf.		
Nach außen zeige ich eine Hochglanzfassade, aber dahinter fühle ich mich unzufrieden und freudlos.		
Ohne Aufgaben bekomme ich schlechte Laune.		
Wenn ich spüre, daß in mir Schwäche hochkommt, versuche ich sie durch Leistungsehrgeiz in Schach zu halten.		
Ich habe Einschlaf- oder Durchschlafstörungen, für die ich keine klare Ursache angeben kann.		

Zum Sisi-Syndrom existiert noch kein wissenschaftlich abgesicherter Fragebogen. An ihm wird gearbeitet. Ihre Antworten auf die oben gestellten Fragen können Ihnen deshalb nur einen Anhaltspunkt für den Grad Ihrer Gefährdung geben. Zählen Sie Ihre Ja-Kreuze zusammen. Je mehr Sie davon haben, desto größer ist die Gefahr, daß Sie an einer larvierten Depression leiden, und desto eher sollten Sie sich in eine fachspezifische Beratung begeben und diesen Verdacht fundiert abklären lassen.

2. Was tun, wenn die Krise kommt?

ELENA oder:
Wenn die Welt zur Zelle wird

 Elena hatte eine Wunde, aber sie wußte nichts von ihr. Natürlich wußte sie, daß ihr Vater sich umgebracht hatte. Sechs Jahre alt war sie damals, als er eines Mittags nicht zum Essen erschien und dann auf dem Dachboden hing. Natürlich erinnerte sie sich an den Schock, den das kleine Mädchen damals erlitten hatte, die Verzweiflung, die Wut darüber, daß er sie so plötzlich verlassen, allein gelassen hatte. Sie wußte auch noch, daß sie es damals nicht ertrug, wenn ihre Mutter sich auch nur fünf Schritte von ihr entfernte.

Aber das war eben damals. Lange her. Inzwischen war sie neununddreißig, selbst Mutter eines aufgeweckten Fünfjährigen und um ein harmonisches Familienleben bemüht.

Um die seelische Gesundheit ihres Mannes mußte sie sich keine Gedanken machen. Hans hatte zwar eigentlich nie Geld, war dafür aber verschwenderisch mit den Gaben eines Lebenskünstlers gesegnet. Er war immer besonders witzig angezogen, konnte fabelhaft kochen, verstand viel von allen Tafelfreuden, sprühte vor Kreativität und hatte auf geheimnisvolle Weise auch in Zeiten vollkommener Abgebranntheit stets Zugang zu einer eiskalten Flasche Champagner. Er arbeitete als freier Kameramann – wenn er arbeitete. Doch er war sehr wählerisch mit seinen Jobs. Statt einen gut bezahlten, aber öden Auftrag für einen Werbespot anzunehmen, feilte er lieber an seinem eigenen Filmprojekt – nur er selbst war davon überzeugt, es würde wirklich irgendwann einmal fertig werden –, oder er setzte sich auf ein Bier an die Elbe und las Essays von Gottfried Benn.

Elena arbeitete im Liegenschaftsamt. Das klingt nicht besonders spannend, aber sie war vollkommen zufrieden, fand die Arbeit okay und die Kollegen nett. Die Rollenverteilung in ihrer Partnerschaft war klar und wurde von beiden akzeptiert. Von ihr kamen die Struktur, die Berechenbarkeit des Alltags, das regelmäßige Einkommen, das Brot und die Butter, und er steuerte die verrückten Ideen, das Wochenende auf Sylt, die High-Tech-Espressomaschine und den Chablis bei.

Nur mit einem Umstand ihres Lebens fand sich Elena immer schlechter ab: mit ihrer Wohnsituation. Das hatte mit der Wohnung an sich wenig zu tun, die schön geschnitten, warm und hell war; früher hatte ihnen auch die Lage gefallen. Elena und Hans wohnten in der Nähe des Bahnhofs Sternschanze, in einem multikulturellen Viertel, in dem sich Geschäfte, Restaurants und Dienstleistungsunternehmen von einem Dutzend Nationalitäten drängten. Beide hatten diese Umgebung immer genossen und sahen auch keinen Grund für einen Umzug, nachdem ihr Sohn geboren war.

Doch dann fiel das Viertel von einem Tag auf den anderen der Hamburger Drogenpolitik zum Opfer, deren Vorsatz es wurde, die Rauschgiftszene vom Hauptbahnhof zu vertreiben. Die verzog sich ins Schanzenviertel und fand ihre neue Heimat vor der Haustür von Elena und Hans. Wenn der jetzt morgens Brötchen holte, ging er am Spalier der afrikanischen Dealer vorbei, und wenn Elena mit ihrem Sohn in den benachbarten Park ging, nahm sie eine kleine Friedhofsharke mit, harkte den Sand der Buddelkiste durch und sammelte die weggeworfenen Heroinspritzen ein.

Lebenskünstler Hans konnte mit diesen neuen Begleitumständen ihres Alltags leben, Elena nicht. Und da sie eine ebenso praktische wie resolute Frau war, sann sie auf Abhilfe.

Die ergab sich, als sie auf ein Neubauvorhaben in einer Gegend stieß, wo eigentlich nur Villen und Eigenheime von Bestverdienern standen, nun aber auch schmalere Geldbeutel in bescheidenen Reihenhäusern ein Zuhause finden sollten. «Das ist es», dachte sie. Da sie und Hans nicht verheiratet waren und sie als Alleinerziehende galt, räumte ihr das Beamtenheimstättenwerk besonders freundliche Darlehenskonditionen ein, und sie unterschrieb den Kaufvertrag für eine Hausscheibe mit einem Gartenhandtuch. Hans sprach sich nicht dagegen und nicht dafür aus; er hatte, wie er fand, damit im Grunde nichts zu tun.

Nun geriet ihr Leben in den Strudel, den alle kennen, die jemals eine Immobilie gekauft, gebaut und eingerichtet haben. Termine beim Notar, bei der Bank, beim Fliesenfachgeschäft wechselten sich ab, der Kassierer im Baumarkt ging irgendwann zwanglos zum Duzen über, und in der alten Wohnung stapelten sich die ungelesenen Zeitungen und Zeitschriften.

Es war natürlich Elena, die dieser Anforderungsstreß mit voller Wucht traf. Hans sah keine Veranlassung, an seinem Leben viel zu ändern. Er saß immer noch lesend an der Elbe, während sie das Gefühl hatte, keine andere Lektüre mehr zu kennen als Bankauszüge, auf denen Abbuchungen standen.

Wenn man das erste Eigenheim seines Lebens bezieht, will man nicht zu knauserig sein. Ob es um den Teppichboden, die Fliesen im Bad oder das Schlafzimmer ging – jedesmal dachten Elena und Hans: Es ist doch eine Investition in die Zukunft, in unsere Familie, besser wählt man das, womit man wirklich leben kann, als sich später jahrelang zu ärgern. Und alles wurde teurer als geplant.

Bei der Küche streikte Elena. Hans hatte eine Superprofiversion vorgeschlagen, in der er die sensationellsten Menüs kochen könnte, aber bei den Preisen wurde ihr schwarz vor Augen. «Bitte, dann eben nicht», sagte Hans, «es ist ja dein Haus.»

Das stimmte formaljuristisch. Nur Elena stand im Grundbuch – anders wäre sie nicht zu dem günstigen Kredit gekommen. Für sie war es trotzdem ihr gemeinsames Haus, das Heim ihrer kleinen

Familie, aber Hans war auf Abstand bedacht. «Diese Lösung für den Eingangsbereich ist viel zu spießig, aber bitte, es ist ja dein Haus.» Finanziell tat auch er, was er konnte, aber Verantwortung lehnte er in jeder Form ab. «Elenas Scheibe», sagte er zu Freunden, «geht mir kalt am Arsch vorbei.» Natürlich erfuhr sie das.

Als sie die alte Wohnung zum lange festgelegten Termin verlassen mußten, war das neue Haus noch nicht fertig. Sie zogen auf eine Baustelle, wurden von Handwerkern geweckt und von Handwerkern in den Schlaf gehämmert.

Und als die Handwerker endlich gingen, stellte sich heraus, daß sie beim Anbringen einer Klopapierhalterung eine Wasserleitung angebohrt hatten und das Wasser tagelang in die Wand gelaufen war. Trocknungsgeräte mußten aufgestellt werden, es brummte und fauchte wochenlang, als ob riesige Staubsauger liefen.

Dann zogen die Nachbarn ein. Kinderlos und kinderkritisch. Elena ahnte kommende Konflikte. Und ihre Schulden wurden immer drückender. Rechnungen, die sie längst vergessen hatte, kamen mit penetranter Pünktlichkeit. Manchmal wagte sie die Bankbriefe gar nicht mehr zu öffnen. Und sechs Wochen nach dem Umzug wußte sie nicht, woher sie in der zweiten Monatshälfte noch das Geld für Brot und Butter nehmen sollte. An einen Abend mit Kinderbetreuung und Kino oder Restaurantbesuch mit Hans war überhaupt nicht mehr zu denken.

In diese Tage fiel ein Morgen, an dem Elena wie üblich aufgestanden war, Frühstück gemacht, ihren Sohn angezogen hatte, mit ihm um die zahlreichen Bagger, Betonmischer, Steinstapel und Schlammpfützen herum zum Auto gelaufen war und ihn zur Schule gebracht hatte; als sie dann vor der Schule wieder ins Auto stieg, konnte sie einfach nicht losfahren; sie verschränkte ihre Arme vor dem Kopf, ließ ihn auf das Steuerrad sinken und fing hemmungslos zu weinen an. So hatte sie lange nicht mehr geweint. Doch es erleichterte sie nicht, es erschöpfte sie noch mehr. Als sie schließlich losfuhr, hatte sie das Gefühl, ein Mehlsack laste auf ihren

Schultern. Den schleppte sie den ganzen Tag mit sich herum, und als sie am nächsten Morgen aufstehen wollte, lag der Mehlsack schon wieder auf ihr.

An diesem Morgen eröffnete ihr Hans, er habe einen Job angenommen und würde zwei Wochen wegfahren. «Ich hoffe, danach sieht es hier etwas freundlicher aus», sagte er. «Außerdem können wir das Geld brauchen.» Das war richtig, und dennoch erfaßte Elena eine Welle aus Wut und Verzweiflung, und sie schaffte es kaum ins Amt.

«Es entwickelte sich dann alles sehr schnell», erzählte sie mir später. Sie wußte noch, daß sie am ersten Abend, nachdem Hans abgereist war, lesen wollte, als plötzlich die Lampe erlosch. Sie holte eine neue Glühbirne, schaffte es aber nicht, sie in die Fassung zu drehen. «Ich bin dann zusammengesackt mit der Birne in der Hand und im Dunkeln sitzengeblieben.»

Sie versuchte noch, sich einzureden, daß sie nur einen Durchhänger habe, daß sie sich morgen wieder zusammennehmen und alle Kräfte anspannen würde, aber das Korsett der Alltagspflichten, das ihr immer Halt und Haltung gegeben hatte, verwandelte sich in einen Strangulationsapparat.

Alles war ihr zuviel – die Arbeit, der Haushalt, die Schulden, das Auspacken der Bücherkisten, die immer noch im Keller standen. Und Hans? Der hatte sich davongemacht, sie hängen-, sitzen-, allein gelassen wie damals ihr Vater. Das hätte sie ihm nicht gesagt, aber sie empfand es so. Und trotzdem bestand Elena noch immer darauf, eine souveräne Frau zu sein, die ihr Leben selbständig meisterte.

Als Hans von seiner Reise zurückkehrte, fiel ihm auf, daß Elena nicht gut drauf war. Sie war blaß, wirkte angespannt, hatte tiefe Ringe unter den Augen. Er überraschte sie am Abend mit Scampi auf Raukesalat und Coq au vin – ihr Lieblingsessen. Oft hatten sie früher Streßtage bei einem gemeinsamen Abendessen ausklingen und sich von der zweiten Flasche Wein zu kühnen Zukunftsträumen inspirieren lassen. An diesem Abend aber blieb Elena appetitlos und irgendwie apathisch. Hans versuchte sie aufzuheitern, erzählte ihr von seinem letzten Dreh, den halbirren Werbemenschen und den tausend Pannen, die passiert waren, aber Elena reagierte kaum, lachte nicht, war seltsam humor- und reflexlos. Im Bett drehte sie sich sofort auf die Seite und schlief ein.

Am nächsten Morgen wollte Hans ihr einen großen Umschlag mitgeben. Unterlagen für das Finanzamt, sagte er; sie fahre dort ja direkt vorbei und solle ihn nur in den Briefkasten werfen. «Ich kann nicht», sagte sie. Mit steinernem Gesicht zog sie den Sohn an. «Was ist los mit dir, was hast du?» fragte Hans entgeistert. Sie reagierte nicht. «Sie war vollkommen unzugänglich», erzählte er mir. Und Elena brachte ihre Erinnerungen an diese Schreckenszeit, die mit einem stationären Aufenthalt in der Psychiatrie endete, im Rückblick in folgendes Bild: «Du wohnst in einem Palast. Dann beginnen dessen Wände auf dich zuzurücken, bis du in einem Einfamilienhaus bist. Aber es geht weiter wie in einem Horrorfilm. Alles verengt sich, du wohnst schließlich nur noch in einer kleinen Wohnung. Das reicht, denkst du, aber es hört nicht auf. Irgendwann bist du im Knast, in einer Einzelzelle.»

Wenn die Seele Narben trägt

Wer die Ratschläge dieses Buches beherzigt, hat eine sehr gute Chance, niemals in Elenas Lage und in die Einzelzelle einer Überlastungsdepression zu geraten. Doch ein gewisses Restrisiko bleibt bestehen.

Elena hatte stets auf ihre körperliche Gesundheit geachtet, ihr Beruf machte ihr Spaß, die Kollegen waren nett und Partnerschaft und Familie in Ordnung. Dennoch hatten die Belastungen in ihrem Leben durch den Hauskauf und seine Folgen so sprunghaft zugenommen, daß sie in eine schwere seelische Krise geriet. Deren letzter Auslöser war das verantwortungsscheue Verhalten von Hans, der auch nicht die leiseste Ahnung hatte, daß er damit für Elenas Empfinden das Verhaltensmuster ihres Vaters wiederholte.

Ein derartiges Empfinden, das ja eine Überempfindlichkeit signalisiert – Psychiater sprechen auch von einer psychischen «Vulnerabilität», also der Verwundbarkeit oder Verletzlichkeit eines Menschen –, wird man nicht einfach abstellen können. Aber man kann sich darauf einstellen. Und man kann, wenn man Vertrauen hat, seinen Partner ins Vertrauen ziehen.

Je besser man sich selbst, seine Persönlichkeit und seine Verletzbarkeiten kennt, desto sorgsamer kann man damit umgehen, desto eher Krisen vermeiden. Auf jeden Fall aber kann man ihre Frühwarnzeichen rechtzeitig erkennen und hat dann noch die Zeit, die Eskalation der Krise zu verhindern und die drohende Katastrophe abzuwenden.

Die meisten Menschen, die in eine solche Lage geraten, machen das Gegenteil. Sie investieren immer größere Anteile ihrer immer knapper werdenden Energie in das Krisenmanagement – und geraten dadurch nur noch tiefer in die Krise hinein. Wie der Wanderer, der in einem Moor vom Weg abkommt, einsinkt und strampelt und dadurch vom sumpfigen Untergrund immer schneller in die Tiefe gezogen wird.

Der Versuch, die drohende Katastrophe abzuwenden, verbraucht von einer bestimmten Erschöpfungsgrenze an mehr Energie, als gleichzeitig wieder aufgetankt werden kann. Ein klassisches Beispiel dafür ist die von Hans liebevoll geschmorte Poularde, der Versuch, die angeschlagene Elena mit verlockendem Essen und fröhlichen Gesprächen wiederaufzubauen. Doch die Kraft, die sie investieren mußte, um diesen Abend durchzustehen, überstieg schon den Energiegewinn, den sie noch daraus beziehen konnte. Es war wie bei der «Titanic»: Was über viele Stunden ein sanftes Sinken bleibt, wird von einem bestimmten Punkt an zu einer rasanten Fahrt in den Abgrund.

Auf der Brücke des Luxusliners hätte man die herannahende Katastrophe erkennen und vermeiden können, wenn man die Frühwarnzeichen beachtet hätte – beispielsweise die dramatisch fallenden Außentemperaturen, die die Nähe eines Eisbergs anzeigten. Doch der Kapitän war blind dafür, weil er fernere Ziele – New York, die pünktliche Ankunft, die Zufriedenheit des exklusiven Publikums – im Auge hatte und das Naheliegende ignorierte. So blieb er seinen Zielen auf ewig fern.

Machen Sie auf der Brücke Ihres Lebensschiffes nicht den gleichen Fehler. Lassen Sie sich von Hinweisen auf eine Krise rechtzeitig warnen. Vergegenwärtigen Sie sich dazu die Darstellung des Zusammenhangs von Belastungen und Belastbarkeit auf Seite 241.

In diesem Diagramm sind auf der senkrechten Achse die Belastungen aufgetragen, die jeder mit sich schleppt oder mit denen wir konfrontiert werden. Sie können sich zu einem mehr oder weniger großen Stapel auftürmen. Die waagerechte Achse hingegen zeigt die Belastbarkeit – das, was ein Mensch an Streß aushalten kann. Hier gibt es große Unterschiede. Manche Menschen sind robuster als andere.

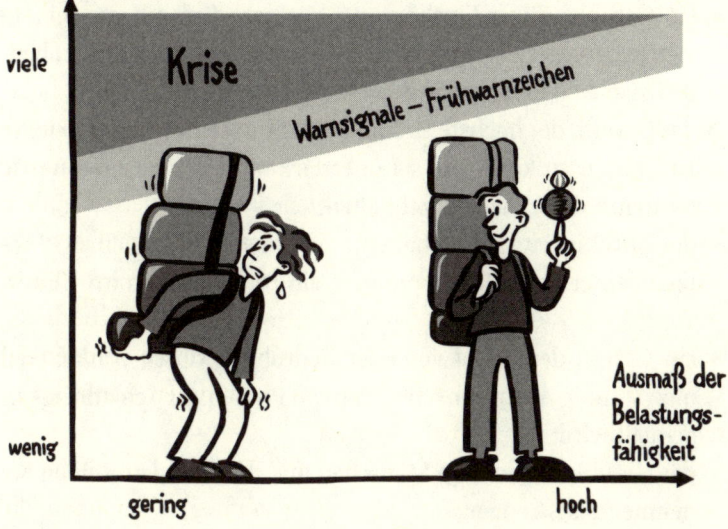

Vergleichen wir jetzt zum Beispiel die Belastungsstapel von zwei Menschen. Der eine ist wenig, der andere stärker belastbar. Es leuchtet sofort ein, daß der Robustere nicht so schnell an seine Grenze kommt. Sie ist dann erreicht, wenn der Belastungsstapel so groß geworden ist, daß er uns umzuwerfen droht. Unser Faß läuft leer. Wir haben keine Kraft mehr. Die Notsignale, die unser Körper dann aussendet, sind Streßzeichen, wie Sie sie zu Beginn des Buches kennengelernt haben. Je mehr Streßzeichen auf der dort aufgestellten Liste (Seite 20 ff.) angekreuzt sind, desto ernster müssen wir die Warnsignale nehmen. Beachten wir diese nämlich nicht, wachsen die Belastungen weiter an – der Stapel wird immer höher –, und zusätzlich läßt unsere Kraft nach, mit ihnen umzugehen; wir werden also empfindlicher, was in unserem Bild bedeutet, daß wir auf der waagerechten Achse nach links rutschen. So geraten wir bald in den Bereich der Krise, und der Zusammenbruch droht.

Typische Warnzeichen sind:

+ ein Gefühl völliger Erschöpfung, das nach Ruhephasen, einem Wochenende etwa, nicht weicht – das unterscheidet die drohende Krise vom «Durchhänger» oder «Formtief»;

+ das Gefühl, der nächste Urlaub oder die nächste Chance, wieder zu Kräften zu kommen, sei unerreichbar fern und man werde bis dahin nicht mehr durchhalten;

+ die Unfähigkeit, abzuschalten, von einem Thema, einem Problem, einer Sorge loszukommen, ein Dauergrübeln im Hinterkopf;

+ ein Gefühl der Angst vor oder Bedrohung durch Schlaf, weil man ständig Alpträume hat oder von Phasen der Schlaflosigkeit gequält wird;

+ das Gefühl, daß andere Menschen und ihre Probleme einen zunehmend anstrengen;

+ eine ständige unbestimmte Angst, für die man keine genaue Ursache angeben kann.

Das Bild zeigt aber auch den Ausweg. Wenn solche Warnsignale bei Ihnen auftreten – was aus Ihrer Streßzeichenliste hervorgeht –, müssen Sie sie ernst nehmen und rasch handeln. Handeln heißt dann: Belastungen zurückschrauben, ihnen aus dem Weg gehen, sie aufschieben oder sich Hilfe holen. Der Stapel wird kleiner. Unsere Belastbarkeit steigern wir dadurch, daß wir uns Ruhe gönnen, auftanken, uns etwas Gutes tun, womit wir neue Energie schöpfen können. Das Faß füllt sich langsam wieder, frische Kräfte fließen uns zu. Aber: Je länger Sie zögern, je mehr Energie Sie für den sinnlosen Versuch verpulvern, den Stapel Ihrer Streßpakete doch irgendwie zu ertragen, desto schneller sinkt Ihre Belastbarkeit. Irgendwann ist sie dann so gering geworden, daß Sie ohne ärztliche Hilfe und eventuell auch Medikamente nicht mehr aus Ihrer Krise herausfinden.

Diese Krise kann verschiedene Erscheinungsformen annehmen. Am häufigsten kommt es zu einer depressiven Apathie, aber es kann auch eine Angststörung entstehen, die sich in unerklärlicher Unruhe und ständiger Angst, auch in gesteigerter Form als Panikattacken, äußert. Eine dritte Variante ist die sogenannte larvierte Depression, eine Seelenverstimmung, die sich hinter einer Maske von Rastlosigkeit verbirgt, wie wir sie im vorigen Kapitel beschrieben haben. Welche Krankheitsform sich die leidende Seele sucht, hängt vor allem von der Persönlichkeitsstruktur ab.

Gemeinsam ist allen drei Erscheinungsformen der Seelenverstimmung, daß sie so früh wie möglich behandelt werden sollten. Denn je länger der Zustand der Überlastung und depressiven Verdunkelung des psychischen Erlebens andauert, desto stärker verändert sich der Stoffwechsel des Gehirns mit der Folge, daß Gefühle wie Freude oder Zufriedenheit nicht mehr empfunden werden können und negative Emotionen übermächtig werden. Der Erkrankte sackt dann noch mehr in die Erschöpfung, neigt noch stärker dazu, sich von anderen abzukapseln, und gerät schließlich in eine Selbstisolation, in der realitätsfremde Denk- und Verhaltensmuster entstehen und einrasten.

Es ist also außerordentlich wichtig, Frühwarnsignale nicht nur rechtzeitig zu erkennen, sondern auch zu beachten. Bei sehr vielen meiner Patienten folgte dem ersten Schritt dieser zweite nicht, weil ihnen ihre inneren Durchhalteparolen im Weg standen. Sie kamen viel zu spät zu mir, und ihre Behandlung dauerte viel länger, als es bei rechtzeitigem Therapiebeginn notwendig gewesen wäre. Machen Sie sich also klar, daß Ihre Standhaftigkeit Sie in eine Stalingradlage bringt! Wenn Sie bei der Aufzählung typischer Frühwarnzeichen einige als Ihre Alltagsbegleiter wiedererkannt haben, dann sollten Sie unbedingt die beiden Tests am Ende dieses Kapitels (Seite 247/251) machen und bei Erreichen der entsprechenden Punktzahlen keinen Tag zögern, sich professionelle Hilfe zu suchen. Und Ihren Durchhalteparolen kündigen Sie den Gehorsam! Wegtreten!

Wo finden Sie professionelle Hilfe? Die meisten Betroffenen neigen – verständlicherweise – dazu, bei gesundheitlichen Problemen zunächst ihren Hausarzt anzusprechen. Das erscheint um so vernünftiger, als seelische Erkrankungen fast immer mit Störungen der körperlichen Gesundheit – Kopfschmerzen, Rückenschmerzen, Migräne, Magen-Darm-Problemen – einhergehen. Ein guter Hausarzt wird solche Beschwerden als das erkennen, was sie sind – natürlich nachdem er festgestellt hat, daß ihnen keine organischen Ursachen zugrunde liegen –, nämlich Symptome einer psychisch bedingten Krankheit, und er wird Patienten, die über sie klagen, an einen Psychiater oder Psychotherapeuten überweisen.

Leider gibt es nicht nur gute Hausärzte. Und der depressive Patient, der eine psychiatrische Praxis erst nach einer längeren Odyssee von Arzt zu Arzt und Therapie zu Therapie erreicht, ist eher die Regel als die Ausnahme.

Psychiater – vorzugsweise mit einer psychotherapeutischen Zusatzausbildung – oder psychologische Psychotherapeuten sind die besten Ansprechpartner für diese Problematik. Der Psychiater mit seiner medizinischen Ausbildung kann und muß zunächst den somatischen Bereich abklären und zuverlässig ausschließen, daß eine Depression beispielsweise von einer Schilddrüsenerkrankung oder einer hormonellen Störung herrührt. Der psychologische Psychotherapeut wird Sie zu einem kooperierenden Arzt schicken, der diese Untersuchungen vornimmt. Ärztlicherseits muß auch geprüft werden, inwieweit psychotherapeutische Behandlungskonzepte und eine eventuell notwendige medikamentöse antidepressive Behandlung ineinandergreifen können.

Fast jedesmal, wenn ich einem meiner Patienten den Einsatz eines Medikaments vorschlage, erlebe ich den gleichen Anflug von Panik. Er sieht sich dumpf im Kopf, benebelt, Schaumpartikel auf den Lippen, mit hektischen kleinen Schlurfschritten die öden Klinikgänge auf- und abwandeln: das in der Öffentlichkeit betonierte und schwer revidierbare Bild der Wirkungsweise von Psychopharmaka.

Die Wirklichkeit sieht schon lange ganz anders aus. Die pharmazeutische Industrie bombardiert die Fachärzte seit Jahren mit immer neuen Generationen von Medikamenten, die immer differenzierter in die krankhaften Stoffwechselprozesse des Gehirns eingreifen und mit vormaligen Breitbanddämpfern soviel Gemeinsamkeit haben wie ein Laserskalpell mit dem chirurgischen Werkzeug des Dr. Eisenbart.

Es sind im wesentlichen zwei Wirkstoffgruppen, die heute in der Behandlung von Depressionen und Angststörungen eingesetzt werden. Beide beeinflussen die Botenstoffe, die zwischen den Gehirnzellen pendeln und dort für korrekte Informationsübermittlung sorgen.

Diese Botenstoffe oder Neurotransmitter, Serotonin und Noradrenalin, stehen den Nervenzellen bei einer depressiven Erkrankung nur noch in verminderter Konzentration zur Verfügung; dadurch ist der Informationsaustausch innerhalb des Gehirns gestört, seine Biochemie kippt aus der Balance.

Die eine Gruppe moderner Antidepressiva, die «selektiven Serotonin-Wiederaufnahmehemmer» mit Wirkstoffen wie Paroxetin, Cipramil oder Fluoxetin, beeinflußt das serotonerge System des Gehirns, das an der Kontrolle von Stimmung, Angst und Impuls beteiligt ist. Die andere Gruppe der «selektiven Noradrenalin-Wiederaufnahmehemmer» mit Wirkstoffen wie Reboxetin wirkt auf das noradrenerge System des Gehirns, das in erster Linie Stimmung, Angst, Interesse und Aktivität beeinflußt. Auf beide Systeme wirkt zum Beispiel Mirtazepin. Die Wirkstoffgruppen sorgen dafür, daß der Mangel an Nervenbotenstoffen ausgeglichen und die Biochemie des Gehirns wieder in Balance gebracht wird. In beiden Gruppen stehen dem Arzt viele verschiedene Präparate zur Verfügung, über die er einen guten Überblick haben muß, denn gleiche Medikamente können auf verschiedene Menschen sehr unterschiedlich wirken. Ein Psychiater kann am besten feststellen, ob Medikamentenbedarf bei einem Patienten besteht, welche Wirkstoffgruppe und welches Präparat für ihn am geeignetsten ist.

Die folgenden beiden Fragebögen, einer eher das Thema Angst behandelnd, der andere eher depressive Symptome erfassend, geben Ihnen Anhaltspunkte dafür, ob Sie Symptome einer psychischen Krise zeigen. Bei deutlichen Anzeichen sollten Sie sicherheitshalber sofort einen Fachmann aufsuchen.

FRAGEBOGEN ZUR ANGST

	fast immer	häufig	selten	fast nie	Punkte
Ich leide an Kopfschmerzen	3	2	1	0	
Ich kann mich gut entspannen	0	1	2	3	
Ich habe weiche Knie	3	2	1	0	
Sex interessiert mich	0	1	2	3	
Ich habe Angst zu sterben	3	2	1	0	
Ich leide an Muskelschmerzen und Gliederreißen	3	2	1	0	
Ich mache mir Selbstvorwürfe	3	2	1	0	
Andere Menschen sind freundlich zu mir	0	1	2	3	
Ich habe Schwierigkeiten, einzuschlafen	3	2	1	0	
Ich habe Schwierigkeiten, mich zu entscheiden	3	2	1	0	
Ich habe Angst, die Kontrolle zu verlieren	3	2	1	0	
Ich leide unter Herzklopfen oder Herzjagen	3	2	1	0	
Ich fühle mich einsam, selbst wenn ich bei der Arbeit bin	3	2	1	0	
Ich befürchte das Schlimmste	3	2	1	0	
Ich leide an Übelkeit und Magenverstimmung	3	2	1	0	

	fast immer	häufig	selten	fast nie	Punkte
Ich habe den Verdacht, daß andere mich beobachten und hinter meinem Rücken über mich reden	3	2	1	0	
Ich muß nachkontrollieren, ob ich auch alles richtig gemacht habe	3	2	1	0	
Ich habe das Gefühl, daß ich von anderen gemocht werde	0	1	2	3	
Ich habe das Gefühl, daß andere mich nicht verstehen	3	2	1	0	
Ich erschrecke ohne erkennbaren Grund	3	2	1	0	
Ich fühle mich energielos und kann mich nur langsam bewegen	3	2	1	0	
Ich bin im Umgang mit dem anderen Geschlecht unbeholfen	3	2	1	0	
Ich bin leicht reizbar und leicht zu verärgern	3	2	1	0	
Ich habe Angst, das Haus zu verlassen	3	2	1	0	
Es fällt mir schwer, etwas anzufangen	3	2	1	0	
Ich glaube, daß andere meine geheimsten Gedanken kennen	3	2	1	0	
Ich habe den Drang, etwas zu nehmen und zu zerschmettern	3	2	1	0	
Ich habe das Gefühl, mir steckt ein Kloß im Hals	3	2	1	0	

	fast immer	häufig	selten	fast nie	Punkte
Ich leide unter Hitzewallungen und Kälteschauern	3	2	1	0	
Ich habe Abneigungen gegen Menschenmengen, zum Beispiel im Kino oder Kaufhaus	3	2	1	0	
Ich fühle mich unwohl bei dem Gedanken, mit Bus, Straßen- oder U-Bahn fahren zu müssen	3	2	1	0	
Ich möchte am liebsten laut schreien	3	2	1	0	
Ich glaube, daß mit meinem Körper etwas nicht in Ordnung ist	3	2	1	0	
Ich glaube, daß mit meinem Verstand etwas nicht in Ordnung ist	3	2	1	0	
Ich fühle mich unbehaglich, wenn ich in der Öffentlichkeit essen oder trinken muß	3	2	1	0	
Ich habe Angst, in der Öffentlichkeit ohnmächtig zu werden	3	2	1	0	
Ich fühle mich in meinen Leistungen von den anderen richtig gewürdigt	0	1	2	3	
Wenn man mich allein läßt, werde ich nervös	3	2	1	0	
Ich mache mir große Sorgen, auch über Dinge, die gar nicht bedeutsam sind oder gar nicht eintreten werden	3	2	1	0	
Ich habe Angst, etwas Falsches zu sagen oder zu tun	3	2	1	0	
Anzahl der Punkte insgesamt					

Auswertung

Weniger als dreißig Punkte: Sie sind offenbar stabil und selbstbewußt im Umgang mit anderen Menschen und kritischen Situationen des Lebens. Ihre Stärke könnte auch darauf beruhen, daß Sie sich selbst sehr bewußt wahrnehmen und im Bedarfsfall imstande sind, Unterstützung von anderen Menschen anzunehmen. Pflegen Sie diese Fähigkeiten.

Mehr als dreißig Punkte: Sie haben deutliche Symptome, die Vorboten einer Angststörung sein können. Sie zeigen sich in körperlichen, gedanklichen, gefühlsmäßigen Anzeichen und schließlich im Verhalten. Achten Sie auf Herzrasen, Schwitzen und Verspannung der Muskulatur.

Prüfen Sie sich:

Neigen Sie zur Furcht, die Kontrolle zu verlieren? Haben Sie Angst, einen Herzanfall zu erleiden oder sterben zu müssen? Sie sind in einem gefährdeten Bereich. Kritisch, das heißt behandlungsbedürftig wird es, wenn Sie das Gefühl haben, die Kontrolle über Ihre Angst zu verlieren, wenn die Angst *Sie* kontrolliert, wenn Sie Angstsituationen zwanghaft vermeiden müssen, wenn Sie in Ihrem normalen Bewegungsfeld eingeschränkt sind. Beschaffen Sie sich Ratgeberbücher. Nehmen Sie Kontakt zu einer Selbsthilfegruppe auf. Warten Sie nicht zu lange, denn jede Angststörung hat die Eigenschaft, sich weiter zu verfestigen.

Mehr als vierzig Punkte: Sie sind in einem kritischen Bereich und bedürfen dringend einer Behandlung. Wenden Sie sich möglichst schnell an einen Psychiater, Nervenarzt oder qualifizierten Psychologen. Eine Angststörung läßt sich meist schnell und gut behandeln. Für die psychotherapeutische Behandlung empfiehlt sich Verhaltenstherapie. Medikamente werden höchstens vorübergehend bei einer möglicherweise zusätzlichen oder zugrundeliegenden depressiven Störung eingesetzt.

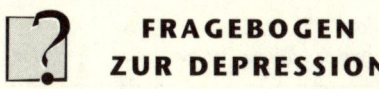

FRAGEBOGEN ZUR DEPRESSION

	fast immer	häufig	selten	fast nie	Punkte
Ich habe Interesse und Freude an verschiedenen Tätigkeiten und Hobbys	0	1	2	3	
Ich fühle mich niedergeschlagen und traurig	3	2	1	0	
Ich möchte am liebsten heulen	3	2	1	0	
Ich reagiere sehr empfindlich auf Kritik	3	2	1	0	
Ich fühle mich geborgen	0	1	2	3	
Ich wache zu früh auf und kann nicht wieder einschlafen	3	2	1	0	
Es macht mir Freude, attraktive Männer/Frauen zu sehen und mit ihnen zusammenzusein	0	1	2	3	
Morgens fühle ich mich miserabel	3	2	1	0	
Ich freue mich über die gleichen Dinge wie früher	0	1	2	3	
Ich betrachte die Zukunft mit Hoffnung	0	1	2	3	
Es fällt mir schwer, Ruhe zu finden und stillzusitzen	3	2	1	0	
Ich bin leicht reizbar	3	2	1	0	
Es fällt mir schwer, Entscheidungen zu treffen	3	2	1	0	

	fast immer	häufig	selten	fast nie	Punkte
Das Leben kommt mir leer vor	3	2	1	0	
Ich komme mir nutzlos vor	3	2	1	0	
Ich bin zufrieden	0	1	2	3	
Ich kann mich schlecht konzentrieren und habe Schwierigkeiten, klar zu denken	3	2	1	0	
Abends geht es mir schlecht	3	2	1	0	
Ich bin schreckhaft und ängstlich	3	2	1	0	
Ich habe Angst davor, zusammenzubrechen	3	2	1	0	
Ich fühle mich selbstsicher	0	1	2	3	
Ich schaffe es nicht, mich auch noch mit Problemen anderer zu befassen	3	2	1	0	
Ich bin überreizt	3	2	1	0	
Ich mache mir Selbstvorwürfe	3	2	1	0	
Ich benötige für alltägliche Verrichtungen viel Zeit	3	2	1	0	
Ich kann mich über viele Dinge freuen	0	1	2	3	
Ich habe Schuldgefühle	3	2	1	0	
Der Tod und das Sterben beschäftigen mich	3	2	1	0	
Ich fühle mich erschöpft	3	2	1	0	

	fast immer	häufig	selten	fast nie	Punkte
Ich fühle mich schwindlig und benommen	3	2	1	0	
Ich fühle mich schwermütig	3	2	1	0	

Zusatzfragen	ja	nein	
Haben Sie in der letzten Woche abgenommen?	3	0	
Leiden Sie an Verstopfung?	2	0	
Schlägt Ihr Herz manchmal schneller als gewöhnlich?	3	0	
Anzahl der Punkte insgesamt			

Auswertung

Weniger als dreißig Punkte: Es scheint bei Ihnen kein ernsthaftes Anzeichen für eine depressive Verstimmung zu geben. Vielleicht gehören Sie zu den Menschen, die imstande sind, Belastungen und Erholung auszubalancieren. Sie sind offenbar auch in der Lage, Belastungen und Gefühle offen auszusprechen, statt sie in sich hineinzufressen. Pflegen Sie diese Fähigkeiten.

Mehr als dreißig Punkte: Sie haben deutliche Symptome, die Vorboten einer Depression sein können. Achten Sie auf Ihre Erschöpfbarkeit. Versuchen Sie sich über Ihre Situation klarzuwerden. Überfordern Sie sich? Versuchen Sie, Streß und Belastungen des Alltags zu verringern. Intensivieren Sie aufbauende und verstärkende Aktivitäten. Beschaffen Sie sich Ratgeberliteratur. Zögern Sie nicht, fachärztliche oder therapeutische Hilfe in Anspruch zu nehmen, wenn sich Ihre Lage verschlechtert.

Mehr als vierzig Punkte: Sie sind im kritischen Stadium einer depressiven Erkrankung. Es ist unwahrscheinlich, daß Sie sich selbst noch wirksam helfen können. Prüfen Sie: Fühlen Sie seit mehr als zwei Wochen tiefe Traurigkeit, Niedergeschlagenheit oder Hoffnungslosigkeit? Sind Sie schnell erschöpft, kaum noch in der Lage, sich zu konzentrieren und alltägliche Entscheidungen zu treffen? Zeigt der Körper Symptome wie Appetit- und Gewichtsverlust? Haben Sie Schwierigkeiten damit, einfach durchzuschlafen? Sind Sie morgens schon erschöpft? Wenn solche Symptome bei Ihnen vorliegen, dürfen Sie nicht zögern, sich an einen Psychiater oder Nervenarzt zu wenden. Wenn Sie sich deutlich lebensmüde fühlen und öfter über den Tod nachdenken, sollten Sie sofort eine Klinik oder einen ärztlichen Notdienst aufsuchen.

3. Konsequenzen aus der Kur: Ihre Strategie für die Zukunft

Sie haben das Buch bis hierher gelesen. Sie haben das eine oder andere Kapitel durchgearbeitet. Sie haben vieles begriffen und eine Menge über sich gelernt, was Sie bisher nicht wußten.

Sie haben auch Vorschläge ausprobiert, Schnupperkurse gemacht, manches blöd gefunden und manches bereichernd. Sie haben Aha-Erlebnisse gehabt, vieles eingesehen. Vor allem ist Ihnen vielleicht deutlich geworden, daß Sie nicht so wie bisher weiterleben sollten, weil Sie sich überfordert haben, weil Sie überlastet sind, weil Ihre Energiereserven aufgebraucht und Sie ausgepowert sind. Vielleicht haben Sie die Kurvorschläge dieses Buches wieder etwas aufgebaut. Hoffentlich fühlen Sie sich jetzt wohler.

Dann kommt nun der schwierigste Augenblick für Sie. Das Buch ist zu Ende, und ich kehre zurück in meine Klinik, zu meinen Patienten, und lasse Sie mit dem Gelesenen allein.

Aber deswegen müssen Sie sich keine Sorgen machen. Sie haben ja eine Menge gelernt, was Sie in Ihrem Alltag anwenden und womit Sie ihn verändern und verbessern können. Das einzige Problem ist: Sie müssen es tun.

Daß dies für viele ein Problem ist, weiß ich aus vielfältiger Erfahrung. Der Mensch neigt zum Rückfall in alte Routine und Bequemlichkeit wie der «entwöhnte» Raucher zum Griff nach der Zigarette. Dagegen müssen Sie den Versuch setzen, wesentliche Teile Ihres Schnupperprogramms der vergangenen Wochen zur neuen Alltagsroutine zu machen. So etwas gelingt nicht allen gleich gut, aber es kann allen gelingen.

Leichter wird es Ihnen sicher fallen, wenn Sie ein Mensch sind, der über ein hohes Maß an Selbstbestimmung, Zuversicht und Autonomie verfügt. Dann kommen Ihre Motivation, Ihr Handlungsimpuls und Ihr Durchhaltevermögen von innen. Sind Ihnen dagegen eher äußere Normen Halt und Orientierungshilfe, dann brauchen Sie wahrscheinlich auch für die Aufstellung und Durchführung eines neuen Lebensprogramms einen externen Helfer.

Am einfachsten finden Sie ihn in einem Partner, der das gleiche Ziel hat wie Sie, so daß Sie sich gegenseitig bei der Einhaltung Ihres Programms unterstützen und kontrollieren können.

Wenn Sie allerdings zu den Menschen gehören, die immer wieder an der Verwirklichung von Reformvorsätzen scheitern, dann sollten Sie auch erwägen, sich einer professionellen Hilfe zu bedienen. Ein Psychologe mit Therapieausbildung könnte Ihnen nicht nur dabei helfen, ein maßgeschneidertes Kurprogramm für Ihre Seele zu entwickeln und seine Umsetzung zu begleiten, er könnte Sie auch davor bewahren, abermals das Erlebnis eines Mißerfolgs zu haben; und er könnte Ihnen helfen, herauszufinden, an welchen inneren Mechanismen die Wiederholung solcher Mißerfolge liegt.

Die einfachste, aber häufig sehr wirkungsvolle Methode, sich bei der Einhaltung eines Kurprogramms für die Seele unter einen gewissen Erfolgsdruck zu setzen, ist der Vertrag mit sich selbst. Dieser Kontrakt, den man mit sich selbst schließt – am besten schriftlich –, sollte anfangs keine zu lange Laufzeit haben und bei Erfüllung eine klare Belohnung vorsehen. Nach meinen Erfahrungen hat sich der Zeitraum von einer Woche für den Anfang bewährt. Und bewährt hat sich auch, einen solchen Vertrag dem Partner oder Freunden mitzuteilen, sich dadurch auch «öffentlich» zu binden – und die Belohnung dann mit Partner oder Freunden gemeinsam zu genießen.

Nehmen Sie sich nicht zuviel auf einmal vor! Planen Sie kleine Schritte, aber halten Sie diese strikt ein. Es mag für Sie seltsam klingen, aber meine therapeutische Erfahrung besagt eindeutig,

daß ein solcher Plan um so wirksamer ist, je genauer man ihn aus-
arbeitet. Machen Sie konkrete Termine, treffen Sie feste Verabredungen! Planen Sie, wann Sie aufstehen wollen, wie Sie aufstehen
wollen, was Sie zum Frühstück zu sich nehmen, wann Sie das Haus
verlassen, wann Sie an Ihrer Arbeitsstelle erscheinen, wann Sie
Pausen einlegen, was Sie in den Pausen tun. Legen Sie genauso
exakt das Programm für den Nachmittag und Abend fest, den
Sport, das Abendessen, die Zeit des Schlafengehens. Durchaus für
den Anfang zum Ausprobieren eines solchen neuen Tagesrhyth-
mus in halbstündigen Schritten. Machen Sie sich einen Stunden-
plan wie damals in der Schule als Erinnerungsstütze.

Verordnen Sie sich feste Regeln – zum Beispiel immer ein Buch-
kapitel vor dem Einschlafen zu lesen. Vermeiden Sie es, über-
gangslos von einer Aktivität in die nächste zu stolpern. Schaffen
Sie Zäsuren! Zwischen Arbeit und Feierabend, zwischen Fernsehen und Schlafengehen. Zäsuren sind wichtige Atempausen für
Körper und Seele.

Zäsuren helfen auch, Abstand zu einem anderen Tagesab-
schnitt und seinen Problemen zu schaffen. Wenn die Pause allein
nicht ausreicht, wenn Sie von einem Problem nicht los- und dem
Grübeln nicht entkommen, dann kann es auch helfen, das Thema,
das Sie beschäftigt, auf einen Zettel zu schreiben und den auf den
Nachttisch zu legen. Sie haben sich damit des Themas entäußert,
versuchen aber nicht, es zu verdrängen oder zu vergessen. Morgen
früh werden Sie es wieder vorfinden.

Sorgen Sie bei der Durchführung Ihres Kurprogramms für
Kontinuität. Betrachten Sie diese aber nicht als selbstverständlich.
Jede Woche, die Sie durchhalten, ist eine Leistung. Seien Sie stolz
darauf. Reden Sie darüber.

Feiern Sie Ihre Erfolge.

Um Phasen von drohender Resignation zu überstehen, müssen
Sie sich unbedingt Ihre eigene Geschäftsgrundlage klarmachen.
Jede Veränderung ist eine Investition. Und genauso wie die Inve-

stition in ein Schuhgeschäft zunächst Geld kostet, bevor die Schuhverkäufe Einnahmen bringen, kostet die Veränderung zunächst Energie. Das fällt schwer, besonders denen, die sowieso schon so wenig davon haben. Aber die Investition ist klug. Sie bekommen nämlich die investierte Energie mit Zins und Zinseszins zurück.

Das verlangt allerdings Stetigkeit. Genauso wenig, wie Sie das Schuhgeschäft nach der Eröffnung tagelang geschlossen lassen dürfen, dürfen Sie das Programm Ihrer Veränderungen mal um- und mal aussetzen. Die Bindung an ein neues, besseres Lebensmuster kommt nur durch Kontinuität zustande.

Abschließend noch ein Bild, das die komplexen Zusammenhänge zwischen Körper und Seele verdeutlichen kann.

Vielen meiner Patienten hat es geholfen, sich eine Art inneren Aufpasser vorzustellen. Er achtet darauf, daß Ihr gesamtes System von Körper und Psyche nicht überfordert wird. Bei drohender Überforderung gibt dieser innere Wachmann zunächst Alarm: Magenschmerzen, Rückenschmerzen, Migräne, Konzentrationsschwierigkeiten, Müdigkeit. Die Liste dieser Streß- und Belastungszeichen kennen Sie nun schon gut. Mit diesen konkreten Beschwerden schaltet er gleichzeitig Komponenten des Systems ab und sorgt dafür, daß nicht mehr Energie verbraucht wird als nachströmt. Wir müssen uns darum kümmern.

Doch oft werden die Alarmmeldungen und das Krisenmanagement dieses geheimen Aufpassers beharrlich mißachtet, umgangen oder ausgetrickst – bei andauernden Magenverstimmungen oder Rückenschmerzen werden Tabletten geschluckt, um wieder zu funktionieren; bei Konzentrationsschwierigkeiten und Müdigkeit steigt der Kaffeekonsum. Wenn dies auf Dauer geschieht, dann bleibt ihm manchmal nur die Wahl, das komplette System abzuschalten und den Energieverbrauch auf Null zu bringen: Eine schwere körperlich-seelische Krise ist die Folge.

In umgekehrter Richtung reagiert der innere Wachmann aber

auch. Bei positiven Veränderungen läßt sich sein Mißtrauen zerstreuen und neues Vertrauen aufbauen. Doch dieser Seelenpolizist ist ein sehr erfahrener Bewährungshelfer. Er läßt sich nicht betrügen. Wenn die positiven Veränderungen nur anfallsweise stattfinden und keine Kontinuität haben, sorgt er weiter dafür, daß der Energiehaushalt des Körpers ein Sparhaushalt ist. Wenn er aber registriert, daß regelmäßig und zuverlässig Energie nachströmt, wenn er feststellt, daß Ruhezeiten eingehalten, Pausen gemacht, aufbauende Aktivitäten betrieben, alte erschöpfende Lebensmuster positiv verändert werden, dann gestattet er es auch, daß der Spargang ausgeschaltet wird und die Energie wieder als mächtiger Fluß Körper und Seele durchströmt.

Ich wünsche Ihnen viel Energie.

Alles Gute!

VIERTER TEIL

Fragen und Antworten

Von meinen Patienten werde ich häufig gefragt, was sie für die Prävention oder die Bewältigung von seelischen Krisen tun können. Die wichtigsten dieser Fragen sind im folgenden aufgeführt und beantwortet.

Was kann ich in meiner Wohnung verändern, so daß ich seelische Unterstützung erfahre und einen Zugewinn an Energie erlebe?

Wenn Sie in Ihrer Wohnung arbeiten müssen, dann sollten Sie den Arbeitsplatz vom Wohnbereich so klar wie möglich trennen. Für die Regeneration ist es wichtig, sich nach Beendigung der Arbeit von dieser auch räumlich zu distanzieren.

Vollgestopfte und unordentliche Räume machen müde und verdrossen, sie rauben Energie. Beseitigen Sie deshalb Unordnung, trennen Sie sich von überflüssigen Dingen, entrümpeln Sie Wohnung und Leben.

Achten Sie besonders im Schlafzimmer auf eine harmonische Atmosphäre. Es ist ein Raum, der für Ihre körperliche und seelische Erholung zentrale Bedeutung hat. Bedenken Sie, daß Sie hier mehr Zeit verbringen als in jedem anderen Zimmer. Das, was Sie nach dem Aufwachen als erstes sehen, stimmt Sie auf den Tag ein. Deswegen ist besser, Ihr erster Blick fällt auf ein schönes Bild oder eine dekorative Pflanze als auf einen Stapel unsortierter Wäsche.

Machen Sie aus Ihrem Schlafzimmer keine Abstellkammer, richten Sie dort niemals einen Arbeitsplatz ein, und stellen Sie sich möglichst keinen Fernseher ans Bett. Machen Sie, wenn Sie ferngesehen haben, grundsätzlich eine deutliche Pause, bevor Sie zu Bett gehen, damit Sie die gesehenen Bilder verarbeiten und loswerden können.

Sie können sich auch Bücher über die Wirkungen von Farben beschaffen, sich darin informieren über die Farben, die auf Sie eine besondere Wirkung haben, eine anregende beispielsweise oder eine beruhigende, und Sie können danach einen oder mehrere Räume Ihrer Wohnung farblich umgestalten.

Wie kann ich meinen Arbeitsplatz so gestalten, daß ich für meine Arbeit möglichst viel Energie habe?

Richten Sie Ihren Arbeitsplatz möglichst so ein, daß Sie mit dem Rücken zu einer Wand sitzen und Tür und Fenster in Ihrem Blickfeld haben. Tür oder Fenster hinter sich zu haben verursacht ein latentes Gefühl von Bedrohung oder Unbehagen und kostet Kraft.

Sorgen Sie für gutes Licht, das die Psyche positiv stimuliert und vorzeitiges Ermüden verhindert.

Räumen Sie Ihren Arbeitsplatz immer so auf, daß er nicht unter Bergen von Papier verschwindet. Solche Schreibtischgebirge machen müde und mutlos, sie verursachen unbewußt das Gefühl, die Arbeit sei sowieso nicht zu schaffen.

Wie soll ich mich an meinem Arbeitsplatz im Fall einer seelischen Krise verhalten? Soll ich mich Kollegen oder Vorgesetzten anvertrauen?

Das hängt natürlich sehr von den Vorgesetzten und Kollegen und den Rahmenbedingungen Ihres Berufs ab. Wenn Sie das Gefühl haben, mit einer Krise nicht mehr allein fertig zu werden, und sich jemandem anvertrauen wollen, dann sollte der- oder diejenige ein professioneller therapeutischer Helfer sein. Mit ihm sollten Sie dann auch Ihr Verhalten am Arbeitsplatz besprechen.

Was kann ich tun, um besser einzuschlafen?

Halten Sie einen festen Rhythmus ein. Gehen Sie stets zur selben Zeit ins Bett, und stehen Sie um die gleiche Zeit auf.

Gönnen Sie sich vor dem Zubettgehen ein Entspannungs- und Ruheritual, wie es in Kapitel zwei beschrieben ist.

Schalten Sie mindestens eine halbe Stunde bevor Sie ins Bett gehen, den Fernseher aus.

Lesen Sie vor dem Einschlafen nichts, was Sie innerlich aufwühlt.

Vermeiden Sie späte schwere Mahlzeiten. Trinken Sie abends keinen Kaffee, Tee oder Espresso mehr.

Probieren Sie aus, ob Ihnen einer der in Reformhäusern erhältlichen Beruhigungs- und Schlaftees guttut. Auf viele Menschen wirkt auch ein Glas Rotwein oder warme Milch (wahlweise mit Honig) als Einschlafhilfe.

Was kann ich tun, wenn ich häufig von Alpträumen gequält werde?

Solche Alpträume können sehr verschiedene Ursachen haben. Wenn Sie eine Reaktion auf Streßbelastung im Alltag sind, dann kann es helfen, wenn Sie sich ein abendliches Entspannungs- und Ruheritual verordnen. Vorschläge dazu finden Sie im zweiten Kapitel. Wenn das nicht hilft oder Streß nicht die Ursache der Alpträume ist, sondern etwa ein traumatisches Lebensereignis, dann sollten Sie sich an einen professionellen Therapeuten wenden und versuchen, mit ihm die Art und die Ursache Ihrer Alpträume herauszufinden.

Was kann ich tun, wenn ich immer wieder viel zu früh aufwache und nicht mehr einschlafen kann?

Sie können zunächst versuchen, der Unruhe, in der Sie sich befinden, mit körperlichen Entspannungsübungen (siehe Kapitel zwei) Herr zu werden. Es sind einfache Übungen der Muskelanspannung und -entspannung, die man im Liegen absolvieren kann und die meist rasch und entspannend auf die Psyche wirken.

Wenn die Unruhe zu groß ist, wenn Sie zu Entspannungsübungen nicht imstande sind oder die Übungen nicht wirken, dann hat es keinen Zweck, grübelnd im Bett liegenzubleiben. Stehen Sie auf, und tun Sie etwas. Seien Sie am besten auf diesen Augenblick innerlich und äußerlich vorbereitet, so daß Sie genau wissen, was Sie tun wollen – bei einer Tasse Tee einen Brief an einen guten Freund schreiben; zum Blumengroßmarkt fahren, einen Strauß kaufen und einen Kaffee trinken; oder spazierengehen, die Morgendämmerung und den Sonnenaufgang betrachten.

Wiederkehrende Schlafstörungen können Symptome einer Depression sein. Prüfen Sie anhand des Fragebogens im Kapitel «Was tun, wenn die Krise kommt?», ob bei Ihnen noch weitere Symptome vorliegen, und zögern Sie gegebenenfalls nicht, sich an einen Psychiater oder Nervenarzt zu wenden.

Gibt es Schlafmittel, die mir helfen können?

Nein. Die Erholungsqualität des Schlafes ist unter dem Einfluß von Schlafmitteln nicht die gleiche. Außerdem sind sie gefährlich, weil sie sehr schnell abhängig machen und man dann ohne – immer höher dosierte – Schlafmittel gar keinen Schlaf mehr findet. Solche Mittel können in einer akuten Krise für ein paar Nächte helfen, aber sie sind keine Lösung auf Dauer.

Gibt es Medikamente, die mich in einer seelischen Krise oder bei erheblicher Erschöpfung stabilisieren können?

Solche Medikamente gibt es. Zu unterscheiden ist dabei zwischen kurzfristig wirkenden Mitteln, die einen beruhigenden oder angstlösenden Effekt haben, und langfristig wirkenden Medikamenten, die depressive oder psychotische Zustände beseitigen. Außerdem muß unterschieden werden zwischen Mitteln, die direkten Einfluß auf den Hirnstoffwechsel nehmen – das sind alle bekannten Medikamente, ob sie rein pflanzlich oder chemisch hergestellt sind –, und den homöopathischen Mitteln, die eher indirekten Einfluß ausüben.

Mit welchen Nebenwirkungen muß ich rechnen, wenn ich Antidepressiva nehme?

Die moderne Generation von Arzneimitteln, die depressiver Verstimmung entgegenwirken, hat eine deutlich bessere Verträglichkeit als die Medikamente, die noch vor ein paar Jahren eingesetzt wurden. Insbesondere ist das Risiko von Funktionsstörungen des Herzens so gut wie ausgeräumt. Sie dämpfen auch weniger und machen kaum noch müde. Noch immer rechnen muß man mit körperlichen Beeinträchtigungen wie Mundtrockenheit, Übelkeit, Kopfschmerzen, Verstopfung oder Durchfall, vermehrtem Schwitzen, Schlaflosigkeit, Schwindel und Muskelzittern. Die Mehrheit der Patienten verträgt die Medikamente aber so gut, daß ihre Alltagstauglichkeit kaum beeinträchtigt wird. Die Medikamente haben kein Abhängigkeitspotential, beeinträchtigen im allgemeinen nicht die geistige und psychomotorische Leistungsfähigkeit und zeigen keine nennenswerte Wechselwirkung mit Alkohol.

Sind pflanzliche Medikamente nicht verträglicher?

Bei den direkt den Hirnstoffwechsel beeinflussenden Präparaten besteht ein tiefer Graben zwischen denjenigen, die glauben, alle Medikamente aus der chemischen Retorte seien schädlich und alle pflanzlichen aus dem Kräutergarten noch akzeptabel. Dem sei entgegengehalten, daß viele chemische Medikamente sinnvolle Weiterentwicklungen von Stoffen sind, die man in Heilpflanzen gefunden hat. Sie wirken deshalb oft schneller und gezielter. Auch pflanzliche Mittel haben Nebenwirkungen; beispielsweise kann man bei dem nachweislich antidepressiv wirksamen Johanniskraut unter Sonneneinstrahlung leicht massive Hautallergien bekommen.

Es muß in jedem einzelnen Fall der Nutzen gegen den möglichen Schaden genau abgewogen werden. Bestehen Sie auf genügend Zeit, dies mit Ihrem behandelnden Arzt zu besprechen. Nur wenn Sie Vertrauen in ein Medikament haben, kann es seine volle Wirksamkeit entfalten. Es gibt nämlich auch die oft vernachlässigte und als Placeboeffekt abqualifizierte psychologische Wirkung von Medikamenten.

Ist Homöopathie nicht viel unschädlicher und wirkt auf die wahren Ursachen?

Die Frage, ob Sie ein direkt oder indirekt wirksames Mittel bevorzugen sollen, kann nur nach einer genauen Analyse der jeweiligen persönlichen Situation beantwortet werden. Es kommt darauf an, wie notwendig eine schnelle Änderung der beklagten Störungen erscheint. Mittel, die direkt in den Hirnstoffwechsel eingreifen, wirken binnen Stunden oder weniger Tage. Homöopathische Mittel, die klassischen oder die sogenannten Bachblüten, sollen auf einer ganz anderen Ebene wirken. Sie sollen vor allem Selbstheilungskräfte durch Anstoß auf der nichtstofflichen energetischen Ebene anregen. Unabhängig von den noch ausstehenden wissenschaftlichen Nachweisen der Wirksamkeit stellt sich die Frage, ob wir uns die Zeit nehmen oder geben, die dazu nötig ist, die Selbstheilungskräfte auf diesem Weg zu aktivieren.

Auch bei dieser Entscheidung gilt wieder: Je früher wir bemerken, daß etwas nicht stimmt, und entscheiden, daß wir daran etwas ändern wollen, desto mehr Wahlmöglichkeiten haben wir. Es ist bei seelischen Erkrankungen nicht anders als bei körperlichen: Wer zu lange zögert, sie behandeln zu lassen, für den kommt irgendwann nur noch die Notfallmedizin in Frage.

Wie vertragen sich Psychotherapie und Medikamente?

Bei Medikamenten, die die Psyche beeinflussen, müssen die Vor- und die Nachteile besonders kritisch abgewogen werden.

Vorteile können sein: Die störende und behindernde Sympto-

matik geht schnell zurück. Ich bin wieder arbeits- und funktions-
fähig.

Nachteile können sein: Wenn die Probleme weg sind, fehlt
auch der Hauptantrieb, an meiner Lebenssituation oder an meinen alten Mustern etwas Grundlegendes zu verändern.

Die Nachteile überwiegen aber eher bei den kurzfristig wirksamen Medikamenten wie Beruhigungsmitteln und Angstlösern,
zum Beispiel Valium, Diazepam, Tavor, Lexotanil und anderen
Präparaten aus der Gruppe der Benzodiazepine. Diese Medikamente sind hochwirksam und haben, relativ gesehen, wenig
Nebenwirkungen, zugleich aber ein beträchtliches Potential, Ab-
hängigkeiten zu erzeugen. Sie sollten im Notfall nur für eine über-
schaubare Zeit – möglichst nicht länger als vier bis sechs Wochen – eng umgrenzt und unter sorgsamer ärztlicher Kontrolle
verabreicht werden.

Die langfristig wirksamen Medikamente wie Antidepressiva
und Neuroleptika brauchen ein bis drei Wochen, bis sie ihre Wirksamkeit voll entfaltet haben. Bisher konnte kein körperliches Abhängigkeitspotential nachgewiesen werden. Sie können daher
auch über einen längeren Zeitraum eingenommen werden. Diese
Medikamente bewirken einen langsamen Rückgang der akuten
Symptome und machen Menschen dadurch oft erst wieder psychotherapeutisch erreichbar. Erst wenn der tiefdepressive Patient
sein Gedankenkreisen etwas lockern kann und etwas mehr Mut
und Antrieb entwickelt, kann er sich wieder mit sich selbst ausein-
andersetzen. Dafür braucht er dann eine kompetente therapeutische Anleitung. Insofern können bestimmte Medikamente und
Psychotherapie sinnvoll miteinander wirken.

Wann soll ich daran denken, mir eine professionelle therapeutische Hilfe zu suchen?

✦ Wenn Sie das Gefühl haben, Sie wissen gar nicht, wo Sie ansetzen sollen, um aus Ihrer Situation herauszukommen;

- ✦ wenn die Streßzeichen massiver werden oder chronisch vorhanden sind, ohne daß eine ursächliche körperliche Erkrankung dahinter zu finden ist;
- ✦ bei hohen Werten auf dem Angst- oder Depressionsfragebogen;
- ✦ wenn Sie generell Interesse daran haben, mehr über sich zu erfahren, und neue Wege kennenlernen wollen, mit Dingen anders umzugehen als bisher;
- ✦ wenn Sie allein gar nicht aus sich herauskommen können, aber trotzdem das Gefühl haben, daß Ihnen das Aus- und Ansprechen von Problemen guttun würde;
- ✦ wenn Sie keine Ansprechpartner haben und gefährdet sind, sich total in die Isolation zurückzuziehen.

Wenn Sie unsicher sind, ob Sie therapeutische Hilfe benötigen, dann können Sie ein Erstgespräch bei einem ärztlichen oder psychologischen Psychotherapeuten (Adressen erfahren Sie bei Ihrer Krankenkasse) vereinbaren. Die Krankenkassen zahlen bis zu fünf sogenannte probatorische Sitzungen, in denen Sie abklären können, ob eine Therapie ratsam ist.

Was ist der Unterschied zwischen einem Psychiater, einem Psychologen und einem Nervenarzt?

Psychotherapeuten haben verschiedene Grundberufe, auf denen aufbauend sie die therapeutische Ausbildung durchlaufen haben.

Einmal ist das der Grundberuf als Arzt. Nach der Medizinerausbildung können sich Ärzte auf bestimmte Fachgebiete spezialisieren, zum Beispiel auf Erkrankungen der Psyche. Sie lernen, psychische Erkrankungen zu diagnostizieren und mit den entsprechenden Medikamenten zu behandeln. Nach der erforderlichen Weiterbildung werden sie Fachärzte für Psychiatrie. Ihre Spezialität ist die Diagnostik von psychiatrischen Störungen, die Abgrenzung zu anderen möglichen Erkrankungen beziehungsweise der Ausschluß denkbarer zugrundeliegender körperlicher Komplikationen und die vorwiegend medikamentöse Therapie.

Weil die Psychotherapie ein wichtiger Bestandteil des Umgangs mit psychischen Erkrankungen ist, hat die Bundesärztekammer beschlossen, daß die neue Weiterbildungsordnung für Psychiater gute Grundkenntnisse in psychotherapeutischen Verfahren zur Prüfungsbedingung machen soll. Bis dato mußten die Psychiater nicht automatisch etwas von Psychotherapie verstehen.

Aber auch Fachärzte anderer Richtungen können sich psychotherapeutisch weiterbilden, um die Patienten, die in ihre Praxis kommen, umfassender behandeln zu können. So gibt es viele Allgemeinmediziner, Gynäkologen und auch einige Hautärzte, die eine psychotherapeutische Zusatzausbildung haben.

Die neue Weiterbildungsordnung hat einen weiteren Facharzt geschaffen, den Arzt für Psychotherapeutische Medizin. Er hat eine fundierte Ausbildung sowohl im psychiatrischen und somatischen Bereich als auch in Psychotherapie und ist vor allem ein Fachmann für psychosomatische Störungen, deren Behandlung Wissen aus dem Bereich der körperlichen Erkrankungen und dem der Psyche erfordert.

Der sogenannte Nervenarzt ist auch ein Facharzt mit fächerübergreifendem Wissen, hier aus dem neurologischen und psychiatrischen Fachgebiet. Er hat aber üblicherweise keine vertieften Kenntnisse in Psychotherapie.

Der Facharzt für Neurologie – im Alltagsgebrauch oft als Nervenarzt bezeichnet beziehungsweise damit verwechselt – ist Spezialist für die medizinische Abklärung der Erkrankungen des Hirns und des Nervensystems.

Der andere Grundberuf eines Psychotherapeuten ist der des Psychologen mit dem Universitätsabschluß des Diplompsychologen. Auch diese Psychologen haben verschiedene Schwerpunkte, die in der Ausbildung und dann im weiteren Berufsweg gelegt werden. Diejenigen, die Psychotherapeuten werden, haben üblicherweise als Hauptfach klinische Psychologie studiert und dann nach dem Diplomabschluß eine Psychotherapieausbildung absolviert. Seit 1999 ist der Titel Psychotherapeut gesetzlich geschützt, und jeder, der sich Psychotherapeut nennen will, muß mit dem Nachweis, daß er die Ausbildungskriterien erfüllt, eine Approbation bei der Ärztekammer beantragen. Es handelt sich dann um Diplompsychologen mit einer anerkannten Zusatzausbildung als psychologischer Psychotherapeut in Verhaltenstherapie, in tiefenpsychologisch fundierter oder analytischer Psychotherapie.

An wen wende ich mich mit welchem Problem?

Mit der Frage, ob bei einer psychischen Problematik oder bei psychischen Belastungssymptomen eine ernsthaftere Störung vorliegt und eine Behandlung notwendig ist, können Sie sich zum einen an einen Psychiater mit Psychotherapieausbildung (neuer Facharzt für Psychiatrie und Psychotherapie) wenden. Ärzte mit dieser Berufsbezeichnung können die Frage klären, ob eine Psychotherapie angezeigt ist, bieten je nach dem therapeutischen Ausbildungsschwerpunkt eigenständige Psychotherapien an oder verweisen Sie an einen entsprechenden ärztlichen oder psychologischen Psychotherapeuten.

Zum anderen können Sie auch einen psychologischen Psychotherapeuten direkt aufsuchen. Zur Abklärung möglicher somatischer Ursachen Ihrer psychischen Beschwerden wird er Sie zu einem kooperierenden ärztlichen Kollegen schicken. Wie der ärztliche Psychotherapeut kann er beurteilen, ob eine Psychotherapie notwendig ist, und führt je nach Ausbildung entsprechende Therapien durch.

Falls Ihre psychischen Probleme mit deutlichen körperlichen Erkrankungen zum Beispiel des Magen- und Darmsystems (Colitis ulcerosa), der Lunge (Asthma) oder der Haut (Neurodermitis) einhergehen, ist der Arzt für Psychotherapeutische Medizin der geeignetste Ansprechpartner. Er verfügt zusätzlich zu einer fundierten Psychotherapieausbildung über eingehende Kenntnisse der psychosomatischen Erkrankungen.

Neben den Therapeuten für Erwachsene stehen für Probleme von Kindern und Jugendlichen spezialisierte Ansprechpartner zur Verfügung, die Kinder- und Jugendpsychiater und die psychologischen Psychotherapeuten für Kinder und Jugendliche.

Welche Therapien werden von der Krankenkasse bezahlt?

Die Krankenkasse bezahlt Psychotherapien bei niedergelassenen ärztlichen und psychologischen Psychotherapeuten, die eine offizielle Kassenzulassung haben. Derzeit werden nur Therapeuten anerkannt, die eine Ausbildung in Verhaltenstherapie oder tiefenpsychologisch fundierten und analytischen Therapieverfahren haben.

Die Verhaltenstherapie setzt an der aktuellen Symptomatik an und durchleuchtet die auslösenden und aufrechterhaltenden Faktoren Ihrer gegenwärtigen Problematik. Im nächsten Schritt werden die lerngeschichtlichen Entstehungsbedingungen erarbeitet und eventuelle selbstschädigende verzerrte Gedankenmuster und Einstellungen überprüft und verändert. Praktische Übungen helfen, alte Verhaltensmuster abzubauen und neue, adäquatere und erfolgreichere Bewältigungsmechanismen zu entwickeln.

Die tiefenpsychologisch fundierten und analytischen Therapieverfahren setzen außer bei der sogenannten Fokusorientierten Therapie eher an den angenommenen Kindheits- und Entwicklungskonflikten an und versuchen diese in der Beziehung zum Therapeuten in einem längeren Nachreifungsprozeß zu verdeutlichen und damit zu lösen.

Welche anderen Therapieverfahren gibt es noch?

Die einzelnen Therapieverfahren im Dschungel der Angebote lassen sich gar nicht mehr aufzählen. Es gibt verschiedene Zugangswege wie den primär über das Gespräch (zum Beispiel Gesprächstherapie nach Rogers), den über den Körper (zum Beispiel bioenergetische Analyse) mit entsprechenden Übungen, den über die Aktivierung von Gefühlen (zum Beispiel Gestalttherapie), den über Vorstellungen und Phantasien (zum Beispiel Hypnotherapie) oder über die Betrachtung der Gesamtstrukturen, in denen ein Problem für den einzelnen auftauchen kann (zum Beispiel Systemische Familientherapie). Weitere Einteilungskriterien betreffen die Therapiesituation. Hier gibt es Einzel-, Gruppen-, Paar- und Familientherapien.

Wie finde ich den richtigen Therapeuten?

Wenn die Therapie von Ihrer Krankenkasse bezahlt werden soll, dann sind Sie auf Therapeuten mit einer offiziellen Kassenzulassung angewiesen. Deren Namen und Adressen können Sie auf drei Wegen in Erfahrung bringen.

Sie können Ihre Krankenkasse ansprechen und um eine Liste der in Frage kommenden Therapeuten bitten.

Sie können die für Sie zuständige Behörde für Gesundheit, Arbeit und Soziales ansprechen und nach einem Therapieführer fragen, der in vielen Städten und Gemeinden erhältlich ist.

Sie können sich bei Selbsthilfegruppen oder bei Kontakt- und Informationsstellen für Selbsthilfegruppen über Therapeuten informieren, die auf bestimmten Gebieten besondere Erfahrungen haben.

Wenn Sie einige Therapeutinnen oder Therapeuten herausgesucht haben, sollten Sie sich Termine für Erstgespräche geben lassen. Fragen Sie aber gleich, ob dieses Gespräch auch einen kurzfristigen Therapiebeginn ermöglicht, denn leider kommt es nicht selten vor, daß sich an eine solche Kontaktaufnahme längere Wartezeiten anschließen.

In diesem Erstgespräch sollten unbedingt all Ihre Fragen an den Psychotherapeuten zur Sprache kommen, zum Beispiel:

+ Welche Erfahrung hat der Therapeut mit Ihrer Problematik?
+ Steht er selbst in Supervision (das heißt, läßt er seine Arbeit regelmäßig von Kolleginnen oder Kollegen überprüfen)?

Das allerwichtigste aber ist, daß Sie das Gefühl haben, mit diesem Therapeuten oder dieser Therapeutin könnte eine vertrauens-
volle Beziehung beginnen. Denn eine gute Beziehung zwischen
Therapeut und Patient ist der wichtigste Faktor für den Erfolg
einer Therapie, unabhängig von der Therapierichtung.

Welche Fragen sollte ich mir nach dem Erstgespräch mit einem Therapeuten stellen?

+ Hat der Therapeut die Fähigkeit, sich in Sie hineinzuversetzen –
in Ihr Denken und Handeln?
+ Respektiert er Ihre Entscheidungsfähigkeit?
+ Ist er bereit, Ihre Handlungs- und Erlebnisweise zu akzeptieren?
+ Zeigt er Flexibilität? Emotionale Stabilität? Geringe Abwehrhal-
tung?

Woran erkenne ich, daß ich in den richtigen Händen bin?

In erster Linie sollten Sie das Gefühl haben, bei diesem Therapeuten gut aufgehoben zu sein und Vertrauen zu ihm entwickeln zu
können. Sie sollten sich ernst genommen fühlen, Fragen stellen
und Kritik äußern dürfen. Sie sollten das Störungsmodell, das
heißt die Erklärung, wie er sich die Entstehung und Veränderung
Ihrer Symptomatik vorstellt, gut nachvollziehen können. Führen
Sie auf der Suche nach einem Therapieplatz ruhig mehrere Erstgespräche mit verschiedenen Therapeuten, zum Beispiel mit einem
Mann und einer Frau. Neben aller Professionalität muß auch die
«Chemie» zwischen den Beteiligten stimmen.

Es gibt im Prinzip zwei grobe Fehler, die Therapeuten unter-
laufen können:
+ Qualität der Behandlung: Der Therapeut ist weniger kompetent

in der Behandlung des Problembereiches, für den Sie Hilfe brauchen. Wie in jedem Berufszweig gibt es Spezialisierungen. Die Behandlung von Abhängigkeitserkrankungen beispielsweise benötigt andere Strategien als die von Angsterkrankungen. Sie müssen in absehbarer Zeit bemerken, daß es Ihnen deutlich bessergeht. Fragen Sie Ihren Therapeuten nach seiner Einschätzung, ab wann mit positiven Veränderungen zu rechnen ist oder warum sie ausbleiben. Hinterfragen Sie auch Begründungen, die ein mangelndes Vorankommen ausschließlich auf Ihre Abwehr, sich «auf die Therapie einzulassen», zurückführen. Ein guter Therapeut würde dieses Problem schon sehr frühzeitig mit Ihnen besprechen.

✦ Das Nähe-Distanz-Problem: Der Therapeut kann die notwendige Balance zwischen Nähe und Distanz zum Patienten oder Klienten nicht einhalten. Auf der einen Seite kann sich mangelnde Distanz darin äußern, daß Therapeuten mit den Klienten im emotionalen Leiden verschmelzen, oder auf der anderen Seite, indem sie quasi über die Problematik der Patienten eigene Probleme ausfechten. Eine gesunde Distanz ermöglicht es im Therapieprozeß überhaupt, die vorgebrachten Probleme kritisch zu würdigen und Lösungsansätze mit dem Patienten zu erarbeiten. Eine zu große Distanz wiederum kann vom Therapeuten unbewußt aufgebaut werden, wenn ihm das vorgebrachte Problem selbst zu nahe geht.

Schutz vor diesen Fehlentwicklungen bietet die sogenannte Supervision; das sind Sitzungen, auf denen sich Therapeuten mit anderen erfahrenen Kollegen austauschen und wo solche aufkommenden Probleme angesprochen und rechtzeitig bearbeitet werden können.

Wieviel Zeit beansprucht eine Therapie?

Verhaltenstherapien können durchgeführt werden als Kurzzeittherapie mit insgesamt fünfundzwanzig Sitzungen à fünfzig Minuten oder als Langzeittherapie mit fünfundvierzig bis sechzig, in Ausnahmefällen bis zu achtzig Stunden.

Die tiefenpsychologisch orientierten Therapien dauern wesentlich länger. Hier werden Kontingente von zwei- bis dreihundert Stunden angesetzt. Daneben gibt es auch Kurzzeit-Fokaltherapien, die sich über etwa achtzig Stunden erstrecken.

Kann ich neben der Therapie mein Alltags- und Berufsleben wie bisher fortsetzen?

Nein, tun Sie es nicht. Sie wollen doch etwas ändern. Aber deswegen müssen Sie noch nicht gleich aufhören zu arbeiten. *Neben* einer normalen ambulanten Psychotherapie werden Sie wie bisher Ihren Alltag weiter bewältigen können und müssen. Allerdings werden Sie über den reinen Zeitaufwand hinaus für die einzelnen Sitzungen zusätzliche Zeit benötigen, um sich innerlich mit der Problematik und den angesprochenen und zum Beispiel vorgeschlagenen Übungen auseinanderzusetzen. Wenn Sie merken, daß Alltag und intensive Beschäftigung massiv kollidieren und Ihnen die Kraft und Aufmerksamkeit für die beruflichen Aufgaben rauben, dann sollten Sie prüfen, ob eine temporäre Krankschreibung oder eine Aufnahme in einer psychotherapeutischen Klinik der bessere Weg ist.

Hilft mir eine Therapie sofort oder erst nach längerer Zeit?

Dies hängt zum einen von der Therapieform ab – ob sie eher auf konkrete Bewältigung der aktuellen Problematik im Hier und Jetzt orientiert ist (zum Beispiel Verhaltenstherapie) oder eher die dahinter vermuteten Grundkonflikte anspricht (zum Beispiel tiefenpsychologisch orientierte Verfahren).

Zum anderen wird das Ausmaß des Problems an sich und das Ausmaß der Verwobenheit in Bedingungen, die nicht leicht durchschaubar beziehungsweise nicht leicht kontrollierbar sind, auf die Länge der therapeutisch notwendigen Arbeit Einfluß nehmen (unabhängig vom jeweiligen Verfahren).

Auch wenn es Ihnen nach kürzerer Zeit bereits bessergehen sollte – unterschätzen Sie nicht, daß grundlegende Veränderungen ihre Zeit brauchen und auch Sie Zeit benötigen, bis auftretende Rückschläge und Schwierigkeiten Sie nicht mehr so schnell aus der Bahn werfen.

Wann ist es sinnvoll, Kontakt zu einer Selbsthilfegruppe zu suchen?

In einer Selbsthilfegruppe kommen Menschen zusammen, die unter einer ähnlichen Problematik leiden und sich über ihre Erfahrungen und Lösungsversuche wie auch über ihre Schwierigkeiten austauschen. Es gibt Selbsthilfegruppen, die therapeutisch geleitet werden, und Selbsthilfegruppen ohne therapeutische Leitung.

Eine Selbsthilfegruppe kann für Sie hilfreich sein, wenn Sie zum Beispiel noch wenig über Ihr Problem wissen und vom Austausch mit Menschen in ähnlicher Lage profitieren können, wenn Sie sich von deren Erfahrungen anregen lassen oder selber Anregungen weitergeben wollen. Sie kann viel emotionale Unterstützung gewähren; aber es kann auch zur Belastung werden, wenn man sich zusätzlich zu den eigenen Problemen auch noch die der anderen Gruppenteilnehmer auflädt.

Eine Selbsthilfegruppe ersetzt in der Regel keine Therapie.

Sie sollten vorsichtig sein bei Selbsthilfegruppen, in denen ein Mitglied sich zum «allwissenden» Fachmann erklärt, der von Ihnen widerspruchslose Anerkennung seiner Meinung über allgemeine Dinge erwartet und vor allem über das, was angeblich richtig und unausweichlich notwendig für Sie ist. Diese Beurteilungen sollten Sie doch lieber einer dazu ausgebildeten Person überlassen. Auch wenn Ihnen eine Selbsthilfegruppe bestimmte Therapieverfahren nahelegt, die Sie nicht auf die individuelle Anwendbarkeit in Ihrem Fall und Ihren ganz persönlichen Nutzen prüfen können und Ihnen vielleicht auch noch eine hohe Geldinvestition abverlangen, sollten Sie sich zumindest noch einmal mit einem Fachmann beraten und sich nicht allein auf subjektive Erfolgsmeldungen aus der Gruppe selbst verlassen.

Wie finde ich die richtige Selbsthilfegruppe für mich?

In einigen Großstädten gibt es sogenannte Kontakt- und Informationsstellen für Selbsthilfegruppen, über die Sie entsprechende Informationen beziehen können. Behörden, staatliche oder kirchliche Erziehungsberatungsstellen können Ihnen eventuell Adressen und Telefonnummern nennen. Sie können aber auch in Eigeninitiative eine Selbsthilfegruppe gründen und zum Beispiel mittels Zeitungsannoncen nach Gleichgesinnten suchen.

Welche Möglichkeiten bieten Selbsterfahrungskurse?

In den Tageszeitungen und im Anzeigenteil vieler Zeitschriften finden Sie ein unüberschaubares Angebot an Selbsterfahrungskursen, vom Reiki-Wochenende bis zum Survivalworkshop in der freien Natur. Die jeweiligen Kursleiter warten mit Diplomen von dieser oder jener Ausbildungsinstitution auf und geben oft als Qualifikationskriterium an, mit oder unter berühmten Koryphäen gearbeitet zu haben. Alle diese Angaben lassen keinerlei eindeutige Einschätzung der Qualitätssicherheit zu. Deswegen haben die Krankenkassen generell auch nur die oben genannten Therapieverfahren anerkannt, da bei ihnen die Wirksamkeit über viele Jahre und für viele unterschiedliche Problembereiche wissenschaftlich nachgewiesen werden konnte. Das schließt allerdings nicht völlig aus – senkt aber immerhin die Wahrscheinlichkeit –, daß man auch dort schlechte Erfahrungen machen kann.

Bei den Kursangeboten auf dem freien Markt sind Sie auf Ihr eigenes Urteilsvermögen angewiesen. Bevor Sie einen solchen Kurs buchen, sollten Sie sich Informationsmaterial zuschicken lassen und sich ausführlich nach Ausbildungsstand und Therapieerfahrung – vor allem mit den Problemen, die Sie dort zu klären hoffen – erkundigen. Vielleicht treffen Sie Menschen, die schon Erfahrung mit der einen oder anderen Methode gesammelt haben und darüber berichten können. Aber immer noch gilt auch hier: «Was dem einen sin Uhl, ist dem andern sin Nachtigall.» Was dem einen gutgetan hat, muß bei dem anderen noch lange nicht wirken.

Die Erwartung bei dem Besuch eines Selbsterfahrungskurses oder Therapiewochenendes sollte eher von einer neugierigen Grundhaltung bestimmt sein. Dann können Sie sich öffnen für das, was vielleicht in Gang kommt, und schauen, was für Anregungen auf Sie zukommen. Je größer der Druck ist, bestimmte Probleme lösen zu müssen, desto höher ist die innere Erwartungshaltung und desto geringer die innere Freiheit. Dann kann es passieren, daß ein Effekt eintritt, den man im Englischen als Group Hopping bezeichnet, ein oft zusammenhangloses Besuchen von Selbsterfahrungsworkshops. Bei solchen Gruppenbegegnungen wird ein tolles Gefühl erzeugt, schon allein durch das gemeinschaftliche Erleben, aber es folgt dann oft ein bitterer Absturz in die rauhe Realität, der immer krasser wird, weil diese Wochenenden meist nicht gezielt darauf ausgerichtet sind, auch einen Transfer der Veränderungen in den Alltag einzuplanen.

Die Anbieter sollten eine klare Antwort geben können, wenn Sie sie fragen, ob es sich um ein mehr oder weniger einmaliges Selbsterfahrungsangebot handelt und wie sie die Aussicht einschätzen, daß tatsächlich ein Gewinn für Ihren Alltag dabei herausspringt – außer mal ein besonderes Wochenende mit interessanten und angenehmen Menschen zu verbringen.

Wenn ich ambulant nicht mehr zurechtkomme – gibt es Kuren, die mir helfen können?

Es gibt verschiedene Kuren: offene Badekuren, Mutter-und-Kind-Kuren, die Kur zur Behandlung von verschiedensten Schmerz-zuständen und zu speziellen medizinischen Problemen, die sogenannten Reha-Kuren, Behandlungen in Fachkliniken bei Ab-hängigkeitserkrankungen und die Kuren in Psychosomatischen Fachkliniken.

Offene Badekuren dienen allein der Regeneration. Sie sind zeit-lich begrenzt und nicht speziell auf psychische Befindlichkeiten ausgerichtet. Ob im Einzelfall bei den jeweiligen Einrichtungen auch Angebote wie beispielsweise Entspannungstechniken, Ernäh-rungsberatung, Gruppengespräche oder ausgleichende Aktivitä-ten enthalten sind, weiß Ihre Krankenkasse.

Eine ähnliche eher allgemeine Angebotsstruktur neben der Kinderbetreuung finden Sie bei den Mutter-und-Kind-Kuren, die Ihnen Ihr Hausarzt verschreibt.

Die Kuren zur Behandlung von speziellen medizinischen Pro-blemen setzen ein organisches Grundleiden voraus. Die Reha-Kuren finden im Anschluß an eine akute somatische Erkrankung, zum Beispiel Herzinfarkt, Unfall, Operationen, statt.

Die Therapie in Fachkliniken für Abhängigkeitserkrankungen zielt auf die Bewältigung des Suchtsyndroms ab.

Eine Kur in einer Psychosomatischen oder Psychotherapeuti-schen Fachklinik dient der Behandlung von psychischen Proble-men. Unter anderem werden dort Angstzustände, Depressionen, psychische Erschöpfungszustände und psychosomatische Erkran-kungen behandelt.

Um eine solche Kur verschrieben zu bekommen, sollten Sie zunächst Ihren Hausarzt ansprechen, der Sie dann noch zur spezi-ellen Abklärung an einen Fachmann, den Psychiater, Nervenarzt oder Arzt für Psychotherapeutische Medizin, überweisen wird. Die Kuren dauern in der Regel sechs Wochen bis drei Monate.

Wann ist eine Kur sinnvoll?

Eine Badekur hat den Vorteil, daß sie zunächst einmal den in der letzten Zeit immer belastender gewordenen Alltagsablauf der Patienten unterbricht. Sie werden versorgt, brauchen sich nicht mehr um Alltagskleinigkeiten zu kümmern, haben Zeit, sich aus der Distanz heraus mit Ihren Problemen auseinanderzusetzen, die Situationen, die für Sie belastend sind, zu betrachten und generell wieder zu Kräften zu kommen. Konkrete Anleitung zum Nachdenken und zur Bewältigung psychischer Stressoren wird es dort wenig geben.

Auch bei den medizinischen Kuren steht die somatische Seite im Vordergrund, obwohl konkrete Erkrankungen durchaus Folge von langwierigen psychischen Überlastungen sein können. Es wird meist eine Anleitung vermittelt, wie mit der akuten oder chronischen Erkrankung im Alltag umgegangen werden kann, zum Beispiel Herz-Kreislauf-Training, Rückenschule, Ernährungskurse.

Die intensive Auseinandersetzung mit psychischen Problemen, die sich unter anderem in den verschiedensten Symptomen, zum Beispiel Herzneurosen, chronischen Magen- und Darmproblemen, Neurodermitis, Eßstörungen, Schlafstörungen, Schmerz- und Angstzuständen, Depressionen, psychischen Erschöpfungs- und Überlastungsreaktionen, äußert, wird nur in den Psychosomatischen Fachkliniken und in Fachkliniken für Abhängigkeitserkrankungen angeboten. Die Wartezeiten betragen allerdings zum Teil mehrere Monate.

Wer bezahlt die Kur?

Entweder Sie selbst oder die verschiedenen Leistungsträger Krankenkasse, Landesversicherungsanstalt (LVA), Bundesversicherungsanstalt für Angestellte (BfA). Ihre Krankenkasse berät Sie über die speziellen Modalitäten, Zuzahlungspflichten, Abstände der Kurmaßnahmen, abzuklärende Voraussetzungen etc.

Wie finde ich die richtige Kur?

Lassen Sie sich von einem Fachmann beraten, der Sie schon länger kennt. Zum einen wird dies Ihr Hausarzt sein, aber auch der Facharzt für Psychiatrie oder der psychologische Psychotherapeut kennt diese Angebote und weiß, inwieweit sie sinnvollerweise in eine übergreifende Behandlungsstrategie einzubinden sind. Generell gilt: Die bloße Kurbehandlung allein bringt keine dauerhaften Veränderungen.

Bei den psychosomatischen oder psychotherapeutischen Fachkliniken gilt es zu überlegen, welche Therapieausrichtung für Ihr Problem die geeignetste ist. Das ist eine ganz schwierige Entscheidung, die von vielen sehr individuellen Aspekten abhängt und hier nicht pauschal beantwortet werden kann.

Grundsätzlich gilt, daß diese Fachkliniken eher tiefenpsychologisch oder verhaltenstherapeutisch ausgerichtet sind. Manche haben auch ein verfahrensübergreifendes Angebot. Welches das für Sie beziehungsweise den Zeitpunkt im Verlauf Ihrer Behandlung geeignetste Konzept ist, besprechen Sie am besten mit Ihrem Psychotherapeuten.

Kann ich mich darauf verlassen, daß es mir danach bessergeht?

Die positiven Veränderungen, die durch den Aufenthalt angeregt werden, können in der Regel nur dann langfristig beibehalten und ausgebaut werden, wenn eine ambulante psychotherapeutische Betreuung in Ihrer Umgebung gewährleistet ist, die Ihnen hilft, die gewonnenen Erkenntnisse in Ihre Alltagssituation zu übertragen, und die begonnene Arbeit an Ihren hinter den Symptomen stehenden Problemen fortsetzt.

Wann sollte ich mich an eine psychiatrische Klinik wenden?

Wenn Sie ganz akut Hilfe brauchen – beispielsweise schaffen Sie es nicht mehr, aus dem Haus zu gehen, können sich nicht mehr selbst versorgen oder grübeln ernsthaft darüber nach, sich das Leben zu nehmen –, dann wird es Zeit, sich möglichst schnell an die nächstliegende psychiatrische Klinik oder psychiatrische Fachabteilung in einem Allgemeinkrankenhaus zu wenden. In einer akuten Notlage werden Sie dort sofort aufgenommen, da jedes psychiatrische Krankenhaus einen bestimmten Wohnbereich – Stadtteile, Kreise, Gemeinden – zu versorgen hat. Es ist aber ratsam, auch hier nicht auf den letzten Drücker zu erscheinen, womöglich mitten in der Nacht, denn dann kann es Ihnen passieren, daß eine der ersten Fragen lautet: «Wo wohnen Sie?» statt «Wie geht es Ihnen?» und Sie womöglich nur ein Bett auf dem Flur bekommen. Die meisten Kliniken haben eine Poliklinik, an die Sie sich mit Ihrem Aufnahmewunsch direkt wenden können, wenn eine akute Notlage besteht wie bei suizidalen Gedanken oder massiven und für Sie oder andere bedrohlich erscheinenden Veränderungen der Wahrnehmung und des Verhaltens. Ist dies nicht der Fall, beraten Sie sich mit einem niedergelassenen Psychiater, ob und wie dringend eine stationäre Behandlung notwendig ist. Auch dann können Sie in der Regel recht schnell mit einem Notfalltermin auch außerhalb der üblichen Voranmeldezeiten rechnen.

Anhang

In diesem Anhang finden Sie einige Hinweise, falls Sie Lust und Interesse haben, an dem einen oder anderen Thema weiterzuarbeiten.

1. Brauchen Sie für die Analyse Ihres derzeitigen Energiekontos, die Wochenplanungen und Anregungen für Veränderungen fachliche Hilfe? Dann erhalten Sie weitere Informationen bei:

Zentrum für Ressourcenorientiertes
Gesundheitsmanagement (ZRG)
(Leiter: Prof. Dr. med. Michael Stark)
Postfach 20 11 44
20201 Hamburg
Tel./Fax: 0 40/4 20 27 35
E-Mail: stark@uke.uni-hamburg.de

Das Hamburger Zentrum veranstaltet regelmäßig Kurse, Seminare und Trainingswochen. In den Kursen lernen die Teilnehmer die theoretischen Grundlagen des Energiefaßmodells kennen und erhalten eine individuell auf sie abgestimmte Ressourcenanalyse. Während der Trainingswochen werden auf der Basis der fundierten Analyse Anregungen für die praktische Umsetzung vermittelt.

2. Wollen Sie Ihre Persönlichkeitsstrukturen noch einen Schritt tiefer analysieren, erhalten Sie Informationen (Anfragen bitte nur per Brief) bei:

Institut für Persönlichkeitsforschung und -bildung
(Leiter: Privatdozent Dr. phil. Burghard Andresen)
Ratzeburger Str. 5
23847 Westerau
Fax (nur für besondere, dringende Anfragen!): 0 45 39/89 14 16

Das Institut bietet folgende Möglichkeiten, weitere Tests durchzuführen beziehungsweise mehr über die eigene Persönlichkeit zu erfahren (dies gilt für Sie, aber auch für Ihre Freunde, Verwandten und Bekannten):

✦ *Stichwort: Antwortbogen und Profilblatt* (bitte angeben). Sie können bis zu drei Antwortbögen und Profilblätter zur Selbstauswertung anfordern. Legen Sie Ihrem Brief fünf Mark in Briefmarken bei.

✦ *Stichwort: Erweiterter Persönlichkeitstest* (bitte angeben). Sie können eine Kopie Ihres Antwortbogens an das Institut schicken. Bitte achten Sie darauf, daß alles vollständig ausgefüllt ist. Sie erhalten dann einige weitere Fragebögen, die die Persönlichkeitsbeschreibung vertiefen und abrunden (Zeitaufwand für Sie etwa zwei bis drei Stunden). Nachdem Sie diese wiederum vollständig ausgefüllt an das Institut zurückgeschickt haben, erhalten Sie nach zwei bis drei Monaten ein umfassendes und auch genaueres Persönlichkeitsprofil mit Erläuterungen. Legen Sie Ihrem ersten Brief zwanzig Mark in Briefmarken bei (für Porto, Kopien etc.). Dieser Betrag deckt nur die Materialkosten einschließlich der Übersendung Ihres Ergebnisses ab. Das Institut fordert kein Honorar für die Auswertung und Interpretation, da Sie mit Ihrer Teilnahme auch zu einer wichtigen wissenschaft-

lichen Untersuchung über Persönlichkeit und Lebensberatung
beitragen.

✦ *Stichwort: Beitrag zur Forschung* (bitte angeben): Wenn Sie mit
dem Test im Buch schon zufrieden sind, aber trotzdem einen
kleinen Beitrag zur Forschung leisten wollen, schicken Sie bitte
eine Kopie Ihres Antwortbogens anonym an das Institut. Legen
Sie einen Bogen bei, auf dem Sie Alter und Geschlecht, Ihren
höchsten bisher erreichten Schulabschluß und Ihre Ausbil-
dungsabschlüsse notieren. Jede selbstlose Hilfe bei der Entwicklung noch besserer Tests ist sehr willkommen.

*3. Wollen Sie noch etwas lesen? Dann finden Sie hier einige Hinweise
auf Bücher, die wir interessant und hilfreich fanden.*

Krista Federspiel/Ingeborg Lackinger-Karger, *Kursbuch Seele: Was
tun bei psychischen Problemen?*, Kiepenheuer & Witsch, Köln
1996.
John Gray, *Auseinander geliebt: Wie Paare ihrer Beziehung neue
Energie geben können*, Goldmann, München 1997.
John Gray, *Männer sind anders. Frauen auch*, Goldmann, München
1993.
Mira Kirshenbaum, *Soll ich bleiben, soll ich gehen?*, Scherz, Mün-
chen 1998.
Michael Stark et al., *Psychosen: Psychotische Störungen erkennen, be-
handeln und bewältigen*, Mosaik, München 1998.
Michael Stark/Ingeborg Esterer/Fritz Bremer, *Wege aus dem
Wahnsinn: Therapien bei psychischen Erkrankungen*, Psychiatrie
Verlag, Bonn 1997.
Michael Stark/Ingeborg Esterer/Fritz Bremer, *Ich bin doch nicht
verrückt: Erste Konfrontationen mit psychischer Krise und Erkran-
kung*, Psychiatrie Verlag, Bonn 1997.
Barbara Voll, *Das Sisi-Syndrom: Wenn die Seele die Balance verliert*,
Knaur, München 1998.

Hans-Ulrich Wittchen, *Wenn Traurigkeit krank macht: Depression erkennen, behandeln, überwinden*, Mosaik, München 1997.

Hans-Ulrich Wittchen, *Wenn Angst krank macht: Störungen erkennen, verstehen, behandeln*, Mosaik, München 1997.

Hans-Ulrich Wittchen/Peter Schuster, *Wenn Angst das Leben lähmt: Ihr Weg aus der generalisierten Angst*, Mosaik, München 1998.

4. Wollen Sie sich mit anderen Menschen treffen, sich gegenseitig Unterstützung geben und Lösungsmöglichkeiten besprechen, dann versuchen Sie, eine entsprechende Selbsthilfegruppe zu finden, oder gründen Sie selbst eine. Anlaufstellen für Selbsthilfegruppen gibt es in jeder größeren Stadt. Schauen Sie im Telefonbuch nach, oder fragen Sie beim Gesundheitsamt oder beim Sozialpsychiatrischen Dienst nach. Hinweise zu Selbsthilfegruppen finden Sie bei:

Nationale Kontakt- und Informationsstelle zur Unterstützung von Selbsthilfegruppen (NAKOS)
Albrecht-Achilles-Str. 65
10709 Berlin
Tel.: 0 30/8 91 40 19

Österreichische Service- und Informationsstelle für Gesundheitsinitiativen und Selbsthilfegruppen (SIGIS)
Laxenburgstr. 36
A-1100 Wien
Tel.: 02 22/7 11 72 43 67

Team Selbsthilfe
Dolderstr. 18
CH-8032 Zürich
Tel.: 01/2 52 30 36